I

Deutscher Taschenbuch Verlag

Von Eugen Roth
sind im Deutschen Taschenbuch Verlag erschienen:
Ernst und heiter (10)
Genau besehen (749)
So ist das Leben (908)
Je nachdem (1730)

November 1980
18. Auflage Dezember 2000
Deutscher Taschenbuch Verlag GmbH & Co. KG,
München
www.dtv.de
Auswahl aus: ›Eugen Roth, Sämtliche Werke‹
© 1977 Carl Hanser Verlag, München
Umschlagkonzept: Balk & Brumshagen
Umschlagbild: Rotraut Susanne Berner
Gesamtherstellung: C. H. Beck'sche Buchdruckerei,
Nördlingen
Gedruckt auf säurefreiem, chlorfrei gebleichtem Papier
Printed in Germany · ISBN 3-423-01592-6

Inhalt

Mensch, Unmensch und letzter Mensch .............. 9

Ein Mensch erblickt das Licht der Welt 9 · Mensch und Zeit 11 · Falscher Verdacht 13 · Verwickelte Geschichte 14 · Theaterbilletts 15 · Das Sprungbrett 15 · Verkannte Kunst 16 · Die guten Bekannten 16 · Gezeiten der Liebe 17 · Hereinfall 17 · Verpfuschtes Abenteuer 18 · Die Antwort 19 · Ein Lebenslauf 19 · Ungleicher Kampf 20 · So und so 20 · Gescheiterte Sammlung 20 · Überraschungen 21 · Legendenbildung 22 · Ahnungslos 22 · Ein Ehrenmann 22 · Allzu eifrig 23 · Das Bessere 23 · Bescheidenheit 23 · Durch die Blume 23 · Falsche Herausforderung 24 · Ausnahme 24 · Wettlauf 24 · Märchen 25 · Wandlung 25 · Lebenslügen 26 · Der Termin 26 · Briefwechsel 27 · Die Abmachung 27 · Späte Einsicht 28 · Wandlung 28 · Abdankung 29 · Vergeblicher Wunsch 29 · Richtig und falsch 30 · Schlüpfrige Dinge 30 · Fremde Welt 31 · Die Torte 31 · Kleine Ursachen – – 32 · Versagen der Heilkunst 32 · Um Vierzig herum 33 · Pech 33 · Der Provinzler 34 · Das Böse 34 · Himmlische Entscheidung 35 · Der Trick 36 · Der Weltfremde 36 · Der vergessene Name 37 · Entscheidungen 37 · Hoffnungslos 38 · Das Wiedersehen 38 · Überschätzung 39

Der Wunderdoktor ......................... 41

Vorwort 43 · Die Ärzte 43 · Der Zahnarzt 45 · Der rechte Arzt 46 · Apotheker 47 · Klare Entscheidung 47 · Gemütsleiden 48 · Hausapotheke 48 · Schnupfen 49 · Besuche 49 · Herzenswunden 50 · Schütteln 50 · Kongressitis 50 · Einsicht 51 · Diener und Herr 51 · Undank 52 · Zweifache Wirkung 52 · Wandlung 52 · Aufschub 52 · Zuversicht 53 · Schlafmittel 53 · Psychoanalyse 53 · Röntgenbild 53 · Vergebliche Warnung 54 · Reiskur 54 · Kassenhaß 55 · Angstträume 55 · Trübe Erfahrung 56 · Letteritis 56 · Guter Rat 57 · Konsultation 57 · Gesunde Umwelt 57 · Lob der Heilkunst 58 · Erkenntnis

58 · Bäder 59 · Köpfliches 59 · Vorurteil 59 · Behandlung 59 · Rekordsucht 60 · Ernährung 60 · Unterschied 61 · Punktion 61 · Lebenslauf 61 · Warnung 61 · Zeit heilt 62 · Privatpraxis 62 · Patent 62 · So und so 63 · Zeit heilt 63 · Weissagung 63 · Vorteil 64 · Einer für alle 64 · Zum Trost 64

Gute Reise ................................... 65

Welt auf Reisen 67 · Einst und heute 68 · Einförmigkeit 69 · Gruß vom Wallfahrtsort 69 · Stoß-Seufzer 70 · Der Unschlüssige 70 · Der Geschäftsreisende 71 · Für Wankelmütige 71 · Strohwitwer 72 · Zugverspätung 72 · Zwischenfall 72 · Ein Geheimnis 73 · Rekorde 74 · Rundfahrt 74 · Die Kunstreise 75 · Neuer Reisestil 76 · Ansprüche 77 · Der Reise-Snob 78 · Verwirrung 79 · Mitbringsel 80 · Vom Zelten 80 · Der Reiseleiter 82 · Verkehrsverein 83 · Zu leicht befunden 83 · Aufschneidereien 83 · Werbung, Werbung! 83 · Der alte Mann und das Meer 85 · Abgesang 86

Kunterbuntes Alphabet ........................ 87

Das Taschentuch .............................. 95

Kulturgeschichte – hochmodern 95 · Das Taschentuch 97

Rose und Nessel .............................. 109

Der Kirchhof 111 · Trüber Tag im Gebirg 111 · Nachts im Dorf 112 · Hahnenschrei 113 · Aldersbach 114 · Gotischer Dom (Am Morgen 116 · Der Bau 116 · Der Turm 117) · Auftauende Landstraße 117 · Wanderung 119 · Regen in Vicenza 121 · Vor Ostern 122 · Maigewitter 122 · Im August 123 · Schöner Septembertag 124 · Der Herbst 124 · Winters 125 · Aufbruch 125 · Nach vielen Jahren ... 126 · Grüne Zeit 126 · Badende Buben

127 · Frühlings-Sonntag 130 · Hochsommerfrühe 131 · Die Kröte 131 · Nacht im Bauernhaus 133 · Spätsommer am Inn 133 · Herbstempfang 134 · Letzter Herbsttag 135 · Gleichnis 135 · Im Dezember 136 · Schwäbische Schenke 136 · Nachts 137 · Rückblick 138 · Langdauernder Sommer 139 · Vor Weihnachten 139 · Die junge Geliebte 140 · Auf dem Turm 141

Lebenslauf in Anekdoten .................... 143

*Urfrieden*

Tante Möli 145 · Der fremde Herr 146 · Erinnerungsblatt 146 · Die Braut 148 · Gute alte Zeiten ... 149 · Ein Unvergessener 150 · Die Schweinsblasen 152

*Zwischen den Kriegen*

Der Zwischenruf 156 · Valentins Gruselkeller 157 · Der verwandelte Felix 158 · Straßenbahn 160 · Reformen 162 · Die Plünderer 164

*Und seither ...*

Mißverständnis 168 · Ein Hilferuf 168 · Der Besuch 169 · Bange Augenblicke 169 · Der Regenwurm 172 · Kraebelin 174 · Eine Verwechslung 176 · In der Fremde 177

Unter Brüdern ........................... 179

Flunkereien 181 · Das Affenhaus 182 · Schneerausch 186 · Theologie 188 · Unter Brüdern 190

Erzählungen ............................. 193

Die Fremde 195 · Józefa 208 · Einen Herzschlag lang 241 · Die beiden Sammler 249

Mensch, Unmensch und letzter Mensch

Ein Mensch erblickt das Licht der Welt –
Doch oft hat sich herausgestellt
Nach manchem trüb verbrachten Jahr,
Daß dies der einzige Lichtblick war.

*Mensch und Zeit*

Ein Mensch west, vorerst nur ein Traum,
Im All, noch ohne Zeit und Raum.
Doch sieh, schon drängt's ihn in die Furt
Des Stroms ans Ufer der Geburt,
Und eh er noch ein Erdengast,
Hat ihn die *Zeit* bereits erfaßt.
Der erste Blick, der erste Schrei –
Schon ist ein Quentchen Zeit vorbei,
Und was von nun an kommt, das ist
Nur Ablauf mehr der Lebensfrist,
Von deren Dauer er nichts weiß:
Ob er als Kind stirbt, ob als Greis,
Geboren ist er jedenfalls,
Entrückt der Ewigkeit des Alls.
Geburtsjahr, Tag und Stunde wird
Vom Standesamte registriert;
Der Mensch, merkt er's auch erst nur wenig,
Er ist der Zeit jetzt untertänig.

Noch haben – später geht's geschwinder –
Ja noch viel Zeit die kleinen Kinder.
Wie ist ein solcher Tag noch lang,
Von Sonnenauf- bis Untergang!
Denn Zeit beginnt ja erst zu eilen,
Zwingt uns die *Pflicht,* sie einzuteilen.
Dem Kind, das glücklich doch im Grunde,
Schlägt, nach dem Sprichwort, keine Stunde
Als die, wo's heißt: »Für heut ist Schluß!«
Und wo es schlafen gehen muß.

Doch schau, schon steht dem Zeitverschwender
Der erste Schultag im Kalender!
Der sanfte Fluß wird jäh zerbrochen
Zu Stunden, Tagen und zu Wochen,
Es geht der Ernst des Lebens an,
Die Kette klirrt: der *Stundenplan!*
Das Kind, noch arglos von Natur,
Lernt bald zu rechnen nach der Uhr
Und freut sich an dem Tick-Tack-Tick.
Und doch ist das der Augenblick,

Wo es verfällt der schnöden Welt
Und ihrer Lüge, Zeit sei Geld.
Die Frist der Unschuld ist verträumt,
Schon gilt es: »Keine Pflicht versäumt!«

Zeit – heißt's im Faust – geht schnell von hinnen,
Doch Ordnung lehrt Euch Zeit gewinnen.
Die Zeit, der Reichtum junger Jahre,
Wird ausgesprochne Mangelware –
Es müßt denn sein, daß einer bliebe
Bei jener Zunft der Tagediebe,
Die unserm Herrgott einfach stehlen
Die Stunden, die dann doppelt fehlen
Dem Bürger, der drum wenig Sinn
Besitzt für solchen Zeitgewinn.

Die Fleißigen (das sind die meisten!),
Die können derlei sich nicht leisten,
Weil mit der Zeit, der sie ergeben,
Sie um die Wette vorwärts streben.
Die freilich läuft auf flinken Sohlen,
Und sie ist nie mehr einzuholen.
An unzerreißbar feinen Fädchen
Zieht sie die Knaben und die Mädchen
Von Ziel zu Ziel – die Schul' ist aus! –
Ins Leben, endlich, geht's hinaus,
Das trügerisch so viel verspricht:
Erst sagt es: »Nur Geduld – *noch* nicht!«
Und plötzlich höhnt es uns: »Nicht *mehr*!«
Das Alter kommt ganz leis daher
Und, ewig hoffend, bald würd's schöner,
War'n wir nur arme Tagelöhner,
Geknechtet ständig von Terminen
Und von der Pflicht zum Geldverdienen.

Was waren unsre kleinen Freuden?
Nichts als ein wenig Zeit – vergeuden.
Tut *uns* die Uhr den letzten Schlag,
Sind wieder tausend Jahr ein Tag,
Und aus der Zeit sind wir entlassen –
Wohin? Kein Sterblicher wird's fassen.

Man wird es in der Zeitung lesen,
Im besten Fall, daß wir – gewesen.
Die Menschen ungerührt, ja heiter,
Sie leben, ohne uns, dann weiter.
Sie lieben, hassen, hoffen, raufen,
Bis ihre Zeit *auch* abgelaufen.
So gehn wir, wärn wir noch so munter,
Im Strom der Zeiten alle unter.

Wie traurig wäre dies Ergebnis,
Gäb's nicht die Zeit als Glückserlebnis
Und gält's nicht, sich zu rühren wacker:
Die Zeit, sie ist auch *unser* Acker,
Darein noch der geringste Mann
Sein Körnlein Gutes streuen kann.
So, wie wir selbst von den entfernten
Vorahnen Fluch und Segen ernten,
Im Maß, wie diese einst das Feld
Der Zeit bald gut, bald schlecht bestellt
Durch die Jahrtausende hindurch,
So müssen wir auch Furch' um Furch'
Der Jahre, der vermeintlich schnellen
Und doch so dauernden, bestellen.

Nur wenn wir, statt für uns zu raffen,
Gemeinsam echte Werte schaffen,
Verwandeln wir die flüchtge Zeit
In eine *irdische Ewigkeit,*
Der ganzen Menschheit zum Gewinn.
Daß diesen hohen Lebenssinn
Der Mensch sich in der Zeit bewahre,
Sei unser Wunsch zum neuen Jahre.


*Falscher Verdacht*

Ein Mensch hat meist den übermächtigen
Naturdrang, andre zu verdächtigen.
Die Aktenmappe ist verlegt.
Er sucht sie, kopflos und erregt,
Und schwört bereits, sie sei gestohlen,
Und will die Polizei schon holen

Und weiß von nun an überhaupt,
Daß alle Welt nur stiehlt und raubt.
Und sicher ists der Herr gewesen,
Der, während scheinbar er gelesen –
Er ahnt genau, wie es geschah ...
Die Mappe? Ei, da liegt sie ja!
Der ganze Aufwand war entbehrlich
Und alle Welt wird wieder ehrlich.
Doch den vermeintlich frechen Dieb
Gewinnt der Mensch nie mehr ganz lieb,
Weil der die Mappe, angenommen,
Sie wäre wirklich weggekommen –
Und darauf wagt er jede Wette –
Gestohlen würde haben hätte!


*Verwickelte Geschichte*

Ein Mensch wähnt manchmal ohne Grund,
Der andre sei ein Schweinehund,
Und hält für seinen Lebensrest
An dieser falschen Meinung fest.
Wogegen, gleichfalls unbegründet,
Er einen Dritten reizend findet.
Und da kein Gegenteil erwiesen,
Zeitlebens ehrt und liebt der diesen.
Derselbe Mensch wird seinerseits –
Und das erst gibt der Sache Reiz –
Durch eines blinden Zufalls Walten
Für einen Schweinehund gehalten,
Wie immer er auch darauf zielte,
Daß man ihn nicht für einen hielte.
Und einzig jener auf der Welt,
Den selber er für einen hält,
Hält ihn hinwiederum für keinen.
Moral: Das Ganze ist zum Weinen.

*Theaterbilletts*

Ein Mensch besitzt zwei Festspielkarten,
Auf die vielleicht zehntausend warten,
Die, würden sie beschenkt mit diesen,
Sich ungeheuer glücklich priesen.
Der Mensch, von diesen schroff getrennt
Dadurch, daß er sie gar nicht kennt,
Denkt vorerst seiner beiden Schwestern:
»Nein, danke«, heißts, »wir waren gestern.«
Dann fällt ihm noch Herr Müller ein,
Der wird vermutlich selig sein.
Doch selig ist der keinesfalls,
Ihm stehn die Opern schon zum Hals.
Wie konnt ich Fräulein Schulz vergessen?
Die ist auf so was ganz versessen!
»Wie, heute abend, Lohengrin?
Da geh ich sowieso schon hin!«
Herr Meier hätte sicher Lust:
»Hätt vor drei Tagen ichs gewußt!«
Frau Huber lehnt es ab, empört:
»Vor zwanzig Jahren schon gehört!«
Herr Lieblich meint, begeistert ging er,
Wär es für morgen, Meistersinger,
Doch heute abend, leider nein.
Der Mensch läßt es von nun an sein.
Zwei Plätze, keine Sitzer habend,
Genießen still den freien Abend.


*Das Sprungbrett*

Ein Mensch, den es nach Ruhm gelüstet,
Besteigt, mit großem Mut gerüstet,
Ein Sprungbrett – und man denkt, er liefe
Nun vor und spränge in die Tiefe,
Mit Doppelsalto und dergleichen
Der Menge Beifall zu erreichen.
Doch läßt er, angestaunt von vielen,
Zuerst einmal die Muskeln spielen,
Um dann erhaben vorzutreten,
Als gälts, die Sonne anzubeten.

Ergriffen schweigt das Publikum –
Doch er dreht sich gelassen um
Und steigt, fast möcht man sagen, heiter
Und vollbefriedigt von der Leiter.
Denn, wenn auch scheinbar nur entschlossen,
Hat er doch sehr viel Ruhm genossen,
Genau genommen schon den meisten –
Was sollt er da erst noch was leisten?


*Verkannte Kunst*

Ein Mensch, der sonst kein Instrument,
Ja, überhaupt Musik kaum kennt,
Bläst Trübsal – denn ein jeder glaubt,
Dies sei auch ungelernt erlaubt.
Der unglückselige Mensch jedoch
Bläst bald auch auf dem letzten Loch.
Dann ists mit seiner Puste aus
Und niemand macht sich was daraus.
Moral: Ein Trübsalbläser sei
Ein Meister, wie auf der Schalmei.


*Die guten Bekannten*

Ein Mensch begegnet einem zweiten.
Sie wechseln Förm- und Herzlichkeiten,
Sie zeigen Wiedersehensglück
Und gehn zusammen gar ein Stück.
Und während sie die Stadt durchwandern,
Sucht einer heimlich von dem andern
Mit ungeheurer Hinterlist
Herauszubringen, wer er ist.
Daß sie sich kennen, das steht fest,
Doch äußerst dunkel bleibt der Rest.
Das Wo und Wann, das Wie und Wer,
Das wissen alle zwei nicht mehr,
Doch sind sie, als sie nun sich trennen,
Zu feig, die Wahrheit zu bekennen.

Sie freun sich, daß sie sich getroffen;
Jedoch im Herzen beide hoffen,
Indes sie ihren Abschied segnen,
Einander nie mehr zu begegnen.


*Gezeiten der Liebe*

Ein Mensch schreibt mitternächtig tief
An die Geliebte einen Brief,
Der schwül und voller Nachtgefühl.
Sie aber kriegt ihn morgenkühl,
Liest gähnend ihn und wirft ihn weg.
Man sieht, der Brief verfehlt den Zweck.
Der Mensch, der nichts mehr von ihr hört,
Ist seinerseits mit Recht empört
Und schreibt am hellen Tag, gekränkt
Und saugrob, was er von ihr denkt.
Die Liebste kriegt den Brief am Abend,
Soeben sich entschlossen habend,
Den Menschen dennoch zu erhören –
Der Brief muß diesen Vorsatz stören.
Nun schreibt, die Grobheit abzubitten,
Der Mensch noch einen zarten dritten
Und vierten, fünften, sechsten, siebten
Der herzlos schweigenden Geliebten.
Doch bleibt vergeblich alle Schrift,
Wenn man zuerst daneben trifft.


*Hereinfall*

Ein Mensch, gewillt, sich zu erholen,
Kriegt Paradiese gern empfohlen.
Er liest in manchem Werbeblatt
An Bergen sich und Bädern satt,
Um, qualvoll hin- und hergerissen,
Erst recht nicht mehr: wohin? zu wissen.
Entschluß hängt oft an einem Fädchen:
In diesem Fall entschied ein Mädchen,

Das aus dem schönsten der Prospekte
Die Arme sehnend nach ihm streckte.
Der Mensch, schon jetzt in es verliebt
Und überzeugt, daß es es gibt,
Fährt, nicht mehr länger überlegend,
In die dortselbst verheißne Gegend
Und sieht inmitten sich von Leuten,
Die auch sich auf das Mädchen freuten,
Doch keinesfalles ihrerseits
Ersetzen den versprochnen Reiz.
Im Kurhaus, im Familienbad
Ist ohne es es äußerst fad;
Der Mensch, vom Mädchenbild bestochen,
Hat sich im voraus für vier Wochen
Vertrauensselig schon verpflichtet.
Nun steht er einsam und vernichtet.


*Verpfuschtes Abenteuer*

Ein Mensch geht in der Stadt spazieren
Und muß gar oft sein Herz verlieren
An Frauen, die nicht daran denken,
Ihm auch nur einen Blick zu schenken.
Warum, so fragt er sich im Gehen,
Kann mirs nicht auch einmal geschehen,
Daß dank geheimer Liebeskraft
Ein Wesen, hold und engelhaft,
Mißachtend strenger Sitten Hürde
Sich unverhofft mir nähern würde?
Kaum hat er so zu sich gesprochen,
Fühlt er sein Herz gewaltig pochen.
Denn sieh, die reizendste der Frauen
Naht sich voll lächelndem Vertrauen
Und sagt zu ihm errötend dies:
» – – – please?«
Der Mensch, der sowas nicht gelernt,
Hat hilflos stotternd sich entfernt.
Was nützt – Moral von der Geschicht –
Ein Engel, wenn er englisch spricht!

*Die Antwort*

Ein Mensch, der einen herzlos kalten
Absagebrief von ihr erhalten,
Von ihr, die er mit Schmerzen liebt,
Erwägt, was er zur Antwort gibt.
Mit Hilfe von Gedankensäure
Füllt er sich Bomben, ungeheure,
Beginnt ein Schreiben aufzusetzen,
Das dieses Weib in tausend Fetzen
(So graunvoll nämlich ist sein Gift!)
Zerreißen muß, wenn es sie trifft.
Genau die Sätze er verschraubt,
Bis er die Zündung wirksam glaubt.
Zum Schlusse aber schreibt er ihr:
»Ich liebe Dich. Sei gut zu mir!«


*Ein Lebenslauf*

Ein Mensch verehrt, von Liebe blind,
Ein (leider unbarm-) herziges Kind.
Er opfert, nur daß er gefällt,
Ein (leider schauder-) bares Geld
Und wagt, daß er gewinn ihr Herz
Manch (leider aussichts-) losen Scherz.
Die Frau verlacht den Menschen oft,
Der (leider unan-) sehnlich hofft,
Und grade, weil sie abgeneigt,
Sich (leider unge-) hörig zeigt.
Doch wird sie – ach, die Zeit geht weiter –
Nun (leider unan-) ständig breiter
Und, furchtend, daß sie sitzen bleib,
Sein (leider ange-) trautes Weib.
Der Mensch, zu spät mit ihr beschenkt,
Bald (leider nega-) tiefer denkt:
Er fiel, nur Narr der eignen Pein,
Hier (leider unab-) sichtlich rein.
Das Glück war zu der Stunde gar,
Wos (leider unwill-) kommen war.

*Ungleicher Kampf*

Ein Mensch von innerem Gewicht
Liebt eine Frau. Doch sie ihn nicht.
Doch daß sie ihn nicht ganz verlöre,
Tut sie, als ob sie ihn erhöre.
Der Mensch hofft deshalb unverdrossen
Sie habe ihn ins Herz geschlossen,
Darin er, zwar noch unansehnlich,
Bald wachse, einer Perle ähnlich.
Doch sieh, da kommt schon einszweidrei
Ein eitler junger Fant herbei,
Erlaubt sich einen kleinen Scherz,
Gewinnt im Fluge Hand und Herz.
Ein Mensch, selbst als gereifte Perle,
Ist machtlos gegen solche Kerle.


*So und so*

Ein Mensch, der knausernd, ob ers sollte,
Ein magres Trinkgeld geben wollte,
Vergriff sich in der Finsternis
Und starb fast am Gewissensbiß.
Der andre, bis ans Lebensende,
Berichtet gläubig die Legende
Von jenem selten noblen Herrn –
Und alle Leute hörens gern.
Ein zweiter Mensch, großmütig, fein,
Schenkt einem einen größern Schein.
Und der, bis an sein Lebensende
Verbreitet höhnisch die Legende
Von jenem Tölpel, der gewiß
Getäuscht sich in der Finsternis. –

*Gescheiterte Sammlung*

Ein Mensch – er freut sich drauf, und wie! –
Geht in die fünfte Sinfonie.
Wie liebt er grad den ersten Satz!
Er setzt sich still auf seinen Platz,
Daß ganz er dem Genuß sich weihe ...
Ein Herr grüßt aus der dritten Reihe.
Der Mensch, wohl wissend, daß ern kenn,
Denkt flüchtig bloß, wie heißt er denn?
Worauf er fromm die Augen schließt,
Damit Musik sich in ihn gießt.
Kaum hebt den Stab der Zappelmann,
Schon geht bei ihm der Rappel an:
Wie rast der Geigen Glanzgeschwirre –
Der Mann heißt Fuld, wenn ich nicht irre!
Trompeten holt des Meisters Wink
Zu wilder Pracht – der Mann heißt Fink!
Wie steigt der Melodien Wuchs
Aus Zaubertiefen – er heißt Fuchs!
Wie klagt so süß ein Flötenlauf –
Der Mensch, er kommt und kommt nicht drauf.
Posaunen strahlen des Gerichts –
Mit Fuchs ist es natürlich nichts.
Horch, des Finales stolzer Prunk –
Funk heißt er, selbstverständlich, Funk!
Des Menschen Kopf ist wieder frei:
Die Sinfonie ist auch vorbei ...


*Überraschungen*

Ein Mensch dem Sprichwort Glauben schenkt:
'S kommt alles anders, als man denkt –
Bis er dann die Erfahrung macht:
Genau so kams, wie er gedacht.

*Legendenbildung*

Ein Mensch, vertrauend auf sein klares
Gedächtnis, sagt getrost »So war es!«
Er ist ja selbst dabei gewesen –
Doch bald schon muß ers anders lesen.
Es wandeln sich, ihm untern Händen,
Wahrheiten langsam zu Legenden.
Des eignen Glaubens nicht mehr froh
Fragt er sich zweifelnd: »War es so?«
Bis schließlich überzeugt er spricht:
»Ich war dabei – so war es nicht!«


*Ahnungslos*

Ein Mensch hört staunend und empört,
Daß er, als Unmensch, alle stört:
Er nämlich bildet selbst sich ein,
Der angenehmste Mensch zu sein.
Ein Beispiel macht Euch solches klar:
Der Schnarcher selbst schläft wunderbar.


*Ein Ehrenmann*

Ein Mensch, der mit genauem Glücke
Geschlüpft durch des Gesetzes Lücke,
Bebt noch ein Weilchen angstbeklommen
Doch dann, als wäre er gekommen
Durchs Haupttor der Gerechtigkeit,
Stolziert er dreist und macht sich breit.
Und keiner wacht so streng wie er,
Daß niemand schlüpft durch Lücken mehr.

*Allzu eifrig*

Ein Mensch sagt – und ist stolz darauf –
Er geh in seinen Pflichten auf.
Bald aber, nicht mehr ganz so munter,
Geht er in seinen Pflichten unter.


*Das Bessere*

Ein Mensch denkt logisch, Schritt für Schritt.
Jedoch, er kommt nicht weit damit.
Ein andrer Mensch ist besser dran:
Er fängt ganz schlicht zu glauben an.
Im Staube bleibt Verstand oft liegen –
Der Glaube aber kann auch fliegen!


*Bescheidenheit*

Ein Mensch möcht erste Geige spielen –
Jedoch das ist der Wunsch von vielen,
So daß sie gar nicht jedermann,
Selbst wenn ers könnte, spielen kann:
Auch Bratsche ist für den, ders kennt,
Ein wunderschönes Instrument.


*Durch die Blume*

Ein Mensch pflegt seines Zimmers Zierde,
Ein Rosenstöckchen, mit Begierde.
Gießts täglich, ohne zu ermatten,
Stellts bald ins Licht, bald in den Schatten,
Erfrischt ihm unentwegt die Erde,
Vermischt mit nassem Obst der Pferde,
Beschneidet sorgsam jeden Trieb –
Doch schon ist hin, was ihm so lieb.
Leicht ist hier die Moral zu fassen:
Man muß die Dinge wachsen lassen!

*Falsche Herausforderung*

Ein Mensch, so grade in der Mitten,
Nicht just verehrt, doch wohlgelitten,
Zwingt, anstatt still sein Los zu leiden,
Schroff Freund und Frau, sich zu entscheiden.
Und jene, die viel lieber lögen,
Erklären, daß sie ihn wohl mögen,
Jedoch, sollt klar gesprochen sein,
Dann sagten sie doch lieber nein.
Der Mensch, sonst nach Gebühr geduldet,
Hat dieses Urteil selbst verschuldet:
Denn es gibt Dinge auf der Welt,
Die man nicht auf die Probe stellt,
Weil sie, wie, ach, so viel im Leben
Sich halten lassen nur im Schweben.


*Ausnahme*

Ein Mensch fällt jäh in eine Grube,
Die ihm gegraben so ein Bube.
Wie? denkt der Mensch, das kann nicht sein:
Wer Gruben gräbt, fällt selbst hinein! –
Das mag vielleicht als Regel gelten:
Ausnahmen aber sind nicht selten.


*Wettlauf*

Ein Mensch, erst zwanzig Jahre alt,
Beurteilt Greise ziemlich kalt
Und hält sie für verkalkte Deppen,
Die zwecklos sich durchs Dasein schleppen.
Der Mensch, der junge, wird nicht jünger:
Nun, was wuchs denn auf *seinem* Dünger?
Auch er sieht, daß trotz Sturm und Drang,
Was er erstrebt, zumeist mißlang,
Daß, auf der Welt als Mensch und Christ
Zu leben, nicht ganz einfach ist,

Hingegen leicht, an Herrn mit Titeln
Und Würden schnöd herumzukritteln.
Der Mensch, nunmehr bedeutend älter,
Beurteilt jetzt die Jugend kälter
Vergessend frühres Sich-Erdreisten:
»Die Rotzer sollen erst was leisten!«
Die neue Jugend wiedrum hält ...
Genug – das ist der Lauf der Welt!


*Märchen*

Ein Mensch, der einen andern traf,
Geriet in Streit und sagte: »Schaf!«
Der andre sprach: »Es wär Ihr Glück,
Sie nähmen dieses Schaf zurück!«
Der Mensch jedoch erklärte: Nein,
Er säh dazu den Grund nicht ein.
Das Schaf, dem einen nicht willkommen,
Vom andern nicht zurückgenommen,
Steht seitdem, herrenlos und dumm
Unglücklich in der Welt herum.


*Wandlung*

Ein Mensch führt, jung, sich auf wie toll:
Er sieht die Welt, wie sie sein soll.
Doch lernt auch er nach kurzer Frist,
Die Welt zu sehen, wie sie ist.
Als Greis er noch den Traum sich gönnt,
Die Welt zu sehn, wie sie sein könnt.

*Lebenslügen*

Ein Mensch wird schon als Kind erzogen
Und, dementsprechend, angelogen.
Er hört die wunderlichsten Dinge,
Wie, daß der Storch die Kinder bringe,
Das Christkind Gaben schenk zur Feier,
Der Osterhase lege Eier.
Nun, er durchschaut nach ein paar Jährchen,
Daß all das nur ein Ammenmärchen.
Doch andre, weniger fromme Lügen
Glaubt bis zum Tod er mit Vergnügen.


*Der Termin*

Ein Mensch, der sich, weils weit noch hin,
Festlegen ließ auf den Termin,
Sieht jetzt, indes die Wochen schmelzen,
Die schwere Last sich näher wälzen.
Er sucht nach Gründen, abzusagen,
Er träumt, noch in den letzten Tagen,
Wie einst als Schulbub, zu entwischen:
Ein schwerer Unfall käm dazwischen ...
Umsonst – es bleibt ein leerer Wahn:
Der schicksalsvolle Tag bricht an! –
Und geht dann doch vorüber, gnädig.
Der Mensch ist froh, der Sorgen ledig.
Er schwört, er hab daraus gelernt –
Doch wie sich Tag um Tag entfernt,
Hat Angst und Qualen er vergessen –
Und läßt sich unversehens pressen
Zu noch viel scheußlicherm Termin –
Denn es ist weit und weit noch hin.

*Briefwechsel*

Ein Mensch, der weiß, wie lang und lieb
Die Welt sich voreinst Briefe schrieb,
Denkt lang darüber hin und her:
Warum tut sie das heut nicht mehr?
Er wähnt, die Gründe hab er schon:
Zeitmangel, Zeitung, Telefon.
Doch nein, wer ernstlich wollt, dem bliebe
Genügend Muße, daß er schriebe.
Ist er zu faul nur, zu bequem?
Gleich wird er schreiben – aber *wem?*
Wer teilt, so überlegt er kühl,
Mit mir noch meinen Rest Gefühl,
Daß sichs verlohnt, in längern Zeilen
Ihm dies Gefühl erst mitzuteilen?
Verschwend ich darum Herz und Geist,
Daß ers in den Papierkorb schmeißt?
Schon wird ihm, kaum daß ers bedacht,
Selbst von der Post ein Brief gebracht:
Voll Überschwang und Herzensdrang,
Vier handgeschriebne Seiten lang.
Er überfliegt sie; rückzuschreiben,
Läßt er, schon Unmensch, besser bleiben.
Es könnt sich, fruchtbar gleich Karnickeln,
Briefwechsel sonst daraus entwickeln.
Er weiß jetzt, wie die Dinge liegen:
Kein Mensch will auch noch Briefe *kriegen!*


*Die Abmachung*

Ein Mensch hat – »gut, es bleibt dabei:
Am Samstag nachmittag um drei« –
Fürs Wochenende einen faden
Bekannten endlich eingeladen,
Was er ihm schon seit einem Jahr
Aus höhrer Rücksicht schuldig war.
Als hätt der Teufel es gerochen,
Daß unser Mensch sich fest versprochen,
Läßt hageln er auf diesen Tag
Aufforderungen, Schlag auf Schlag.

Worauf der Mensch seit Wochen wartet,
Jetzt kommts daher, wie abgekartet.
Der Mensch, von Pflichtgefühl ummauert,
So schwer es ihm auch fällt, bedauert.
Die lauten Lockungen und leisern
An ihm zerschellen – er bleibt eisern.
Am Samstag früh kommt eine Karte,
Drin, daß der Mensch umsonst nicht warte,
Der Unmensch mitteilt, höflich-dreist,
Er sei heut ins Gebirg gereist.
Den Menschen zu besuchen, hätt er
Auch später Zeit, bei Regenwetter.


*Späte Einsicht*

Ein Mensch macht sich, doch leider bloß
An seinem Stammtisch, damit groß,
Es gelt – wovon ja viele träumen! –
Den Saustall endlich auszuräumen.
Er gibt – nur dort! – geheime Winke,
Wie's überall zum Himmel stinke
Von Säuen, die an vollen Trögen
Verfräßen unser Volksvermögen.
Man müßt was tun – nur ist es schade,
Daß dummerweise *ihn* gerade,
Als einen Mann mit Weib und Kindern,
Rücksichten überall verhindern.
Der Mensch – was nützt verborgnes Lästern? –
Zählt auch mit zu den Schweinemästern!


*Wandlung*

Ein Mensch ward wild von Heckenschützen,
Die gern die Zeit der Schrecken nützen
Und, ihn zu morden, stur entschlossen,
Auf üble Weise querbeschossen.
Da es mißlang, ihn ganz zu töten,
Entbieten, ohne zu erröten,

Die Schützen nun, Gewehr bei Fuß,
Dem Menschen höflichst ihren Gruß
Und scheinen ungemein vergeßlich,
Daß sie ihm nachgestellt, so häßlich.
Und auch der Mensch, allmählich müder,
Nimmt hin die üblen Schützenbrüder
Und, faulen Frieden selbst zu fördern,
Lebt brav er – unter seinen Mördern.


*Abdankung*

Ein Mensch, als junger Feuergeist,
Der Lügen warmes Kleid zerreißt
Und geht – welch herrlicher Charakter! –
Kühn durch die Welt nun als ein Nackter.
Der Mensch wird alt, die Welt wird kalt:
Die Zeit zeigt ihre Allgewalt.
Der Mensch hälts, frierend, nicht mehr aus –
Froh wär er um den alten Flaus.
Doch hat er den nicht nur zerrissen,
Nein, auch die Fetzen weggeschmissen.
Mit Müh erwirbt er, so im Zwange,
Sich Weltanschauung von der Stange
Und geht nun, bis zu seinem Tode,
Gleich all den andern, nach der Mode.


*Vergeblicher Wunsch*

Ein Mensch wird krank am Wunsch, dem einen:
Nur einmal laut *hinaus*zuweinen!
Das wär ihm eine rechte Lust –
Doch, ach, es fehlt dazu die Brust.
So bleibt es bei der alten Pein:
Er weint nur still in sich *hinein.*

*Richtig und falsch*

Ein Mensch trifft einen in der Stadt,
Der, ihn zu treffen, Freude hat
Und ihm zum Gruße unbekümmert
Die linke Schulter halb zertrümmert.
»Na, herrlich!« ruft er, »alter Knabe,
Gut, daß ich dich getroffen habe.
Ich wette, du läßt dich nicht lumpen,
Mir eine Kleinigkeit zu pumpen,
Fünf Mark bis morgen oder zehn.
Recht vielen Dank, auf Wiedersehn!«
Der Mensch ist noch im ungewissen,
Wieso man ihm zehn Mark entrissen,
Als schon ein zweiter ihm begegnet,
Der diesen Zufall grad so segnet.
Mit Seufzen hebt er an die Klage
Von der zur Zeit sehr schlimmen Lage,
Und zwar a) von der allgemeinen,
b) insbesondere von der seinen.
Der Mensch, indes der andere stammelt,
Sich still die Abwehrkräfte sammelt
Zur Rede, welche mild gedämpft
Des andern Absicht niederkämpft.
Moral: Von Wert ist nur der rasche
Zugriff auf deines Nächsten Tasche.


*Schlüpfrige Dinge*

Ein Mensch, der auf der Straße ging,
Mit seinen Augen sich verfing
In einem Laden, drin ein Weib
Höchst schamlos zeigte seinen Leib,
Der, bloß geformt aus Pappe zwar,
Doch fleischlich in der Wirkung war.
Von Hemd und Höschen zart umhüllt,
Das Blendwerk nur den Zweck erfüllt,
Zu schlagen eine breite Bresche
In den erlaubten Wunsch nach Wäsche.

Und da dem Reinen alles rein,
Sah das der Mensch auch alsbald ein
Und ging mit einer grenzenlosen
Hochachtung fort für Damenhosen.


*Fremde Welt*

Ein Mensch, als Tiefseefisch gebaut,
Ist mit der Finsternis vertraut.
Doch Sehnsucht treibt ihn dorthin bald,
Wo's nicht so dunkel und so kalt,
So daß er kühn nach oben schwimmt
In Kreise, nicht für ihn bestimmt.
Dort tummeln Fische sich umher,
Die weitaus schöner sind als er
Und die mit einer wunderleichten
Bewegtheit spielen hier im Seichten.
Der Mensch, vielmehr der Tiefseefisch,
Fühlt sich hingegen gar nicht frisch
Und ist, indem er glotzend staunt,
In dieser Welt nicht wohlgelaunt
Und kehrt, selbst fühlend, daß er stört,
Dorthin zurück, wo er gehört.
Womit sogar von Paradiesen
Die Rela-Tiefe ist bewiesen.


*Die Torte*

Ein Mensch kriegt eine schöne Torte.
Drauf stehn in Zuckerguß die Worte:
»Zum heutigen Geburtstag Glück!«
Der Mensch ißt selber nicht ein Stück,
Doch muß er in gewaltigen Keilen
Das Wunderwerk ringsum verteilen.
Das »Glück«, das »heu«, der »Tag« verschwindet,
Und als er nachts die Torte findet,
Da ist der Text nur mehr ganz kurz.
Er lautet nämlich nur noch : ... »burts« ...

Der Mensch, zur Freude jäh entschlossen,
Hat diesen Rest vergnügt genossen.


*Kleine Ursachen – –*

Ein Mensch – und das geschieht nicht oft –
Bekommt Besuch, ganz unverhofft,
Von einem jungen Frauenzimmer,
Das grad, aus was für Gründen immer –
Vielleicht aus ziemlich hintergründigen –
Bereit ist, diese Nacht zu sündigen.
Der Mensch müßt nur die Arme breiten,
Dann würde sie in diese gleiten.
Der Mensch jedoch den Mut verliert,
Denn leider ist er unrasiert.
Ein Mann mit schlechtgeschabtem Kinn
Verfehlt der Stunde Glücksgewinn,
Und wird er schließlich doch noch zärtlich,
Wird ers zu spät und auch zu bärtlich.
Infolge schwacher Reizentfaltung
Gewinnt die Dame wieder Haltung
Und läßt den Menschen, rauh von Stoppeln,
Vergebens seine Müh verdoppeln.
Des Menschen Kinn ist seitdem glatt –
Doch findet kein Besuch mehr statt.


*Versagen der Heilkunst*

Ein Mensch, der von der Welt Gestank
Seit längrer Zeit schwer nasenkrank,
Der weiterhin auf beiden Ohren
Das innere Gehör verloren,
Und dem zum Kotzen ebenfalls
Der Schwindel raushängt schon zum Hals,
Begibt sich höflich und bescheiden
Zum Facharzt für dergleichen Leiden.
Doch dieser meldet als Befund,
Der Patient sei kerngesund,

Die Störung sei nach seiner Meinung
Nur subjektive Zwangserscheinung.
Der Mensch verlor auf dieses hin
Den Glauben an die Medizin.


*Um Vierzig herum*

Ein Mensch, sich wähnend noch als junger,
Hat jetzt erst so den rechten Hunger
Und freut sich auf die gute Stunde,
Wo er vergnügt mit vollem Munde
Weinweibgesänglich sitzen dürfte
Und wo der bisher kaum geschlürfte,
Der Göttertrank der Daseinswonnen,
In vollen Strömen käm geronnen.
So rüstet er zum Lebensfeste –
Und sieht entsetzt die kargen Reste,
Die ihm, zu leben und zu lieben,
Für künftige Jahre noch geblieben.
Sich wähnend auf des Glückes Gipfel,
Schaut er der Wurst verlornen Zipfel.
Bereit zum ersten tiefen Zug,
Lechzt er in einen leeren Krug.
Da sitzt er, schüttelt stumm das Haupt,
Weil er es nie und nimmer glaubt,
Daß er sie selbst verzehret habe,
Die unerschöpflich reiche Labe.
Er kaut Erinnrung, saugt Vergessen –
Ist dreißig Jahr noch so gesessen ...


*Pech*

Ein Mensch hats scheinbar gut getroffen:
Zwei Schalter auf der Post sind offen!
Vorm ersten – eine Anstehschlange:
Da dauerts sicher stundenlange!
Vorm zweiten – nur ein junger Mann:
Dort stellt der Mensch sich glücklich an.

Doch zieht der Mann aus Mappentiefe
Ein Dutzend Auslands-Einschreibbriefe
Und weiß mit höchst verzwickten Fragen
Den Postbeamten hinzuplagen.
Jetzt stellt sich gar heraus: er ist
Mit Leidenschaft Philatelist,
Der – wie der Mensch auch stöhnt und flucht –
Nach einer Sondermarke sucht.
Inzwischen steht am andern Schalter
Nur noch ein kümmerlicher Alter.
So daß der Mensch 's für richtig hält,
Daß er sich hinter diesen stellt.
Der Alte ist halb taub und blind
Und unbeholfen wie ein Kind.
Er will belehrt sein, höchst ausführlich,
Wie sichs verhalte, postgebührlich.
Kein End scheint hier auch abzusehn:
Der Mensch entschließt sich, wegzugehn –
Obwohl sich hinter ihm derweil
Gebildet hat ein Kundenkeil.
Doch treibt das Schicksal seine Possen:
Am Schalter zwei steht jetzt: Geschlossen!


*Der Provinzler*

Ein Mensch in einer kleinen Stadt,
Wo er sonst keinen Menschen hat, –
Und, Gottlob, nur drei Tage bleibt –
Mit einem sich die Zeit vertreibt,
Der, ortsgeschichtlich sehr beschlagen,
Ihm eine Menge weiß zu sagen,
Ihn in manch gutes Wirtshaus führend,
Kurz, sich benehmend einfach rührend.
»Wenn Sie einmal nach München kommen ...«
Schwupps, ist er schon beim Wort genommen:
Der Mann erscheint, der liebe Gast –
Und wird dem Menschen schnell zur Last.
Man ist um solche Leute froh –
Doch nur in Sulzbach oder wo.

*Das Böse*

Ein Mensch pflückt, denn man merkt es kaum,
Ein Blütenreis von einem Baum.
Ein andrer Mensch, nach altem Brauch,
Denkt sich, was der tut, tu ich auch.
Ein dritter, weils schon gleich ist, faßt
Jetzt ohne Scham den vollen Ast
Und sieh, nun folgt ein Heer von Sündern,
Den armen Baum ganz leer zu plündern.
Von den Verbrechern war der erste,
Wie wenig er auch tat, der schwerste.
Er nämlich übersprang die Hürde
Der unantastbar reinen Würde.


*Himmlische Entscheidung*

Ein Mensch, sonst harmlos im Gemüte,
Verzweifelt wild an Gottes Güte,
Ja, schimpft auf ihn ganz unverhohlen:
Ein Unmensch hat sein Rad gestohlen!
Der Unmensch aber, auf dem Rade,
Preist laut des lieben Gottes Gnade –
Und auch sich selbst, der, so begabt,
Ein Schwein zwar, solch ein Schwein gehabt. –
Wem steht der liebe Gott nun näher?
Dem unverschämten, schnöden Schmäher,
Dem dankerfüllten, braven Diebe?
Es reicht für *beide* seine Liebe,
Die, wie wir wissen, ganz unendlich,
Auch wenn sie uns oft schwer verständlich:
Der Unmensch, seelisch hochgestimmt,
Durch Sturz ein jähes Ende nimmt,
Was zweifellos für ihn ein Glücksfall:
Fünf Jahre gäbs sonst, wegen Rückfall!
Und auch der Mensch hat wirklich Glück:
Er kriegt sein schönes Rad zurück,
Nach Abzug freilich fürs Gefluch:
Zwei Achter und ein Gabelbruch.

*Der Trick*

Ein Mensch fühlt leicht sich minderwertig,
Sieht er, wie's andre bringen fertig,
Was ihm so schwierig stets erschienen:
Fast ohne Arbeit Geld verdienen,
Sich hübsche Weiber leicht erobern,
Auch Ruhm bei (freilich seichten) Lobern.
Es raten spöttisch solche Knaben:
Den Trick muß man heraußen haben!
Jedoch du darfst dich nicht drum kümmern
Wie leicht das Leben für die Dümmern:
In deinem waltet das Geschick –
Und da versagt der bloße Trick!


*Der Weltfremde*

Ein Mensch greift alles wacker an –
Viel besser ist ein Unmensch dran:
Er zeigt, als wär er gern bereit,
Nur edle Unbeholfenheit:
Er hülfe ja nach besten Kräften,
Doch er versteht nichts von Geschäften.
Er wäre, uns zu nützen, froh,
Wenn er nur wüßte, wie und wo?
Er ist, so scheints, voll Feuereifer,
Doch äußerst stützig als Begreifer.
Und jedermann sieht ein, dem Guten
Ist derlei wohl nicht zuzumuten.
Der Mensch gebraucht nun auch die List
Und stellt sich dümmer, als er ist.
Doch er verscherzt sich alle Gunst:
Sich zu verstelln, ist eine Kunst.
Weh dem, der irgendwie und wann
Bewiesen hat, daß er was kann:
Wieso? sagt jeder, 's wär zum Lachen,
Wer sonst, wenn nicht der Mensch, wirds machen!

*Der vergessene Name*

Ein Mensch begibt sich arglos schlafen –
Schon liegt sein Denken still im Hafen
Bis auf ein kleines Sehnsuchtsschiff,
Das aber gleichfalls im Begriff,
Den nahen heimatlichen Feuern
In aller Ruhe zuzusteuern.
Da plötzlich stößt, schon hart am Ziel,
Auf Mine oder Riff der Kiel.
Das Unglück, anfangs unerklärlich,
Scheint vorerst noch ganz ungefährlich.
Ein Name nur, der Jahr und Tag
Nutzlos, doch fest verankert lag,
Treibt unter Wasser, kreuz und quer
Als Wrack gespenstisch übers Meer.
Das Sehnsuchtsschiff, im Lauf gestört,
Funkt S-O-S, das wird gehört
Und bald erscheint schon eine leichte
Gedächtnisflotte, um das Seichte
Nach jenem Namen abzufischen.
Doch dem gelingt es, zu entwischen
Und schon rückt, mitten in der Nacht,
Die Flotte selbst aus, wie zur Schlacht.
Im Finstern aber hilflos stoßen
Die Denker-Dreadnoughts sich, die großen,
Wild gehn die Wünsche in die Luft;
Sinnlos wird höchste Kraft verpufft:
Die Flotte sinkt mit Mann und Maus. –
Der Name treibt ins Nichts hinaus.


*Entscheidungen*

Ein Mensch, der für den Fall, er müßte,
Sich – meint er – nicht zu helfen wüßte,
Trifft doch den richtigen Entschluß
Aus tapferm Herzen: denn er *muß!*
Das Bild der Welt bleibt immer schief,
Betrachtet aus dem Konjunktiv.

*Hoffnungslos*

Ein Mensch begibt sich ahnungslos
In einer Freund-Familie Schoß,
Wo man nicht fernsieht, rundfunkdudelt –
Nein, geistvoll im Gespräch versprudelt.
Doch leider sieht der Mensch erst jetzt,
Daß man die Stühle streng gesetzt
Und alles schweigend und gespannt
Auf Buntes starrt an weißer Wand:
Ein Unmensch zeigt in langen Serien,
Wie er verbracht hat seine Ferien.
Vor Bildern, ziemlich mittelmäßig,
Sitzt nun der Mensch, schon lahmgesäßig;
Und pausenlos wird er befragt,
Was er zu diesen Bildern sagt.
Zum Sagen kann er gar nicht kommen:
Das Lob wird gleich vorweggenommen.
Die ganze Sippe, wild und wilder,
Verlangt noch die Familienbilder.
Der Mensch muß anschaun, ohne Gnaden,
Klein-Hänschen – ach, wie herzig! – baden;
Und nicht verschont wird er nun auch
Mit Muttis Reizen, Papis Bauch.
Der Mensch, der lang nach Mitternacht
Todmüd sich auf den Heimweg macht,
Beschließt, nie wieder werd er Gast,
Wo schon die Technik Fuß gefaßt.


*Das Wiedersehen*

Ein Mensch, im Anzug, seinem guten,
Steht schon im Regen, zehn Minuten
Und harrt auf seine Straßenbahn:
Die Linie drei kommt, endlich!, an.
Hinein! Doch sieh, wer steigt da aus? –
»Ja, servus, grüß dich, altes Haus!« –
Ein Freund aus fernen Jugendjahren ...
Wen läßt der Mensch nun besser fahren?
Die Straßenbahn, nach langem Hoffen?
Den alten Freund, den er getroffen??

Der Mensch, obgleich es stärker gießt,
Zur Freundestreue sich entschließt.
Doch eh die zwei der uralt-jungen
Gemeinsamen Erinnerungen
Sich zu entladen nur beginnen –
Ist schon der gute Freund von hinnen:
»Ein andermal!« ruft der und lacht, –
»Verzeih, da kommt grad meine Acht!«


*Überschätzung*

Ein Mensch bewertet sich nicht schlecht:
Er hält sich durchaus für gerecht.
Nie merkt er, daß er nur, voll List
Gerecht in allen Sätteln ist.

# Der Wunderdoktor

*Vorwort*

Klar steh am Anfang des Gedichts:
Von Medizin versteh ich nichts!
Der Leser sei vor dem gewarnt,
Was hier sich wissenschaftlich tarnt,
Denn es ist bestenfalls zum Lachen –
Nie, um davon Gebrauch zu machen.
Mein Blick ist leider gar nicht klinisch,
Ich geb mich hier nur medi-zynisch.
Erschien doch zu der Menschheit Fluch
Manch närrisch-ernstgemeintes Buch:
Da werd auch ich, statt tief zu schürfen,
Zum Spaß wohl Unsinn bringen dürfen.
Mit ihren Lesefrüchten treiben
Obsthandel viele, die da schreiben;
Nun – da erhofft von mir man kaum
Nur Früchte vom Erkenntnisbaum.
Und scheints euch oft, ich hätt kein Herz
Und triebe mit Entsetzen Scherz –
Besänftigt den Entrüstungssturm:
Auch ich hab oft mich wie ein Wurm
Gekrümmt vor Schmerzen, Tag und Nacht,
Und schließlich hab ich *doch* gelacht.
Die Welt, sie ist im Grunde roh,
Und trotzdem sind die Menschen froh.
Drum lest und lacht – denn, Gott sei Dank,
Es lacht so leicht sich keiner krank.
Doch freuen sollt michs, wenn durch Lesen
Und Lachen mancher wollt genesen!


*Die Ärzte*

1.
Die Ärzte sind verschiedner Art;
Ich schildre den zuerst, der zart:
Oft ist er wie ein Lämmlein sanft,
Noch spielend an des Todes Ranft,
Erzählt uns muntre Anekdötchen,
Macht Männchen oder gibt uns Pfötchen.

Er zwitschert fröhlich wie ein Schwälbchen
Und er verschreibt ein harmlos Sälbchen,
Tablettchen oder bittre Pillchen
Und funkelt schalkhaft durch sein Brillchen
Mit Äuglein, frömmer als ein Rehlein –
Selbst Darmkrebs nennt er noch Wehwehlein.
Froh ist am Schluß das arme Kränkchen,
Wenn er nun fortgeht, Gott sei Dänkchen.


2.
Wenn ich den Läppischen nicht lobe,
Ist doch auch unerwünscht der Grobe.
Er mustert streng uns, herzenskalt:
»Was, über Sechzig sind Sie alt?
Da wird es sich wohl nicht mehr geben –
Nun ja, wer will denn ewig leben?«
»Gelebt, geliebt, geraucht, gesoffen –
Und alles dann vom Doktor hoffen!«
So etwa spricht er, grimmig barsch:
»Nicht zimperlich jetzt. Ausziehn, marsch!«
»Im Kopf fehlts? Nun, das dacht ich gleich –
Da ist ja das Gehirn schon weich!«
Holt er den Nagel von der Zeh
Und man erklärt, das tue weh: –
»Wenns wohl tät, wärt ihr da in Haufen,
Und ich käm gar nicht mehr zum Schnaufen.«
Er knurrt wohl auch, ein wüster Spaßer:
»Sie stehn ja bis zum Hals im Wasser!«
Auch sagt er, statt uns Trost zu gönnen:
»Viel wird man da nicht machen können!«
Scheint er als Mensch auch nicht vergnüglich,
Ist er doch meist als Arzt vorzüglich.


3.
Sag ich zu beiden Fällen nein –
Fragt ihr: »Wie soll der Arzt denn sein?«
Die Antwort hab ich da geschwind:
So, wie gottlob fast alle *sind!*
Der gute Arzt ist nicht zu zärtlich,
Doch ist er auch nicht eisenbärtlich.
Nicht zu besorgt und nicht zu flüchtig,
Er ist, mit einem Worte, tüchtig.

Er ist ein guter Mediziner,
Erst Menschheits-, dann erst Geldver-Diener.
Gesunde fühlen sich wie Götter
Und werden leicht am Arzt zum Spötter.
Doch bricht dann eine Krankheit aus,
Dann schellen sie ihn nachts heraus
Beim allerärgsten Sudelwetter
Und sind ganz klein vor ihrem Retter.
Der kommt – nicht wegen der paar Märker,
Die Nächstenliebe treibt ihn stärker,
(Schlief er auch noch so süß und fest)
Zu kriechen aus dem warmen Nest.
Behandelt drum den Doktor gut,
Damit er euch desgleichen tut!


*Der Zahnarzt*

Nicht immer sind bequeme Stühle
Ein Ruheplatz für die Gefühle.
Wir säßen lieber in den Nesseln,
Als auf den wohlbekannten Sesseln,
Vor denen, sauber und vernickelt,
Der Zahnarzt seine Kunst entwickelt.
Er lächelt ganz empörend herzlos
Und sagt, es sei fast beinah schmerzlos.
Doch leider, unterhalb der Plombe,
Stößt er auf eine Katakombe,
Die, wie er mit dem Häkchen spürt,
In unbekannte Tiefen führt.
Behaglich schnurrend mit dem Rädchen
Dringt vor er bis zum Nervenfädchen.
Jetzt zeige, Mensch, den Seelenadel!
Der Zahnarzt prüft die feine Nadel,
Mit der er alsbald dir beweist,
Daß du voll Schmerz im Innern seist.
Du aber hast ihm zu beweisen,
Daß du im Äußern fest wie Eisen.
Nachdem ihr dieses euch bewiesen,
Geht er daran, den Zahn zu schließen.

Hat er sein Werk mit Gold bekrönt,
Sind mit der Welt wir neu versöhnt
Und zeigen, noch im Aug die Träne,
Ihr furchtlos wiederum die Zähne,
Die wir – ein Prahlhans, wers verschweigt –
Dem Zahnarzt zitternd nur gezeigt.


*Der rechte Arzt*

Fehlt dirs an Leber, Lunge, Magen,
Mußt du es den Bekannten sagen,
Damit sie, die dir Heilung gönnen,
Dir *ihren* Arzt verraten können.
Ist deine Krankheit eine schwierige,
Kann keiner helfen als der *ihrige.*
Sie möchtens schriftlich dir bescheinigen,
Daß du verratzt bist mit dem deinigen.
Herr Meier, der sich unterfing
Und nicht zu *ihrem* Doktor ging –
Es fehlte ihm wie dir das gleiche –
War nach sechs Wochen eine Leiche.
Herrn Schmidt, der auch es ausgeschlagen,
Den hat man bald hinausgetragen,
Den braven Mann, den unermüdlichen,
Er liegt im Friedhof jetzt, im südlichen.
Doch Schneckenbeck, für dessen Leben
Kein Mensch ein Fünferl mehr gegeben,
Dem gab *ihr* Doktor eine Salbe:
Jetzt trinkt er täglich siebzehn Halbe!
Drum, willst du sinken nicht ins Grab,
Dann laß von deinem Doktor ab
Und lasse nur noch einen holen,
Der von Bekannten dir empfohlen,
Weil du nur dann – wenn doch du stirbst –
Ein Recht auf Mitleid dir erwirbst.
Sonst sagen sie nur, tief empört:
Er hat ja nie auf uns gehört!

*Apotheker*

Ein Glück, daß wir der Medizinen
Nicht völlig gratis uns bedienen,
Nein, daß das Schicksal, mild und weise,
Schuf hohe Apothekerpreise.
Nicht immer ist ein Arzt dein Retter,
So er dein Schwager oder Vetter
Und ringsum an beherzte Huster
Umsonst verteilt die Ärztemuster.
Im Kostenlosen liegt ein Reiz:
Man frißts hinein aus purem Geiz.
Ja, würden nach gehabten Proben
Die Leute wenigstens noch loben!
Doch sagen sie, es sei ein Dreck
Und habe alles keinen Zweck!
Der hohe Preis als höherer Wille
Schlägt ab den Sturm auf die Pastille.
Denn noch ein jeder hat bedacht sich,
Wenns heißt: »Macht fünf Mark dreiundachtzig.«
Es lobt darum ein weiser Seher
Der Säftleinmischer, Pillendreher
Uraltes, heiliges Geschlecht,
Das zwar nicht billig – aber recht!


*Klare Entscheidung*

Ja, der Chirurg, der hat es fein:
Er macht dich auf und schaut hinein.
Er macht dich nachher wieder zu –
Auf jeden Fall hast du jetzt Ruh.
Wenn *mit* Erfolg, für längere Zeit,
Wenn *ohne* – für die Ewigkeit.

*Gemütsleiden*

Es können die Gemütskrankheiten
Nur, wo Gemüt ist, sich verbreiten;
Drum gehen auch, zu unserm Glück,
Gemütskrankheiten stark zurück.


*Hausapotheke*

Krank ist im Haus fast immer wer –
Mitunter muß der Doktor her.
Der Doktor geht dann wieder fort,
Die Medizinen bleiben dort
Und werden, daß den Arzt man spare,
Nun aufgehoben viele Jahre.
Unordnung ist ein böses Laster:
In einem Wust von Mull und Pflaster,
Von Thermometern, Watte, Binden
Liegt, oft nur schwer herauszufinden,
Inmitten all der Tüten, Röhren,
Die eigentlich nicht hergehören,
Das, wie wir hoffen, richtige Mittel
Mit leider höchst verzwicktem Titel:
Was von den ... in und ... an und ... oh
Tät unserem Wehweh wohl wohl?
Nur Mut! Was etwa gegen Husten
Im vorigen Jahr wir nehmen mußten,
Wir schluckens heut bei Druck im Bauch –
Und – welch ein Wunder! – da hilfts auch!
Wenn überhaupt nur was geschieht,
Daß uns der Schmerz nicht wehrlos sieht –
Er wird nicht alles sich erlauben,
Stößt er auf unsern festen Glauben!
Von dem bewahrt euch drum ein Restchen
In eurem Apothekerkästchen!

*Schnupfen*

Beim Schnupfen ist die Frage bloß:
Wie kriege ich ihn – wieder los?
Verdächtig ists: die Medizin
Sucht tausend Mittel gegen ihn,
Womit sie zugibt, zwar umwunden,
Daß sie nicht eines hat gefunden.
Doch Duden sei als Arzt gepriesen,
Der Nießen milderte zu Niesen.
Der bisher beste Heilversuch
Besteht aus einem saubern Tuch,
Zu wechseln un-ununterbrochen
Im Lauf von etwa zwei drei Wochen.
Zu atemschöpferischer Pause
Bleibt man am besten still zu Hause,
Statt, wie so häufig, ungebeten
Mit bei Konzerten zu trompeten.
*Rezept:* Es hilft nichts bei Katarrhen
Als dies: geduldig auszuharren.
Der Doktor beut hier wenig Schutz –
Im besten Fall nießt er nur Nutz.


*Besuche*

Liegst du in deinem Krankenzimmer,
Dann freun Besuche dich fast immer.
Du harrst von Stund zu Stunde still,
Ob einer zu dir kommen will:
Just, wenn des Hemdes du ermangelst,
Nach der bewußten Flasche angelst,
In heißen Fieberträumen flatterst,
In einem kalten Wickel schnatterst,
Das Thermometer stumm bebrütest,
In jähem Schmerzensanfall wütest –
Dann, für Sekunden unerbeten,
Wird einer an dein Lager treten
Und gleich, errötend, wieder gehen
Ganz leise, taktvoll, auf den Zehen ...
Ein andermal an deinem Lager
Stehn grade Bruder, Schwester, Schwager:

Nach leeren Wochen plötzlich drei –
Als vierter kommt der Freund vorbei.
Er kündet jedem, der erbötig:
»Besuche hat der gar nicht nötig!«
Und wieder liegst in dumpfer Pein
Du lange Tage ganz allein.


*Herzenswunden*

Die Medizin hats längst gefunden:
Rein halten gilts bei allen Wunden.
Gern sieht ein braver Mensch das ein
Und hält sein Herz drum möglichst rein.
Er hat dazu auch allen Grund:
Ein gutes Herz ist immer wund!


*Schütteln*

Auf Flaschen steht bei flüssigen Mitteln,
Man müsse vor Gebrauch sie schütteln.
Und dies begreifen wir denn auch –
Denn zwecklos ist es *nach* Gebrauch.
Auch Menschen gibt es, ganz verstockte,
Wo es uns immer wieder lockte,
Sie herzhaft hin- und herzuschwenken,
In Fluß zu bringen so ihr Denken,
Ja, sie zu schütteln voller Wut –
Doch lohnt sich nicht, daß man das tut.
Man laß sie stehn an ihrem Platz
Samt ihrem trüben Bodensatz.


*Kongressitis*

Mißtrauisch sehn wir den verstärkten
Auftrieb zu Mediziner-Märkten:
Anstatt wie früher, still daheim
Der jüngsten Forschung süßen Seim

Zu saugen aus der Fachzeitschrift,
Die Ärzteschaft sich heute trifft
In Tokio und in Daxelburg,
Wo Internist sich und Chirurg
Bereden teils und teils belauschen,
Das neuste Wissen auszutauschen.
Kaum sind sie, wunderbar gespeist,
Nach Köln und Hamburg heimgereist,
Nach München, Tübingen und Gött-,
Schon ist das Neuste ein Gespött
Und wieder müssen Räder rollen,
Weil sie noch Neueres wissen wollen.
Der Arzt des Fortschritts sei gepriesen
Im Gegensatz zum Feld- Wald- Wiesen-,
Der, fern der jüngsten Wissenschaft,
Zu Hause Krankenscheine rafft.
Doch *einen* Vorteil hat auch *der*:
Er kann gleich kommen, ruft ihn wer.


*Einsicht*

Der Kranke traut nur widerwillig
Dem Arzt, ders schmerzlos macht und billig.
Laßt nie den alten Grundsatz rosten:
Es muß a) wehtun, b) was kosten.


*Diener und Herr*

Ist auch an sich der Mediziner,
Wie sonst kaum wer, der Menschen Diener,
So ist er doch der Herr zugleich;
Und willig beugen arm und reich,
Ablegend Hemd und Rang und Titel,
Sich vor dem Mann im weißen Kittel.

*Undank*

Ein guter Arzt weiß gleich oft, wo.
Statt daß man dankbar wär und froh,
Ist man so ungerecht und sagt:
»Der hat sich auch nicht arg geplagt!«
Ein andrer tappt ein Jahr daneben –
Mild heißts: »Müh hat er sich gegeben!«


*Zweifache Wirkung*

Das ist der Krankenhäuser Sinn,
Daß man – wenns geht – gesund wird drin.
Doch wenn mans ist: dann schnell heraus!
Ansteckend ist das Krankenhaus.


*Wandlung*

Daß wir den Arzt nicht fürchten dürfen,
Ist klar – doch wenn wir tiefer schürfen,
So kommen wir auf den Gedanken:
Heut fürchtet mehr der Arzt die Kranken!


*Aufschub*

Der Tod hat es in unsern Tagen
Nicht mehr so leicht: er muß sich plagen!
Die Medizin, die meisterliche,
Kommt mehr und mehr ihm auf die Schliche.
Er kann, selbst wenn es Gott befohlen,
Uns nicht, so mir nichts, Dir nichts, holen.
Der Mensch fuhr früher rasch dahin –
Jetzt bremst man mit Penicillin.
Und einer, der vor Gottes Stufen
Bereits so gut schien, wie gerufen:
Der Arzt, wer weiß, ob auch zum Glück,
Ruft in das Leben ihn zurück.

Und doch, mag man ihn manchmal stoppen,
Läßt sich der Tod am End nicht foppen;
Und mehr als einem tats schon leid,
Daß er nicht ging – zur rechten Zeit.


*Zuversicht*

Am Abend sieht man manchen Kranken
Gewaltig Medizinen tanken:
Für Herz und Magen, Kopf und Nerven
Füllt er sich an mit Heilkonserven;
Er hofft, daß morgen früh die Gaben
Gewirkt beim Aufstehn werden haben.
Und gläubig schließt er seinen Pakt
Schon jetzt mit dem Futur exakt.


*Schlafmittel*

Der süße Schlaf, naturgesteuert,
Wird, ach! jetzt barbiturgesäuert.
Das muß sich rächen auf die Dauer:
Das Aufstehn, morgens, fällt uns sauer!


*Psychoanalyse*

Ein kluger Seelen-Wurzelgraber
Weiß viel ans Licht zu bringen – aber
Vergeßt dabei das eine nicht:
Die Wurzeln sterben ab im Licht!


*Röntgenbild*

Ein Meister allen Jüngern riet,
Nur das zu glauben, was man sieht.
Und doch – der Einwand sei erlaubt,
Daß mancher das sieht, was er glaubt.

*Vergebliche Warnung*

Der Leib sagt es der Seele oft,
Daß er auf ihre Bessrung hofft;
Er fleht, das Rauchen einzudämmen,
Ihn nicht mit Bier zu überschwemmen,
Ihm etwas Ruhe doch zu gönnen –
Bald werd ers nicht mehr schaffen können.
Die Seele murrt: »Laß Dein Geplärr!
Du bist der Knecht – ich bin der Herr!«
Der Körper, tief beleidigt, schweigt –
Bis er dann eines Tages streikt:
Die Seele, hilflos und bedeppt,
Den kranken Leib zum Doktor schleppt.
Und was, meint Ihr, erfährt sie dort?
Genau dasselbe, Wort für Wort,
Womit der Leib ihr Jahr und Tag
Vergeblich in den Ohren lag.


*Reiskur*

Der Patient hat fest versprochen,
Nur Reis zu essen, sieben Wochen.
Erst tut ers streng: salzlos, gewässert,
Dann insgeheim schon leicht verbessert;
Dann in der Form des süßen Breis;
Dann Reis mit Huhn; dann Huhn mit Reis –
Um im Gefühle eines Helden
Beim Doktor wieder sich zu melden.
Und sieh! Der Patient hat Glück:
Der hohe Blutdruck ging zurück
Und beide singen Lob und Preis
Dem wundertätig-edlen Reis.

*Kassenhaß*

Ein Mann, der eine ganze Masse
Gezahlt hat in die Krankenkasse,
Schickt jetzt die nötigen Papiere,
Damit auch sie nun tu das ihre.
Jedoch er kriegt nach längrer Zeit
Statt baren Gelds nur den Bescheid,
Nach Paragraphenziffer X
Bekomme vorerst er noch nix,
Weil, siehe Ziffer Y,
Man dies und das gestrichen schon,
So daß er nichts, laut Ziffer Z
Beanzuspruchen weiter hätt.
Hingegen heißts, nach Ziffer A,
Daß er vermutlich übersah,
Daß alle Kassen, selbst in Nöten,
Den Beitrag leider stark erhöhten
Und daß man sich, mit gleichem Schreiben,
Gezwungen seh, ihn einzutreiben.
Besagter Mann denkt, krankenkässlich,
In Zukunft ausgesprochen häßlich.


*Angstträume*

Wen hätt nicht schon der Traum gepackt,
Daß er dahinläuft, splitternackt,
Sich furchtbar schämt – und doch so tut,
Als liefe er recht frohgemut,
Ganz ohne Angst vor all den Leuten,
Die schon mit Fingern auf ihn deuten.
Wer reicht ihm einen Lendenschurz?
Wer gräbt ihm frei des Traumes Wurz?
Hats einen Sinn, nach dem Erwachen
Der Welt den Traum bekanntzumachen?
Wird seine Frau ihn recht verstehn?
Soll er zum Therapeuten gehn?
Soll er bei Freud und Adler schürfen,
Ob wir dergleichen träumen dürfen?
Vielleicht verrät der Mensch, als nackter,
Den baren Mangel an Charakter?

Eh dies entschieden, sinkt zum Glück
Der böse Traum ins Nichts zurück.
Beim ersten Blick auf Hemd und Hosen
Verschäumt er leicht im Wesenlosen.


*Trübe Erfahrung*

Als Kind schon wir zu hören kriegen,
Daß wir, wie wir uns betten, liegen.
Doch dann sehn anders wirs verkettet:
Wer richtig liegt, wird gut gebettet.


*Letteritis*

Ganz plötzlich wird es Dir bewußt:
Erkrankt ist Deine Leselust!
Nach welchem Buche Du auch faßt,
Keins, das zu Deiner Stimmung paßt!
Du gibst nichts hin – es gibt nichts her:
Bald ists zu leicht, bald ists zu schwer.
Mit leerem Herzen und Verstand
Starrst Du auf Deine Bücherwand:
Die altbewährte, edle Klassik
Ist Dir auf einmal viel zu massig
Und über die moderne Lyrik
Denkst Du schon beinah ehrenrührig.
Der Reißer selbst, in dessen Flut
Du sonst gestürzt voll Lesewut,
Wirft heut Dich an sein Ufer, flach;
Dein Drang zur Wissenschaft ist schwach;
Und das gar, was sich nennt Humor,
Kommt Dir gequält und albern vor.
Geduld! Laß ab von aller Letter!
Es wird sich ändern, wie das Wetter:
Schon morgen, unverhofft genesen,
Kannst Du dann lesen, lesen, lesen!

*Guter Rat*

Liegt wer im Bett, ist schlimm er dran –
Schon weil er nirgends hingehn kann;
Es sei denn – Leid macht innerlich –
Er ginge ausnahmsweis in sich.
Hier aber würde viel versäumt:
Kalt ist es und nicht aufgeräumt.
Drum sorg, daß Du Dein Innres immer
Auch brauchen kannst als Krankenzimmer.


*Konsultation*

Wird ein Familienmitglied kränklich,
So zeigt sich jedermann bedenklich
Und – was auch ganz vernünftig – rät,
Zum Arzt zu gehen, ehs zu spät.
Man gibt so lange keine Ruhe,
Bis jener schwört, daß er es tue.
Man fragt ihn sanft, man fragt ihn grob,
Zum Schluß fragt man ihn nur noch: »ob?«
Er kann dann schon Gedanken lesen:
Ob nämlich er beim Arzt gewesen?
Je nun, er geht denn auch zum Schluß,
Weil er doch einmal gehen muß.
Fragt dann der Arzt schon in der Türe
Ihn höflich, was ihn zu ihm führe,
Kann er es sagen ganz genau:
»Nur der Befehl von meiner Frau!«


*Gesunde Umwelt*

Gewiß, wir haben allen Grund
Zu lachen, wenn wir selbst gesund.
Doch sei auch innig Gott gedankt,
Wenn niemand sonst im Haus erkrankt.
Wenn Weib und Kind und Ingesind
Wohlauf und ganz in Ordnung sind.

Verwandte, Freunde sich nicht legen –
Gar mit dem Anspruch, sie zu pflegen:
Wenn Milchmann, Krämer, Schneider, Schuster,
Nicht bettgefesselt sind als Huster,
Die Zeitungsträgrin jederzeit
Von Kraft erstrahlt und Rüstigkeit.
Nur eins: halt Deine frommen Triebe
Nicht gleich für reine Nächstenliebe:
Gesundheit wünschst Du allen ihnen,
Damit sie Deinem Wohlsein dienen!


*Lob der Heilkunst*

Zwar Handwerk oft und nur zum Teil Kunst
Ist doch das Wichtigste die Heilkunst.
Gäb sonst ein Künstler so bescheiden
Sich ab mit kleinen Erdenleiden?
Unsterblichkeit ist Künstlers Ziel –
Heilkünstler wollen nicht so viel:
Sie sind zufrieden, kommts so weit,
Daß nachläßt nur die Sterblichkeit.
Die andern Künste sind im Grunde
Doch nur Genüsse für Gesunde:
Mitunter mehr als ein Gedicht
Den Kranken ein Rezept anspricht,
Und mehr als ein Gemäld ihm gilt
Ein wohlgetroffnes Krankheitsbild,
Weil ihm vor allem daran liegt,
Daß selbst er wieder Farbe kriegt.
Hörst du vor Schmerz die Engel singen,
Der Doktor zwingt ihn, abzuklingen.
So ist im Arzte Blüt und Kraft
Vereint von Kunst und Wissenschaft.


*Erkenntnis*

Zwei Dinge trüben sich beim Kranken:
a) der Urin, b) die Gedanken.

*Bäder*

Wenn sie als Kind zu heiß uns baden,
So merkt man später wohl den Schaden.
Doch kann man auch mit kalten Duschen
Uns unsre Jugend arg verpfuschen.


*Köpfliches*

Der Kopf muß wohl das Beste leisten –
Ihn gut zu schützen, gilts am meisten:
Den Eisenkopf vor frühem Rost,
Den Wasserkopf vor starkem Frost,
Den Feuerkopf vor großer Hitze,
Den Schlaukopf vor dem eignen Witze.
Der Dummkopf nur, der keinem nützt,
Gedeiht auch völlig ungeschützt.


*Vorurteil*

Auch Medizin kann uns nicht frommen,
Voreingenommen eingenommen.


*Behandlung*

Wenn eine Krankheit selbst beherzten
Und klugen Feld-, Wald-, Wiesenärzten
Sich nicht ergibt, dann ist es rätlich,
Man komme ihr kapazi-tätlich.
Bleibt sie selbst dann, trotz hoher Kosten,
Noch unerschüttert auf dem Posten,
So läßt sichs leider nicht vertuschen:
Jetzt wird es Zeit, um Kur zu pfuschen.
Doch pfeift auch da die Krankheit drauf,
Dann lasse man ihr freien Lauf.
Vielleicht, sie geht, sobald sie sieht,
Daß gar nichts mehr für sie geschieht.

*Rekordsucht*

Der Patient es gerne sieht,
Wenn für sein Geld auch was geschieht,
Und daß, gar wenns die Kasse zahlt,
Man oft ihn badet und bestrahlt,
Ihm Tränklein massenhaft verschreibt,
Ihm Salben in den Rücken reibt.
Ja, selbst wenn er vor Schmerzen winselt,
Will er den Hals gern ausgepinselt.
Er wird die Ärzte tüchtig preisen,
Die ihn dem Facharzt überweisen.
Sei es bewußt, seis unbewußt –
Das Wandern ist des Kranken Lust.
Erschöpfen würde er die Kraft,
Wenns ging, der ganzen Wissenschaft,
Nicht um gesund zu werden, nein –
Nur, um der kränkste Mensch zu sein.


*Ernährung*

Sofern du auf- und abgeklärt,
Hast du, rein seelisch, dich bewährt.
Jedoch die seelische Bewährung
Hilft meistens wenig zur Ernährung.
Im Gegenteil, die tausend Listen,
Durch die wir unser Dasein fristen,
Verlangen, daß man seine Seele
Der Welt, so gut es geht, verhehle;
Denn, da der Seelenvorrat knapp,
Kauft leicht die Welt dir deine ab.
*Rezept:* Benutze deine Hand
Und, wenn es nottut, den Verstand,
Um was zum Leben zu erwerben.
Die Seele brauchst du noch zum Sterben.

*Unterschied*

Das Kopfzerbrechen bleibt Versuch –
Ernst wird es erst beim Schädelbruch.


*Punktion*

Was man auch redet, schreibt und funkt:
Unheilbar bleibt der wunde Punkt.


*Lebenslauf*

Die letzte Kinderkrankheit wich:
Die Altersleiden melden sich!


*Warnung*

Des lieben Gottes Möglichkeiten,
Uns Schmerz und Ängste zu bereiten,
Seis eingeweidlich, gliedlich, köpflich,
Sind wahrlich reich, ja unerschöpflich.
Gefährlich ists, sich zu beklagen,
Das Leben sei nicht zu ertragen.
Denn er beweist es dir im Nu:
Du trägsts – und Zahnweh noch dazu –
Und fühlst erlöst dich ganz bestimmt,
Wenn er es wieder von dir nimmt.
Es scheint dir nunmehr leichte Last,
Was vordem du getragen hast.
*Rezept:* Trag lieber gleich mit Lust,
Was du doch schließlich tragen mußt.

*Zeit heilt*

Zwei Grundrezepte kennt die Welt:
Zeit heilt und, zweitens, Zeit ist Geld.
Mit Zeit, zuvor in Geld verwandelt,
Ward mancher Fall schon gut behandelt.
Doch ist auch der nicht übel dran,
Der Geld in Zeit verwandeln kann
Und, nicht von Wirtschaftsnot bewegt,
Die Krankheit – und sich selber – pflegt.
Doch bringts dem Leiden höchste Huld,
Verwandelst Zeit du in Geduld!


*Privatpraxis*

Der Arzt heißt herzlich dich willkommen,
Was dir auch fehlt – Geld ausgenommen!


*Patent*

Der Kranke greift zur Medizin,
Froh überzeugt, sie heile ihn.
Doch ist sie leider, gleich der Nuß,
Gebannt in den Patentverschluß.
Der Ärmste plag sich, wie er mag:
Geheimnisvoll am lichten Tag
Läßt sich mit Hebeln nicht und Schrauben
Die Büchse ihren Inhalt rauben.
Hätt er die Medizin genommen,
Der Kranke wär davon gekommen.
Doch starb er noch in selber Nacht:
Er hat das Dings nicht aufgebracht.

*So und so*

Man hört jetzt mit dem Schlagwort werben:
»Wer arm ist, der muß früher sterben!«
Doch oft ist auch nicht zu beneiden
Der Reiche: er muß länger leiden!


*Zeit heilt*

Wenn ihn nicht gleich der Tod ereilt,
Hat manchen schon die Zeit geheilt.
Den einen, der beim Scheiterspalten
Die große Zeh für Holz gehalten;
Den andern, den vor Zeit ein Schaf
Knie-scheibenschießend übel traf;
Den dritten, der sich schon wollt morden,
Weil nicht bekommen er den Orden;
Den vierten, der an einer stolzen
Wunschmaid in Tränen schier zerschmolzen;
Den fünften, der mit Schreck vernommen,
Daß ihm die Felle weggeschwommen;
Den sechsten, der voll Gram gewesen,
Weil keiner sein Gedicht gelesen. –
Lang, lang ists her; es wird die Qual
Zum Märchen schon: es war einmal ...
Und alle leben so ganz friedlich –
Nur ein klein bißchen invalidlich.


*Weissagung*

Erhaltet euch, auch metaphysisch,
In alter Frische, tränendrüsisch.
Denn leider Gottes wills so scheinen,
Als käm noch allerhand zum Weinen.

*Vorteil*

Die Frau mit *schwachen* Nerven kann,
Was nicht mit *starken* glückt dem Mann.


*Einer für alle*

Kraft *aller* Nerven ist vonnöten,
Will *einen* uns der Zahnarzt töten.


*Zum Trost*

Leicht sieht ein jeder, der nicht blind,
Wie krank wir, trotz der Ärzte, sind.
Doch nie wird man die Frage klären,
Wie krank wir ohne Ärzte wären.

# Gute Reise

*Welt auf Reisen*

Die Sonne tönt nach alter Weise
Und ihre vorgeschriebne Reise
Vollendet sie mit Donnergang,
Bereits Milliarden Jahre lang.
Mal zwischendurch kommt ein Komet,
Der seine eignen Wege geht
Und doch, weil er nur scheinbar irrt,
Vom Menschen schlau berechnet wird.
Ja, überhaupt die Wissenschaft
Hat, sich entwickelnd fabelhaft,
Ein neues Weltbild uns gewonnen:
Es reisen Millionen Sonnen,
Und Sterne, die als fixe galten,
Sind wissenschaftlich nicht zu halten.
Das »πάντα ῥεῖ« ist letzter Schluß:
Das Weltall selbst ist stets im Fluß. –
Noch deutlicher als wie am Himmel
Sehn wir auf Erden das Gewimmel:
Kaum brauchts noch einzeln des Belegs
Dafür, daß alles unterwegs.
Die Gletscher wandern und die Dünen,
Von Wanderpreisen, Wanderbühnen,
Von Wanderlebern oder -nieren
Muß weiter man kein Wort verlieren.
Es reist der Lachs, es reist der Aal,
In ganzen Schulen zieht der Wal,
Der Hering wandert massenweise,
Man kennt des Thunfischs nasse Reise;
Die Wandervögel, Wanderratten –
Zu Hause bleiben nur die Satten –,
Die Wanderraupen und Ameisen:
Wohin wir blicken, – alle reisen –
Und oft zu ganz gemeinen Zwecken:
Der Heuschreck ist der ärgste Schrecken.
Zum Meere reist ein jeder Strom,
Die Glocken reisen selbst nach Rom –
So sagt der Volksmund – am Karfreitag.
Der Mensch reist etwa zum Parteitag,
Zu Sängerfesten, Fußballspielen,
Ausstellungen und Fachkonzilen,

Frankfurter oder andern Messen –
Und Zielen, die ich grad vergessen.
Kurzum, es reist die ganze Welt!
Besonders wandert auch das Geld –
Oft rasch zu unserm Überraschen
Fliegts gradezu aus unsern Taschen,
Ganz ohne daß wirs rausgeschmissen:
Wohin? Das mag der Teufel wissen!
Was brauchts noch weiterer Beweise?
Wir wünschen allen: gute Reise!


*Einst und heute*

Hört Großpapa und Großmama,
Wir wärn gewesen da und da
Zum Wochenend – wo sie vor Jahren
Nur auf der Hochzeitsreise waren,
Dann sagen vorwurfsvoll die beiden:
»Mein Gott, was waren wir bescheiden!«
Gewiß! Jedoch, auch umgekehrt:
Wie waren sie beneidenswert!
Wo heute fährt die Straßenbahn,
Da krähte bunt der Bauernhahn,
Und dort, wo jetzt, so weit wir blicken,
Zinshäuser stehen und Fabriken,
Da gingen friedlich sie zu zweit –
Rings nichts als gute alte Zeit!
Nicht nur in Bayern, auch in Preußen
Kam man mit dicken Blumensträußen
Und ganz erfüllt von Wanderglück
Von einem Gang vors Tor zurück:
Ohn' einen Pfennig auszugeben!
Wir brauchten, gleiches zu erleben,
Je eine Stunde Bahngerase
Und zehn Mark mindestens pro Nase.
So ist oft nur erzwungne Flucht,
Was ausschaut, als wärs Großmannssucht.

*Einförmigkeit*

Wie fängt die Welt an, sich zu glätten!
Statt in historisch-fremden Städten
Voll Kirchen, Türmen, Toren, Wappen
Noch abends lang herumzutappen,
Ist gleich der Reisende zu Haus:
'S schaut eine wie die andre aus.
Die Bahnhofsanschrift zeigt allein,
Ob es Hannover, Frankfurt-Main,
Ob München, Augsburg, Düsseldorf –
Sonst, zwischen grauem Trümmerschorf
Hochhäuser samt den Kaufhofnamen,
Vertraut bis in die Lichtreklamen.
Wo diese Bauten stehn, man siehts
Nicht an dem Karstadt und dem Tietz,
Ob diese Stadt gegründet Welf,
Nicht kündets 4711,
Nicht braucht man zu vermissen meist
Den Klosterfrau-Melissengeist.
Der Fremde sieht, wohin er fuhr,
Ganz sicher aus dem Fahrplan nur:
Weil pünktlich, wie's in diesem steht,
Der Schnellzug wieder weiter geht.
Mitunter, wenn der Gast dann bleibt
Und tags sich durch die Straßen treibt,
Dann sieht er doch, zu seinem Glücke,
Noch hier den Dom und dort die Brücke –
Es weicht von ihm der Alpdruck da,
Er wär schon in Amerika!


*Gruß vom Wallfahrtsort*

Das Händlervolk verläßt sich keck drauf,
Daß hier der Pilger jeden Dreck kauf.
Als »souvenir« nur Schund erwart',
Wo sich die Welt um Wunder schart.

*Stoß-Seufzer*

Man sollte nur die leisen Rassen
Und nicht die lauten reisen lassen!


*Der Unschlüssige*

Ein Mensch, zum Bahnhof dauerlaufend,
Mit Seitenstechen, mühsam schnaufend,
Sieht auf die Uhr, es wird zu knapp –
Und augenblicklich macht er schlapp:
Enthoben seinem höhern Zwecke,
Schleicht er jetzt lahm wie eine Schnecke;
Nimmt immerhin sich seine Karte,
Daß er den nächsten Zug erwarte.
Und sieht – und meint nicht recht zu sehn –
Den Zug noch auf dem Bahnsteig stehn.
Mit seinen letzten Lebensgeistern
Hofft er nun, doch es noch zu meistern,
Setzt an zum Endspurt im Galoppe;
Voll Angst, daß doch das Glück ihn foppe,
Läßt jäh er sinken Mut und Kraft. –
Bis er sie wieder aufgerafft,
Vergehn Sekunden, tödlich tropfend.
Der Mensch, mit wilden Pulsen klopfend,
Fragt sich im Laufen, ob er träumt:
Der Zug, den er, an sich, versäumt,
Steht noch – gesetzt den Fall, er sei's! –
Ganz ungerührt auf seinem Gleis.
Doch eh der Mensch sich noch im klaren,
Beginnt der Zug jetzt, abzufahren.
Der Mensch kann noch die Tafel lesen:
Jawohl, es wär sein Zug gewesen.

*Der Geschäftsreisende*

Schön ists, zu reisen in Geschäften,
Fährt man, mit eignen Pferdekräften,
An einem schönen Tag im Lenz los,
Mit Waren, welche konkurrenzlos!
Doch wer, um irgendwelche Nieten
In kleinsten Nestern anzubieten,
Als unwillkommener Vertreter
Herunterhaut die Kilometer,
Fast ohne Hoffnung, daß es glückt:
Der sitzt im Zuge, schwer bedrückt.
Das Reisen selbst? Du liebe Zeit!
Da weiß er alles weit und breit:
Er hat schon jeden Wartesaal
Erfüllt mit seiner Öde Qual,
Kennt, kaum daß er ins Kursbuch blickt,
Anschlüsse, wie sie auch verzwickt,
Und alle schlechten Betten rings. –
Als er noch jünger war, da gings,
Da hat er sich als Schimmerfädchen
Ins Grau gewebt ein Zimmermädchen,
Da kannten sie den lustigen Herrn
Und seine Witze nah und fern.
Jetzt aber – täglich auf der Bahn ...
Er kann nicht mehr – es kotzt ihn an!
Doch drohend sieht ers vor sich stehn:
Er kann nur fahren – oder gehn.


*Für Wankelmütige*

Die besten Reisen, das steht fest,
Sind die oft, die man unterläßt! –
Nur, daß man *rasch* entscheiden muß,
Damit man nicht lang leiden muß,
An Reisefieber, Tag und Nacht,
Um Reisen, die man gar nicht macht!

*Strohwitwer*

Der Urlaub ist erholsam meist
Nicht nur für den, der in ihn reist:
Auch den, der dableibt, freut die Schonung,
Die er genießt in stiller Wohnung.
So zählen zu den schönsten Sachen
Oft Reisen, die die andern machen!


*Zugverspätung*

Ein Mensch im Zug nach Frankfurt (Main) –
Um vierzehn-vier sollt er dort sein –
Wird schon in seinem Hoffen schwach:
Er ist noch nicht in Offenbach!
Verspätung – eine Viertelstunde!
Des Menschen Plan geht vor die Hunde!
Er kriegt den Anschluß nicht nach Wimpfen.
Gewaltig fängt er an zu schimpfen.
Ein andrer Mensch, zum Bahnhof laufend,
In Offenbach, zerschwitzt und schnaufend,
Verliert den letzten Hoffnungsschimmer:
Den Zug nach Frankfurt kriegt er nimmer!
Doch wie Musik tönts an der Sperr':
»Heut ists nicht eilig, lieber Herr!
Der Zug kommt heute später an!«
Der Mensch lobt laut die Eisenbahn.
»Des einen Eul«, gilts wieder mal,
»Ist oft des andern Nachtigall!«


*Zwischenfall*

Ein Mensch erspäht zu seinem Glücke
Im Jahresablauf eine Lücke,
In die er, hart terminbedrängt,
Kühn vierzehn Tage Urlaub zwängt.
Und er bestellt, zum festen Preise,
Sich fix und fertig eine Reise.

Nun heißt es schuften, überlegen,
Heißt es, bestricken den Kollegen,
Daß er den Rest noch übernimmt.
Und endlich ists soweit: es stimmt!
Ganz abgekämpft von all der Müh,
Denkt stolz der Mensch: »Bis morgen früh!«
Der Jahre lang nicht weh getan,
Jetzt rührt er sich: der Backenzahn!
Und er tut weh und immer weher:
Der Mensch, ein düstrer Zukunftsseher,
Sieht sich, die Backe hochgeschwollen,
Durchs zahnarztarme Spanien rollen,
Hofft wieder mutig, früh um viere,
Daß doch noch sich der Schmerz verliere,
Und weiß, im Wechsel der Entschlüsse,
Um sechs, daß er zum Doktor müsse.
Der Omnibus fährt ab um sieben:
Ein Platz darin ist leer geblieben.


*Ein Geheimnis*

Unheimlich – doch wer merkt das schon? –
Ist oft des Reisens Präzision.
Genau, wie du's vorausgesehn,
Am dritten Mai, um sechs Uhr zehn
Steigst Du, in München etwa, ein,
Um mitternachts in Rom zu sein.
Und so gehts weiter, Schlag auf Schlag,
Programmgemäß, von Tag zu Tag.
Du bist erstaunt, wie alles klappt,
Sobald Du nur Dein Geld berappt.
Auf keine Schwierigkeit Du stößt:
Dein Reisescheck wird eingelöst,
In Ordnung ist Dein Schiffsbillett,
Bereit das vorbestellte Bett,
Der Omnibus fährt pünktlich so,
Wie mans versprochen im Büro,
Und wer sich nicht grad saudumm stellt,
Kommt ohne Stocken durch die Welt.
Halt, halt! Nur nicht zu früh frohlocken:
Just in Trapani bleibst Du hocken,

*Doch* eingeholt noch vom Geschick!
Schief geht – ab diesem Augenblick –
*Jetzt* alles, ebenso exakt ...
Ein Dämon bracht Dich aus dem Takt.
Vielleicht geschahs zu unserem Heil:
Denn just der zweite Reiseteil,
Den durchzustehn mitunter gräßlich,
Bleibt uns fürs Leben unvergeßlich!


*Rekorde*

»Die Fremden« – legt der eine dar –
»Verschlechtern sich von Jahr zu Jahr!«
Der andre: »Heuer, scheints beinah,
Sind die vom nächsten Jahr schon da!«
So geht es, wie man deutlich sieht,
Im Grunde abwärts, ganz rapid,
Doch kann, und kaum wo wie in Bayern,
Triumphe die Rekordsucht feiern,
Die ungeheure Zahlen nennt:
Vermehrung stündlich zehn Prozent!
Es kommen – amtlich festgestellt –
Mehr Gäste jetzt mit weniger Geld.
Das aber wär der Werbung Krone:
Sie kommen kurzweg *alle* – ohne!
Ja, dann noch spräch man stolzen Mutes:
»Welch ein Erfolg – die Menge tut es!«


*Rundfahrt*

Wohl dem, der durch das Unbekannte
Geführt wird, wie zum Beispiel Dante
Durch Höll und Himmel von Vergil!
Uns freilich würde das zu viel,
Wir hätten heut nicht mehr die Ruh
Und drum auch wenig Lust dazu,
Geführt zu werden so beflissen:
Wir wollens so genau nicht wissen!

Uns dauert schon ein Stadtrundgang
Und gar per pedes! viel zu lang.
Einst wurde Eiligen vorgeschlagen:
»Besichtigt München in zwei Tagen!«
Wir haben längst uns abgefunden,
Es zu erledigen in zwei Stunden.
Was wollt Ihr? Ist ja alles da!
Dom, Rathaus und Bavaria,
Hofbräu und Maximilianeum,
Deutsches und Nationalmuseum,
Schackgalerie und Haus der Kunst –
Hineingehn auch noch? Keinen Dunst!
Die Residenz, die Feldherrnhalle,
Der Königsplatz im Zweifelsfalle –
»Ach, hier stand Hitlers Braunes Haus!?«
Sehr interessant – und damit aus.
Das, notabene, sind die Guten –
Der Böse machts in zehn Minuten!


*Die Kunstreise*

Ein Mensch von Bildungsdrang und Geist
Ist weit in eine Stadt gereist,
Um dort die für ihn äußerst wichtigen
Kunstschätze gründlich zu besichtigen.
Den Dom, den man bewundern müßte,
Verstellt ein mächtiges Gerüste,
Am Rathaus mauern sie und tünchen,
Der Holbein ist verliehn nach München.
Zwecks Renovierung ist entfernt
Der Pacher, baedecker-besternt.
Noch läßt sich auf Museen hoffen:
Nur mittwochs, drei bis vier Uhr offen!
Zutritt nur auf Bescheinigung!
Geschlossen wegen Reinigung!
Vorübergehend Neuaufstellung! –
Der Mensch, nun schon in Tobsuchtsquellung,
Vergebens plärrt, an Glocken zerrt –
Die ganze Kunst ist zugesperrt!
Ha! Denkt der Mensch, mit Groll im Busen,
Es gibt ja auch noch andre Musen!

Doch leider, Polyhymnia
Ist grad in Ferien und nicht da.
Melpomene und Thalia heute
Nur spielen für Gefolgschaftsleute.
Terpsichore ist ausverkauft...
Der Mensch setzt stumm sich hin und sauft.


*Neuer Reisestil*

Wer wollte nicht die Jugend lieben,
Die, von Begeisterung getrieben,
Ganz ohne Geld – das sie verachtet –
Die schöne Welt zu sehen trachtet?
Um (zugegeben, leicht verschlampt)
In Scharen durch die Gegend trampt?
Ein junger Mensch, hat er nur Glück,
Fährt mit im Auto, Stück um Stück,
Wobei er meistens reist und bleibt,
Wie ihn der Zufall grade treibt.
Was er erleben möchte gerne
Ist die *Entfernung* – nicht die Ferne!

In Rothenburg, das wir dem Söhnlein
Gezeigt vom Rathaus bis zum Plönlein,
Sprang uns, aus dem Spitaler Tor,
Flink eine reisige Maid hervor,
Ob sie, nebst umfangreicher Bürde,
Von uns wohl mitgenommen würde.
Wer täts nicht gern? Wie eine Lilie
Entsprossen besserer Familie
Zog sie, frisch vom Gymnasium
Ein bißchen in der Welt herum.
Nun gut, sie hatte in der Eile
Gelesen auch nicht eine Zeile,
Was auf der Fahrt sie wohl erwarte,
Sie hatte weder Buch noch Karte,
Sie wußte weder Weg noch Ziel –
Wohin sie kam, galt ihr gleichviel.
Vielleicht wüßt sonst sie einen Haufen –
Doch keinen Deut von Hohenstaufen,

Von Riemenschneider und Veit Stoß;
*Gehört* hat sie von Dürer bloß.
Was sie in Rothenburg gesehn?
Nichts – sie kam hin erst abends zehn.
Doch ließ sie auch in Dinkelsbühl
Die Georgskirche völlig kühl.
Ihr Urteil war recht unterschiedlich:
Bald hieß es »prima!« und bald: »niedlich!«
Worin das riesige Kirchenschiff
Natürlich sie mit inbegriff.
In Harburg machten wir noch halt,
Das Schloß zu sehen, grau und alt.
Sie, gleich am Parkplatz, lacht' sich an,
Statt mitzugehen, einen Mann,
Der heute noch bis Lindau fuhr,
Errötend folgt' sie seiner Spur.
Er nahm sie mit und schon gings los.
Wozu das alles, fragt man bloß.


*Ansprüche*

Wir gingen früher, Jahr für Jahr
Dorthin, wo es noch billig war.
Den Bergen fern, was fast uns lieb –
Weil noch ein Rest von Sehnsucht blieb –,
Meint Ihr, daß man dem »kleinen Mann«
Dergleichen heut noch bieten kann?
Ihn treibt die Gärung in die Ferne,
Vom Baedeker die schönsten Sterne
Und jede höchste Erdenlust
Verlangt er, faustisch in der Brust.
Er hat gelernt, ganz ohne Scheu
Zu gehn ins Grandhotel Savoy,
Denn täglich redet man ihm ein,
Er müsse dort gewesen sein.
Oh hüt Dich vor Problemen, aschgrau,
Ob wirklich einmal jede Waschfrau –
Zeig dich als Menschen und als Christen
Und laß den Sozialtouristen
Neidlos die Welt durchreisen, weit –
Er sitzt nun mal – im Zug der Zeit!

*Der Reise-Snob*

Der Snob wird's bloß belächeln, wenn
Ich Zugspitz ihm und Alpspitz nenn' –
Hausbackne Gipfel nur in Bayern,
Nicht wert, die Namen herzuleiern.
Ganz anders, nimmt man an, er steh
Am lac lemain (schlicht: Genfer See):
Dent d'Oche, Jumelles, Cornettes de Brize,
Den Grammont nennt er uns gewiß,
Denn das, verehrte Herrn und Damen,
Sind literärisch hohe Namen!
Wird er in Mantua sich versagen,
Vom Schloß zu sprechen der Gonzagen?
Er spricht, man kann sich drauf verlassen,
In Monaco von Monegassen.
Will er, in herrlichem Verwildern,
Den Park von Taxelreuth uns schildern,
Vergleicht er ihn, im Handumdrehn,
Mit allen Parks, die er gesehn;
Sogar im Schwarzwald, in St. Blasien,
Denkt er an Bäume aus Kleinasien
Und vor dem Palmenwald von Elche
Schwört er, er sah in Bombay welche
Auf seiner großen Indienfahrt –

Kurzum, es bleibt uns nichts erspart.
Ja, auf dem Rund des Erdenballes
Kennt er natürlich schlechtweg alles,
Und nötigen Falles auch noch mehr –
Doch »macht er davon nicht viel her«.
Nur ab und zu, wie eine Blume,
Streut er was ein, zu seinem Ruhme.
Die Namen, die auch uns geläufig,
Ersetzt er durch verschrobne häufig,
Und »im Tyrol« und in »Iberien«
Verbracht' er seine letzten Ferien.
Montreux hat, wie wir selber wissen,
Die schönsten Felder von Narzissen:
Er aber weiß es so zu drehn,
Als hätte *er* nur sie gesehn.
Er bringt Dir, als ein Überkenner,
Ganz England leicht auf einen Nenner.

Auch sagt er, dumpf wie aus dem Grab,
Paris – den Rummel lehn' er ab.
Er sei noch heut davon erschüttert,
Wie man ihn schlecht dort abgefüttert.
Vom Kochen wüßten nichts die Schweden,
Von Deutschland gar nicht erst zu reden!

Hingegen gibt er uns den Rat,
Zu speisen im Valais, im Waadt,
Wo sie die besten Raqueletten,
Die jemals er gegessen, hätten.
Er priese, um uns anzuöden,
Mausdreck auf Artischockenböden.
Wir lieben auch die gute Küche –
Doch unerträglich sind die Sprüche!
Kaum sind wir selbst für was entflammt –
Was gilts, daß er es gleich verdammt
Und uns erklärt, mit Zahnwehmiene,
Daß Rom nicht länger Ruhm verdiene –
Ein Ziel des Reisepöbels bloß. –
Doch San Sepolcro sei ganz groß,
Das, höchstwahrscheinlich, außer ihm,
Kaum einer kenne, so intim ...
Dem wahren Kunstfreund Dank und Lob –
Doch unerträglich ist der Snob!


*Verwirrung*

Du weißt bestimmt, daß Du Athen
Mit eignen Augen hast gesehn,
Hingegen nie Olympia –
Wie? Oder warst Du doch schon da?
Von tausend Büchern, Filmen, Bildern
Muß die Erinnerung verwildern.
Sahst Du die Landschaft von Duino
In Wahrheit oder bloß im Kino?
Hast Du davon soviel gelesen,
Als wärst Du wirklich dort gewesen?
Du kannst, wollt wer Dich dazu treiben,
Das Matterhorn so gut beschreiben,

Daß – will ers wissen überhaupt –
Dir jeder, daß Du dort warst, glaubt;
Kannst, umgekehrt, nach Jahr und Tagen,
Fast nichts mehr von Ragusa sagen
Als das, was auch, wers *nicht* kennt, weiß:
Es ist sehr schön, doch ziemlich heiß.
Einst war, was man nicht selber sah
Auf Reisen, überhaupt nicht da,
Und Gottes Land vor einem lag
So herrlich, wie am ersten Tag.
Heut kennst durch Bild, durch Wort und Welle
Du's längst, eh Du an Ort und Stelle.


*Mitbringsel*

Hat eine Reise wer gemacht,
Gleich heißts: »Was hast Du mitgebracht?«
Urgroßmama, den Schalk im Nacken,
Sprach da: »Zwei kalte Hinterbacken
Bring ich und ein Paar müde Füß
Und vom Schwarzpeterl schöne Grüß!«
So derb und karg wie in dem Falle
Antworteten gottlob nicht alle;
Fand doch, wer nur ein bißchen willig,
In aller Welt was, nett und billig.
Doch kanns selbst Guten kaum gelingen,
*Heut* noch was Schönes mitzubringen.
Ist doch die ganze Welt im Grund
Nur übervoll vom gleichen Schund!


*Vom Zelten*

Der Welt erschließt sich eine Welt:
Der jüngste Schlager ist das *Zelt!*
Doch gibts schon wieder da zwei Welten:
Hie Camping! und hie wildes Zelten!
Das Camping ich zuerst erwähne.
Sein Grundsatz lautet: Hygiene!

Mit Meldung, Parkplatz, Klo, Kantinen
Muß es der höchsten Ordnung dienen,
Bei Tag und Nacht ist es bewacht,
Daß niemand Lärm und Unfug macht,
Mit Hilfe von gestrengen Regeln
Schützt sichs vor Dieben und vor Flegeln.
Und daß der Mensch nicht ziellos streunt,
Wird es natürlich eingezäunt.
Kurzum, es ist der letzte Schlager:
Freiwilligs Internierungslager!
Was aber tut man mit der Jugend,
Die ohne Geld und ohne Tugend
Und leider Gottes, gar nicht still,
Ein wildes Leben führen will?
Kann Menschen man, oft halb erst wüchsig,
Im wilden Wald, wo hasen-füchsig
Die Tiere gute Nacht sich sagen,
Zu lassen ohne Aufsicht, wagen?
Wird hier, so wird mit Recht gewarnt,
Nicht böses Tun als Sport getarnt?
Sind diese jungen Menschenkinder
Auch wirklich *Tugend*-Pfadefinder?
Verkehrsfachmann wie Bürgermeister,
Den *wilden* Zeltler von sich weist er,
Der bloß ein schlichtes Stahlroß sattelt,
Im Faltboot auf den Flüssen paddelt.
Nur die Erlegung von Gebühren,
Heißts, kann zum edlen Camping führen.
Ergriffen lesen wir die Mär,
Daß Männer, millionenschwer,
Zwar unter Zelten schlummern, nachts –
Dem Wirt doch wenig Kummer machts,
Weil sie, den Smoking bei sich habend,
Bei sehr viel Sekt und Tanz den Abend
Bei ihm im Grandhotel verbringen,
Ganze dicke Gelder lassend springen.
Oh zeltet nur, weil dann, vielleicht,
Die Zahl der freien Betten reicht!

\*

Schon Schillern sehen wir sich giften,
Daß der Nomade ließ die Triften

Einst wüste liegen, wo er strich.
Was gab die Heilige Ordnung sich
Doch Müh, den ungesell'gen Wilden
Zu rufen 'rein von den Gefilden,
Zu lehren ihn die sanften Sitten
Und ihm zu friedlich festen Hütten
Zu wandeln sein beweglich Zelt!
Heut zeltet wieder alle Welt
Und hält es mehr mit Goethe eben:
»Es soll der Mensch in Zelten leben!«


*Der Reiseleiter*

In stillem Beileid denken hier
Der armen, braven Menschen wir,
Die, des Kulturtransports Begleiter,
Verpflichtet sind als *Reiseleiter*.
Mit wahren Bären-Seelenkräften
Obliegen teils sie den Geschäften,
Teils stemmen sie, wie Schwergewichtler,
Die Zentnerlast der Kunstgeschichtler.
Sie dürfen noch nach tausend Fragen
Ein altes Fräulein nicht erschlagen,
Ja, selbst in Sturzseen von Beschwerden,
Nicht einen Zoll breit wankend werden.
Sie müssen, Opfer des Berufs,
Das Nicht-mehr-Rauchen des Vesuvs,
Die Höh, den Umfang seines Kraters,
Das Alter unsres Heiligen Vaters,
Die nähern Daten Wilhelm Tells,
Ja, selbst den kleinsten Schweizer Fels
Erklären aus dem Handgelenke,
Entwirren Knäuel von Gezänke,
Und Antwort stehn dem Herrn, der immer –
Wieso?? – bekommt das schlechtste Zimmer!
Mitunter wechselt man sie aus.
Wer schadhaft, kommt ins Irrenhaus.

*Verkehrsverein*

Oft kommt der Gast nicht von allein –
Darum sorgt der *Verkehrsverein*,
Daß Gäste er wie Freizeit lenke.
Er stellt Programme auf und Bänke.
Allwöchentlich läßt er ein Fest los
Und er verbraucht das Brauchtum restlos.


*Zu leicht befunden*

Wird Reisen leicht – vergeßt das nicht!,
Verliert's auch inneres Gewicht!


*Aufschneidereien*

Der Sonne ganz verschworen, märzlich
Im Schnee hier, ziemlich mohrenschwärzlich
Die wunderschönsten Hasen laufen.
Gleich bei der Hütte lasen Haufen
Wir auf, die leicht sich fangen lassen,
Sollt einen das Verlangen fassen.
Worauf man, trotz der Wonne, seh:
Die Lippen sind von Sonne weh!
Mein Häschen, reizend keilgehost,
Hab ich schon wieder heilgekost!


*Werbung, Werbung!*

Die Reiselust dir zu beraten,
Starrt jede Wand bunt von Plakaten,
Wo Leute dir entgegenglotzen,
Die von Erholung förmlich strotzen.
Es schäumt von Nordseewogenplätschern,
Es schimmert wundervoll von Gletschern,
Es leuchtet bunt von Blumenwiesen,
Es strahlt von heißen Paradiesen,

Mondän – exotisch und erotisch,
Es dräut von Türm- und Toren, gotisch,
Es lockt zu Fest- und Freilichtspielen,
Mit tausend Zügen, tausend Kielen
Braust es hinaus in alle Welt –
Und kostet beinah fast kein Geld!
Mit Zahlen, gradezu gespäßigen,
Beweist man dir, wie durch Ermäßigen
Der Reisende, hat er nur Glück,
Noch bringt sein bares Geld zurück.
Es grenzt schon beinah an Gewalttat,
Wie man bedrängt dich mit dem Faltblatt,
Das dir beweist, wenn du's entfaltet,
Wie herrlich Gottes Welt gestaltet.
Die *Presse* (Inserat wie Text)
Sucht täglich, wie sie dich behext,
Es schlagen Funk und Film dich breit,
Zu reisen billig, aber weit.
Und schließlich, oh Papierverschwendung!
Erfaßt man dich durch Postwurfsendung
Als Fernsprech- oder sonst- Teilnehmer:
»Sie reisen billiger, bequemer
Mit den beliebten Ferienreisen
Zu beispiellosen Serienpreisen!«
Für neunundneunzig Mark und achtzig
Entrollt bereits des Südens Pracht sich;
Für fünfundvierzig Mark und zehn
Kannst du am Fuß des Glockners stehn,
Wo man, vergessend den Gewaltstreich,
Dich grüßt als Bruder aus dem Altreich.
Spottbillig drückt (wenn auch voll Schmerz)
Der treue Schweizer dich ans Herz,
Es lassen Dänen auch und Schweden
In puncto puncti mit sich reden
Und: do re mi fa so la si do:
Acht Tage hundert Mark am Lido! –
Man lockt in Taunus dich und Harz bald,
Bald in den Spessart und den Schwarzwald;
Wie, wenn wir Steiermark und Kärnten
Einmal von Grund auf kennen lernten?
Sind wir im Zweifel, obs da schön,
Empfiehlt man Eifel uns und Rhön.

Muß es Natur sein, die erquickt?
Wird in Bayreuth nicht schön musikt?
Auch München, Salzburg überlege!
Und Köln liegt immer doch am Wege!
Wie man, das Haus mit Büchern voll,
Oft nicht weiß, was man lesen soll,
So, in der Welt just mittendrin,
Weiß man vor Plänen nicht, wohin.


*Der alte Mann und das Meer*

Ein Fischerdörfel lag friedlich einst
Am Meere, al mare, on zee
Es ist ganz gleich, was für eins du meinst:
Wenn du es siehst, ich wett, daß du weinst:
Längst ist es nicht mehr wie eh.

Vor Jahren der erste Besucher fand
Die märchenverträumte Stell.
Ein herrlicher Strand, ein goldner Sand,
Und so spottbillig war noch das Land.
Er baute ein kleines Hotel.

Er setzte in die Zeitung, verrucht,
Hier sei noch des Friedens Hort,
Ein Dorado für jeden, der Stille sucht –
Und bald schon hat ein Büro gebucht
Als Geheimtip den reizenden Ort.

Ein zweiter, der sah, was hier geschah,
Erkannte: da wird man reich!
Er gründete eine G.m.b.H.
Und schon stehn viele Hotels jetzt da,
Ein Kasten dem andern gleich.

Kitschläden kamen, Boutik und Bar. –
Und daß niemand am Strand mehr streunt,
Stehn Tafeln dort – und seit vorigem Jahr
Ist einzeln jedes Hotel-Ärar
Mit Stacheldraht eingezäunt.

Reklame bedeckt den historischen Rest –
Er ist ein verschollener Traum
Und schleichst du durch das scheußliche Nest,
Kannst du, an die Häuser roh gepreßt
Von Autos, dich rühren kaum.

Und rings ist nichts als Gehetz und Geheisch;
Am Strande ist großer Betrieb.
Bei Radio, Lachen und Lustgekreisch,
Da liegen Tausende, Fleisch an Fleisch
Und haben einander so lieb.

Und Fischerknaben stehn müßig herum,
Halbnackt und romantisch kostümt;
Sie warten, so rum und andersrum,
Auf ihr verehrliches Publikum –
Dafür sind sie weltberühmt.

Nur dir fehlt wohl da der »sex-te« Sinn,
Vielleicht hätts jung dich gefreut?
Ich kann dir nur raten: geh nie mehr hin!
Daß *ich* dort noch einmal gewesen bin,
Das habe ich bitter bereut!


*Abgesang*

Ein Lied gibts von Herrn Urian,
Der, weitgereist, verzählen kann,
Wie er genommen Stock und Hut
Und sich die Welt betrachtet gut.
Und alle riefen: Wohlgetan,
Nur weiter so, Herr Urian!
Doch, wie er sprach: Den gleichen Sparren
Traf übrall ich, die gleichen Narren,
Tat männiglich sich drob empören –
Man riet dem Schwätzer, aufzuhören.
Auch ich, der leider fürchten muß,
Daß man sich ärgert, mache Schluß
Und wünsche meinem Leserkreise
Von Herzen – »trotzdem gute Reise!«

Kunterbuntes Alphabet

Daß ichs dem Leser nur gesteh:
Versucht hab ich manch ABC,
Auf daß auch ich, von A bis Zett,
Moral in güldnen Reimen hätt'
Und daß Natur- und Weltgeschicht'
Gemünzt wär silbern im Gedicht.
Doch tückisch hat sich stets zuletzt
Der Müh ein Buchstab widersetzt,
So, daß von dem, was ich geschrieben,
Brauchbar nur ein paar Trümmer blieben.
Gern will dem Leser ich erlauben,
Das, was ihm paßt, herauszuklauben.

**A** Die *A*rbeit macht uns kein Vergnügen,
Wenn wir nur fremden *A*cker pflügen.

Vor *Ä*rger wird der *A*utler grün:
*A*ndauernd rot die *A*mpeln glühn.

*A*tride *A*gamemnon war;
Er führte der *A*chäer Schar.

**B** *B*egabung *b*rauchts und *B*ienenfleiß,
Daß *B*argeld man der Welt entreiß.

Der *B*art allein es nicht *b*eweist,
Daß man ganz *b*ar von *B*ürgergeist.

Das *B*itten-müssen *b*itter ist:
Sei froh, daß du kein *B*ettler *b*ist.

**C** *C*harakter – *c*hemisch rein der sei –
Nur: etwas *C*harme sei auch dabei.

Die Spannung wächst – es schweigt der *C*hor:
Zum hohen *C* klimmt der Tenor.

Wer nicht raucht, voll *C*harakter ist. –
Wer raucht, ist auch kein schlechtrer *C*hrist.

**D** Dem *d*eutschen *D*ichter *d*roht Terenz
Wie *D*ante noch als Konkurrenz.

Ich kann beim *D*enken und beim *D*ichten
Schwer auf den blauen *D*unst verzichten.

Dem Glück mißtrau, je länger's *d*auert;
Der *D*ämon desto *d*rohnder lauert.

**E** Nur durch das *E* einander gleichen
Die *E*rlen, *E*schen, *E*iben, *E*ichen.

Manch *E*iner – *e*rnsthaft schwer *e*rklärlich, –
Ist reich an *E*hren, doch nicht *e*hrlich.

Dem *E*sau ging, für *e*in paar Linsen
Das *E*rstgeburtsrecht in die Binsen.

F Die *F*reizeit macht die Massen *f*rei –
*F*ür *F*ußball, *F*ernsehn, *F*resserei.

Der *F*ilm zeigt *f*reie *F*rauenzimmer –
Im *F*ernsehn schießen sie *f*ast immer.

Die leise *F*liege den oft stört,
Der kaum den lauten *F*lieger hört.

G Der *G*eizhals giert nach *G*eld-*G*ewinnung
Der *G*ammler nährt sich von *G*esinnung.

*G*ewiß kann Schweigen *G*old oft sein.
Doch bringt auch Reden *G*eld herein.

Selbst größte *G*eister rauchten zwar –
Doch grimmer *G*egner *G*oethe war.

Den *G*reisen grausam wirs verübeln,
Wenn grantelnd sie ins *G*rab sich grübeln.

H *H*answursten trifft man weit und breit
*H*umor ist mehr als *H*eiterkeit.

Wer auf den *H*irschen *h*ebt die Büchse,
Läßt *H*asen laufen oder Füchse.

Das *H*eitre *h*ält meist nicht lang vor:
*H*omer *h*ats leichter als *H*umor.

I *I*llusion welkt heut wie nie:
Am *I*ndus selbst gibts *I*ndus-Trie.

Den Rhein versau'n die *I*ndustrien –
Rheinländer drum zur *I*sar ziehen.

J Verschieden lang erscheint ein *J*ahr
Dem *J*üngling und dem *J*ubilar.

90

Der Jugend zur Beherzigung:
Auch Jubelgreise waren jung!

Nicht für den Juni, Juli spar,
Was jetzt zu tun, im Januar.

K Kaffee ist bitter – ich gesteh:
Noch bitterer ist kein Kaffee.

Kalender kriegt man ganze Haufen
Den, den man braucht, muß man sich kaufen.

Es schafft, wer nicht mehr kochen kann,
Konserven sich und Kühlschrank an.

L Lautstärken sind noch nicht Beweise:
Die Lautersten sind lieber leise.

Die Liebeskunst tritt außer Kraft –
Sie ward zur Leibes-Wissenschaft.

Vom Leumund leicht der Leser sieht
Zum Löwenmaul den Unterschied.

M Zur Mäßigkeit sei stets bereit –
Nur nicht zur Mittelmäßigkeit.

Im Morgenblatt liest man genau:
Macht, Meinung, Mord und Modenschau.

Der Menschen werdens immer mehr –
Wo nimmt man all das Mitleid her?

N Ein Narr selbst nichts zu sagen wagt –
Nur, weils ein Nazi schon gesagt.

Noch bringt in Not uns die Natur:
Zahm fahr bei Nacht und Nebel nur.

Nett, wenn man nach Gebühr uns preist –
Die Nachgebühr verdrießt uns meist.

**O** Der Nachtbar-Ober bringt die Karten –
Die Orgien lassen auf sich warten.

Oft scheitert an der Ordnung schon,
Die fehlt, Organisation.

**P** Zur Politik mag sich bequemen
Nur, wer es wagt, Partei zu nehmen.

Der Pegasus im Stalle steht –
Hochtraben will heut kein Poet.

Wem Politik nicht paßt, erwägt,
Daß Pack sich schlägt und sich verträgt.

**Q** Wenns manchmal auch durch Quatsch gerät –
Quell des Erfolgs bleibt Qualität.

Daß Wahl zur Qual wird, ist bekannt.
Doch quengle nicht als Querulant!

**R** Zwar ratlos, aber doch in Ruh
Schaun wir der Riesen-Rüstung zu.

Die Rothaut schlug der Weiße tot –
Zur Rache sind jetzt Gelbe rot.

**S** Den Sex hochspielen? – Kein Gewinn:
Selbst Sinnlichkeit verliert den Sinn.

Kaum sank der Sommer, sonnenreich –
»Sauwetter!« schimpft ein jeder gleich.

**Sch** Der Schütz, zum Laden erst entschlossen,
Hat schon so gut wie scharf geschossen.

Die schlimmste Schule ist auf Erden
Doch die: durch Schaden schlau zu werden!

Der Schlauste, wenn genau ers nimmt,
Ist doch ein Schwätzer nur, der schwimmt.

**St** Von *St*entor, dem homerischen Helden
Ist nur der *St*imme Kraft zu melden.

*St*att daß den Freund man warm sich halt',
*St*ellt man aus *st*urem *St*olz ihn kalt.

**T** *T*rug ist nur selten der Humor –
Den *T*iefsinn *t*äuscht man leichter vor.

Die *T*echnik *t*äuscht uns vor: Genuß!
Und macht uns nur zum *T*antalus.

Vor *T*roja lag Odysseus wach:
Was macht daheim mein *T*elemach?

**U** Die *U*ngeduld oft *U*nheil schafft,
Auch *U*nmut trübt die *U*rteilskraft.

Von *U*SA lern jeder gern –
Doch manchem *U*nfug bleib er fern.

Der *U*nmensch, jeder *U*rteilskraft bar,
Macht *u*ns nur für sein *U*nglück haftbar.

**V** *V*ielweiberei ist jetzt modern –
Frau *V*enus bleibt dem Treiben fern.

An *V*or-*V*erstorbnen kannst du's messen:
So *v*öllig sinkst du ins *V*ergessen.

*V*orfreude oft genügen muß:
*V*ielleicht kommts nie zum *V*ollgenuß.

**W** Selbst alten *W*eisen *w*ird nicht klar,
Ob just ihr *W*eg der rechte *w*ar.

Kommt *W*issenschaft je überein:
Was *w*ollte *w*ohl der *W*allenstein?

Ein *W*agnis *w*ars in *w*üsten Jahren,
Die *w*eiße *W*este sich zu *w*ahren.

**X** Der *X*aver ist ein fleißiger Sohn:
Brav liest er seinen *X*enophon.

Ist *X*anten auch ein braver Ort –
*X*anthippen gibt es wohl auch dort.

*X*anthippe selbst, die böse He*x*,
Wird aufgewertet heut durch Se*x*.

**XY** Als »unbekannt« macht' immer schon
Mir Qual das »*X* + *Y*«!

Recht rar sind *Y*psilon und *X* –
Du findest beide noch im St*yx*.

**Y** Das *Y*psilon mich arg verdroß,
Seit man vor *Y*pern auf mich schoß.

Vom *Y*psilon sind wir fast frei –
Nur, leider, gibts noch T*y*rannei!

**Z** Was nützte wohl die *Z*igarette
Dem Raucher, der kein *Z*ündholz hätte.

Selbst *Z*eiss hat Hilfe nicht bereit,
Siehst du die *Z*eichen nicht der *Z*eit.

Dumm ists, im ersten *Z*orn zu prahlen –
*Z*uletzt muß man die *Z*eche zahlen.

Das Taschentuch

Kulturgeschichte – hochmodern!
Nichts liegt den Forschern heut zu fern.
Drum schäm ich mich nicht des Versuchs,
Den Werdegang des Taschentuchs
(Nicht Taschenbuchs!) seit Evas Zeiten
Historisch vor Euch auszubreiten,
Auf die Gefahr, es überschlag
Die Seiten, wers nicht lesen mag!

*Das Taschentuch*

Als noch das erste Menschenpaar
Vergnügt im Paradiese war,
Da brauchte es kein Taschentuch –
Die Welt war voller Wohlgeruch,
Darin, mit ungeschneuzten Nasen,
Der Adam und die Eva saßen.

Erst, als die beiden Naseweisen
Durchaus den Apfel mußten speisen
Und sie zur Strafe daraufhin
Genötigt wurden, auszuziehn:
Als Adam grub und Eva spann,
Wohl auch die Schnupfenzeit begann.
Der Adam, rauher von Natur,
Putzt' mit der Hand die Nase nur;
Die Eva nahm bei Grippe-Wetter
Wohl eins der alten Feigenblätter,
Das, nach erledigtem Bedarf,
Sie wieder in die Gegend warf –
Ganz ähnlich, wie's heut wir Modernen
Mit dem papiernen wieder lernen.

Doch liefen sicher Kain und Abel
Herum mit ungeschneuztem Schnabel,
Denn es verging – wir lesen's grausend –
Noch manches finstere Jahrtausend,
Bis unsre Welt kam zu dem Schluß,
Daß man auch Kinder schneuzen muß.

Das Taschentuch, das ist vermutlich
Ja überhaupt nicht vorsintflutlich:
Der Noah, der die Flut durchkreuzte,
Wohl einfach über Bord sich schneuzte.
Doch wer das Alte Testament
Sonst als ein Bibelfester kennt,
Wo Moses bis zur Peinlichkeit
Befahl dem Volk die Reinlichkeit,
Der liest von Webern und von Schneidern,
Von Hemden und von Leinenkleidern –
So daß er, wenn er tiefer schürfte,
Aufs Taschentuch wohl stoßen dürfte.

Ein Tuch, zu wischen Schweiß und Tränen,
Sieht man die Bibel oft erwähnen.
Vielleicht – das ist ein Deutversuch –
Hört man nur nichts vom Taschentuch,
Weil man das Tuch zwar – und die Nas –
Doch keine *Taschen* noch besaß.

Wer – hier sei's ausnahmsweis erlaubt –
Nun an die Heilge Schrift nicht glaubt
Und nicht, daß wir von Gott erschaffen,
Kurz, wer die Menschen hält für Affen,
Umsonst Jahrtausende durchsuche:
Nichts findet er vom Taschentuche!
Es wär auch schwer sich vorzustellen,
Daß, dürftig angetan mit Fellen,
Einst in der Eiszeit, in der kältern,
Sich unsre Ur-Ur-Urgroßeltern,
Wenn sie sich ihre Nasen putzten,
Was andres, als die Hand benutzten.
Vielleicht auch machten sie es so,
Wie heute noch der Eskimo:
Das Nasentröpfchen dem gefriert
Und, wenn er's nicht von selbst verliert,
Schlägt er's – gefroren spröd wie Glas –
Sich einfach klirrend von der Nas.

Auch als die Welt dann aufgetaut,
Kein Taschentuch wird rings erschaut.
Pfahlbauern – wie noch heut die Fischer –
War'n wohlgeübte Nasenwischer
Und Neger oder Hottentotten,
Die durch die heißen Wüsten trotten,
Ganz nackt im glühnden Sonnenlicht –
Die brauchten Taschentücher nicht.
Sie machen's ja noch heute kurz,
Sich schneuzend in den Lendenschurz.
Noch unerforscht ist, ob die Inder
Groß warn als Taschentucherfinder,
Ob man im fernen, wilden Tibet,
Wo man das Nasenreiben liebet,
Sich diese vorher hat gereinigt;
Auch ist es keinesfalls bescheinigt,

Ob etwa bei der roten Rasse
Das Taschentuch sich finden lasse –
Obwohl sie alle, was zu loben,
Die schönsten bunten Tücher woben.

Hingegen sind es die *Chinesen*,
Von denen wir begeistert lesen,
Daß sie so klug schon war'n wie wir:
Sie machten Tüchlein aus *Papier!*
Man hätt auch im Ägypterland,
Wo des Papyrus Wiege stand,
Erfinden können sowas schon –
Doch leider hört man nichts davon.
Nachrichten überhaupt sind spärlich
Vom Taschentuch – wie leicht erklärlich:
Es ging das *klassische Altertum*
Auf nichts so aus, als auf den *Ruhm!*
Die Dichter schrieben nur Gedichte
Und die Gelehrten Weltgeschichte.
Auch was an Bildwerk ist erhalten,
Sind durchwegs edle Steingestalten,
Vom Kopfe bis hinab zur Wade –
Und höchstens »Venus nach dem Bade«
Ist oft in Marmor dargestellt,
Wie sie gerad ihr *Handtuch* hält.
Wie Griechen putzten ihre Nasen,
Verrät kein Bild uns auf den Vasen.
Obwohl man dort doch allerhand
Sonst der Beschreibung würdig fand.

Wahrscheinlich waren noch die Dorer
Ganz ungepflegte Nasenbohrer;
Die Bildung lehrte erst Athene –
Doch wußt sie nichts von Hygiene.

Ob schön Helenchen sich »mit nischt«
Ihr holdes Näschen abgewischt,
Tat uns Homer nicht weiter melden;
Auch bei Odysseus, seinem Helden,
Der doch bei der Nausikaa
Die ganze Damenwäsche sah –
Sogar gebügelt und gestärkt –
Wird nichts vom Taschentuch vermerkt.

Ein *Römer* war, ein wirklich alter,
Gewiß kein Taschentuchentfalter.
Ein Mann von echtem Schrot und Korn,
Wie Cato, kam gewiß in Zorn,
Wenn man ihm sprach von solchen Moden,
Und schneuzte streng sich auf den Boden.
Doch als in Zeiten des Verfalls
Die Damen, Schlangen um den Hals,
Sich räkelten auf Lotterbetten,
In raffiniertesten Toiletten,
Als sich mit Lippenstift und Puder
Geschminkt die abgefeimten Luder,
Da trugen sie wohl auch ein Rüchlein
Parfum in seidenen Taschentüchlein –
Und, höchstwahrscheinlich, auch die Männer.
Ja, fragt nur die Antiken-Kenner!

Zwar schildert Tacitus genau
Die Kleidung der *Germanenfrau*.
Doch ob ein Taschentuch sie trug,
Er leider Gotts uns unterschlug.
Auch, wie's in Deutschland später war,
Wird nicht aus den Berichten klar.
Ob sich die edlen Minnesinger
Geschneuzt ganz einfach in die Finger?
Ob rings im weiten Vaterland
Wohl damals schon ein Spucknapf stand?
Wir hören nichts in diesem Sinne:
Man sang ja nur von hoher Minne!
Und doch war ganz besonders bitter
Ein Schnupfen für die alten Ritter,
Die in geschlossnen Eisenhauben
Nicht konnten sich die Nasen schnauben.
Ein Kreuzzug ohne Schneuztuch gar
Erscheint uns heute undenkbar.

Doch kommt aus den verschollnen Zeiten
Ein Zeugnis: *Friederich dem Zweiten*,
Dem mächtig-kühnen Hohenstaufen,
Schien auch die Nase oft zu laufen.
Drum hat er's Taschentuch benützt –
Denn die Behauptung wird gestützt

Durch die Verfügung, die bestimmt,
Daß jede Frau zwei Tücher nimmt,
Eins im Gebrauch und eins in petto –
Man hieß es damals »fazzoletto«.
Wir wissen selbst die Zahl des Jahres:
1215 nämlich war es.

Seitdem reißt bis zur heut'gen Stunde
Nicht ab die Taschentücherkunde.
Vom *Sultan* und vom *Papste* auch
Ist uns verbürgt nun der Gebrauch.
Der *Sultan* saß in wunderbarem,
Von schönen Fraun erfülltem Harem.
Die, der er warf das Taschentuch,
Mußt' folgen ohne Widerspruch.
Auch sonst das seither Sitte war:
Man hieß es: »Jeter le mouchoir«.
Zum Zeichen, daß man jemand liebt,
Man ihm ein Taschentüchlein gibt.

Den *Papst* hat Raffael gemalt –
Und wurde hoch dafür bezahlt. –
Wir sehen Julius den Zweiten
Ein Tuch auf seine Kniee breiten.
Velasquez malte der Infantin
Ein Riesen-Schneuztuch an die Hand hin
Und seitdem lichtet sich die Wildnis,
Wir finden Bildnis über Bildnis,
Die Leda selbst, mit sonst nichts an,
Zeigt man mit Taschentuch und Schwan.

Genau so durch die Lit'ratur
Zieht plötzlich eine klare Spur:
Denn dafür, daß *Othello* tot
Sein Weib und sich gestochen, bot
Den Anlaß – nur ein Taschentuch!
Und seither wards wohl oft zum Fluch.
Wenn jemand solch ein Liebespfand
Leichtfertig gab aus seiner Hand.

Um fünfzehnhundert freilich war
Das Taschentuch noch ziemlich rar.

Gabs doch – den Laien wirds befremden! –
Auch noch so gut wie keine Hemden.
Trotz unerhörtem Kleiderprunken
Hat – mit Verlaub – man arg gestunken,
Schon weil sich fast kein Mensch gewaschen,
Drum wirds auch kaum wen überraschen,
Daß Frankreichs Heinerich der Vierte,
Den höchster Ritteradel zierte,
Vier Taschentücher, wie wir wissen,
Besaß – und die war'n noch zerrissen!

Mit Gold und Silber reich gestickt,
Mit Spitzen aus Brabant gespickt,
Die Faziletlein in den Jahren
Natürlich schrecklich teuer waren –
Mitunter bis zweitausend Gulden!
Sie stürzten manchen arg in Schulden.
Begreiflich, daß sich das Geschneuz
Da schon verbot aus purem Geiz –
Man hat sie nur an Ehrentagen
Vorsichtig in der Hand getragen.
Doch hört man auch schon andre Stimmen,
Die über Männer sich ergrimmen,
Die einen solchen Sacktuchschatz
Geborgen gar im Hosenlatz.

Erst als die Leut' mit Taschen protzten,
Am Staatsrock, die vom Golde strotzten,
Konnt' man die Mode auch entdecken,
Das Taschentuch dorthin zu stecken.
Doch unter all den Kleidernarren
Gabs sicher Männer ohne Sparren,
Gemütlich sitzend hinterm Humpen,
Im Sack den schlichten Nasenlumpen.

Erasmus schon von Rotterdam
Mit Fug und Recht dran Anstoß nahm,
Daß im Gesicht trug seinen Rüssel
Manch einer wie 'ne schmutzge Schüssel.
Auf deutsch verwahrte und lateinisch
Er sich dagegen, daß so schweinisch
Selbst bessre Leute ihre Glocke
Am Ärmel wischten sich vom Rocke.

Und er verwies sie auch, die Mützen,
Statt Hand und Sacktuch, zu benützen.
Ein Erzherzog von Österreich –
Hat – und man sieht, 's war überall gleich! –
Gepredigt Ohren, meist wohl tauben,
Sich in das Tischtuch nicht zu schnauben.
Und Pommerns Herzog sah mit Schrecken
Bei Tafel Herrn das Mundtuch stecken
»Ganz in Gedanken« in den Sack. –
Was nicht von Schliff zeugt und Geschmack.

Wenn das schon Kavaliere taten –
Wie gings erst zu bei den *Soldaten!*
Am Ärmel wischten sich die Tröpfe:
Drum nähte dorthin man die Knöpfe,
Daß ihnen solche Lust vergeh:
Denn an den Knöpfen tut es weh.

Mit unsern Taschentüchlein gehts
Wie bei dem Modezeuge stets:
Erst tragens große Fraun und Herrn,
Dann trügens auch die kleinen gern.
Heut leben wir in einem Freistaat –
Doch damals gab's den Polizeistaat!
Und der – in Dresden beispielsweis –
Verbot, bei solchem Wahnsinnspreis,
Die teuren Tücher noch zu kaufen
Und frech damit herumzulaufen.
Umsonst – die Mode schert sich wenig,
Wenn sie nicht mag, um Rat und König.

Im achtzehnten Jahrhundert dann
Die wüste Schnupferei begann
Mit Rauchtabak, vermischt mit Schmalz.
Und Liselotte von der Pfalz
Erzählt, wie, nehmend Pris' auf Pris'
Die Weiber schmutzig in Paris.
Von großen Männern, großen Nasen
Wir in der Weltgeschichte lasen:
Der Alte Fritz, der schnupfte feste –
Und streute alles auf die Weste.
Ob's bei Napoleon und Blücher
Gestimmt in puncto Taschentücher,

Ist, wie auch sonst bei Feldmarschällen,
Nicht nachprüfbar in allen Fällen.
Graf York zum Beispiel schnupfte munter. –
Die Taschentücher wurden bunter,
Gestreift, getüpfelt, rötlich, bläulich –
Um zu verbergen, was abscheulich.
Und während meist sie, wie wir lesen,
Bis dort oval und rund gewesen,
Verfügte – 's war sein einz'ger Sieg! –
Der arme König Ludewig,
Dem man den Kopf dann abgeschlagen,
Man müsse sie *quadratisch* tragen.

Die Incroyables, diese Stutzer,
War'n fleiß'ge Taschentuchbenutzer:
Auch wurden damals, wie wir wähnen,
Nicht alle Weiber zu Hyänen;
Im Gegenteil, aus all dem Leid
Erwuchs die Weltschmerz-Werther Zeit,
Der Taschentücher unentbehrlich,
Wenn auch die Tränen oft nicht ehrlich.
Und bald gehörte im *Salon*
Ein Taschentuch zum guten Ton.

Der Biedermeier-Mode Gipfel
Wars dann, des Schnüffeltuches Zipfel
Zu zeigen, bei der Männer-Jugend,
Blühweiß, vorn aus dem Busen lugend.
Wahrscheinlich, zu des Schneuzens Zweck
Trug noch ein andres solch ein Geck.
Den älteren Herrn hingegen hing
Ein ungeheures buntes Ding
Wie eine Fahne, eine große,
Weit aus dem Rock- und Mantelschoße.
Bald freilich, gar bei Herrn von Stand,
Diskret in Taschen es verschwand.

Die Frau trug's teils im »Riducul«,
Teils legte sie's auf Tisch und Stühl'
Und sonst, wohin es nicht gehörte –
Was nur Verliebte wenig störte:
Im Gegenteil, die Narren freute
Solch unverhoffte Liebesbeute.

Sie holten – wenig zu beneiden –
Oft Schnupfen- sich und Eheleiden,
Und schimpften später voller Zorn:
»Schon wieder's Taschentuch verlorn?
Wo D' hinlangst, liegt ein solcher Fetzen!
Laßt Euch aufs Kleid halt Taschen setzen!«

Schon anno siebzehnhundertzehn
War ferner folgendes geschehn:
Frau Anna, Englands Königin,
Ließ, als ein Weib von klugem Sinn,
Die von ihr selbst gehaltnen Reden
Zugänglich machen einem jeden,
Indem sie ihres Geists Produkte
Auf große Taschentücher druckte,
Daß jeder Untertan die Nas' –
Sofern er solch ein Tuch besaß –
Gleich in die Politik konnt' stecken:
So wuchs das Tuch mit höhern Zwecken
Und alsbald war die ganze Welt
Und Weltgeschichte dargestellt:
Sei es der Briten Haß und Hohn
Auf ihren Feind Napoleon,
Sei's, was man später häufig sah,
Die Werbung für Amerika.

Doch auch Gemüt und Volkshumor
Kam auf den Taschentüchern vor.
Dem Kind bedruckte man sie später
Mit Robinson und Struwwelpeter.
Von Palmström weiß und andern Käuzen
Man längst, daß, sich hineinzuschneuzen
In solche unerhörten Prachten,
Sie sich Gewissensbisse machten.

Sind sie auch nicht, wie eh, beliebt,
Noch heut es solche Tücher gibt.
Ein Kaufmann einst begriff den Trick
Und wandte an ihn mit Geschick:
Bot Taschentücher zum Verkauf
Mit schön gedruckten Bildern drauf.
Mehr Schwung noch dem Geschäft er lieh
Durch eine Art von Lotterie:

Für ein bestimmtes Tuch gewann
Ein Mann ein Weib, ein Weib 'nen Mann.
Zum Glücke meldeten genau
Sich nur ein Mann und eine Frau –
Da war der Fall leicht zu entscheiden:
Der Kaufmann hat vermählt die beiden,
Die, wie man hört, nach vielen Jahren
Noch miteinander glücklich waren.
Ein andrer Kaufmann, der gedacht,
Das wird jetzt einfach nachgemacht,
Der hatte freilich damit Pech:
Es meldeten – und wurden frech –
Die Partner sich in hellen Haufen:
Nichts blieb ihm, als davonzulaufen,
Eh mit Entschädigungsprozessen
Die Leute konnten Geld erpressen.

Der König – heißt ein Rätselwort –
Steckt's ein, der Bauer wirft es fort.
Das dient uns heut noch zum Beweise
Dafür, daß nur die höhern Kreise
Der feinen Herrn und holden Damen
Das Taschentuch in Anspruch nahmen.
Dem ist nicht so: im Volkstum auch
Gibts manchen guten alten Brauch.
Sei's, daß zum Beispiel die Rumänen
Das Taschentuch, benetzt mit Tränen,
Ins Grab nachwarfen ihren Toten,
Sei's, daß bei Eheaufgeboten
In manchem Land der Bräutigam
Ein Dutzend zum Geschenk bekam.
Auch bei verschiednen Landestrachten
Muß man das Taschentuch beachten.
»Verstüchel«, schön mit Reimen, gibt
Die Maid dem Burschen, den sie liebt.
»B'scheidtüchel« teilt man aus in Bayern
Bei Hochzeits- oder Kirchweihfeiern,
Damit sich jeder Gast bequem,
Was er nicht ißt, nachhaus mitnehm.

Macht einmal selbst nur den Versuch:
Wozu braucht man das Taschentuch?

Um sich durch Fächeln zu erfrischen,
Um Schweiß und Tränen abzuwischen.
Um es im Zorne zu zerbeißen,
Um's, zu Verbänden, zu zerreißen,
Um beim Gedächtnis, einem schwachen,
Sich einen Knopf hineinzumachen;
Als Sonnenschutz bei kahlem Schädel,
Als Knebel, Schleuder, Fliegenwedel,
Man brauchts, um »Blinde Kuh« zu spielen,
(Und heimlich drunter vor zu schielen,)
Um »übers Schnupftuch« sich zu schießen,
Wie, zu verhindern Blutvergießen,
Indem mans schwenkt als weiße Fahne,
Man brauchts als Bund bei hohlem Zahne,
Als Netz, in dem die Fischlein blinken,
Zum Willkomm- oder Abschiedwinken,
Um Schwammerl darin aufzuheben –
Kurzum, es hat im Menschenleben
Vielfältigern und höhern Nutzen
Als den nur, sich die Nas zu putzen.
Mein Rat, zum Schluß, nicht überrasche:
Habt stets ein saubres in der Tasche!

Rose und Nessel

*Der Kirchhof*

Den Umweg vom Sträßlein zur Straßen,
Den schneidet ein jeder ab:
Es führt eine schmale Gassen
Über den Kirchhof hinab.

Der rußschwarze Rauchfangkehrer
Geht hier und der mehlweiße Bäck,
Es spart sich der alte Lehrer
Und der junge Pfarrer das Eck.

Der alte Lehrer, der schneuzt sich
Umständlich ins rote Tuch,
Der junge Pfarrer bekreuzt sich
Und schaut in sein schwarzes Buch.

Die Hausfrauen, ohne Schaudern
Stehn schwatzend mitten im Tod;
Am Leichenstein ist gut plaudern
Vom Alltag und seiner Not.

Die fremden Herren und Damen,
Die Sommerfrischler im Ort,
Die lesen die spaßigen Namen
Und lächeln und gehen fort.

Nur nachts, im Mondlicht, im bleichen,
Huscht jeder ängstlich vorbei:
Ob nicht an der Kirchwand ein Zeichen
Für ihn schon geschrieben sei.


*Trüber Tag im Gebirg*

Das Gras ist gemäht.
Weiß schäumt der Bach,
Ein Gockel kräht.
Die Schwalbe spät
Schwätzt unterm Dach.

Die Sonne leckt
Am Nebel schwer,
Der rauchig schmeckt.
Den Eiszahn bleckt
Der Gipfel her.

Was willst du tun,
Unruhiger Gast?
Den Nagelschuhn
Gebiet zu ruhn:
Halt einmal Rast!

Trink roten Wein,
Schau für dich still.
So ganz allein
Mit dir zu sein,
Trag's ohne Spott:

Wer weiß, was Gott
Dir sagen will ...


*Nachts im Dorf*

Voll des süßen Weines lärmen
Wir aus hellen Wirtshaustüren
In die schwarze Herbstnacht wild.
Und auf schwanken Füßen führen
Einen Bacchus wir, mit Schwärmen,
Bärtig, ungeheuer,
Frevelhaftes Heidenbild,
Durch das fromme Dorf. Die Heiligen lauschen
Holzgeschnitzt, den lästerlichen Schwüren,
Härmen sich,
Daß ihr alter Glaube nichts mehr gilt.

Laut die Brunnen rauschen,
Hähne erste Grüße tauschen,
Aus den Falten grauer
Nebel quillt
Rot das Morgenfeuer.

Und des Tages Schauer
Wunderlich uns stillt:
Wie aus unsern Kränzen
Fortgeworfen, glänzen
Schwarz und mild
Rosen an der Kirchhofmauer.


*Hahnenschrei*

Die Hähne krähn
Den Tag entlang
Vom ersten Mähn
Und Sichelsang
Bis spät zum Feierabendklang.

Das Krähen schweift
Von Haus zu Haus
Und weiter greift
Landein, landaus
Der Feuerruf, der Siegesbraus.

Er überspringt
Das Wasser breit
Und er durchdringt
Waldeinsamkeit
Es ist ihm nicht die Welt zu weit.

Da Petrus einst
Den Herrn verriet,
Hat er geweint
Beim Hahnenlied:
Verrat und Reu noch heut geschieht.

Des Hahnes Stimm
Ist siebenfach,
Ist stark von Grimm
Von Ängsten schwach:
Sie hält das Herz der Erde wach ...

## Aldersbach

Sanft ist alles hier. Wer will,
Nenn es langeweilig.
Ährenfelder, Gras, windweiß.
Wälderhügel, dunkel, flach.
Zwischen Bäumen, doppelzeilig
Sträßlein, hundertmeilig.
Laufen lauter Dingen nach,
Die einander gleichen.
Da und dorten streichen
Sensenblitze.
In der Hitze, träg und still
Nur das spitze, messerstumpfe
Grillengeschrill.
Ungeheuer nur das Feuer-
Rad der Sonne, lodernd heiß.
Die Vils – wie kann ein Bach
So müd nur schleichen! –
Blinkt schuppenschwach
Aus schilfigem Sumpfe.
Sommerschwarze Eichen
Stehn wie eine Büffelherde.
Und die ganze, glühend dumpfe Erde
Döst und wird nicht wach.

Plötzlich hebt mit wildem Trumpfe
Überm Feld sich hoch ein Dach.
Aus dem Heißen birst
Über schwarzem First
Und weißem Rumpfe
Auf der Turm, verwegen, schnörkelkeilig,
Orgelpfeilig, aufwärts stürmend, eilig
Ragt das Gotteshaus von Aldersbach
Heilig!
Tritt hinein! Das Klosterhofsgeviert
Nimmt aus greller Gassenschwüle
Dich in seine Schattenkühle.
Daß dein Blick sich nicht verliert
Tut sich prächtig, reich verziert
Auf die weiß und goldne Kirchenpforte.
Und nun dringt's, am hohen Gnadenorte

Auf dich ein und faßt dich übermächtig
Und du schaust, geklammert ans Gestühle,
Hold verwirrt.

Überbildert, schier verwildert
Mehr, als es mit schwachem Worte einer schildert,
Füllt das Wunderwerk den Raum.
Wie zu einem einzigen Loben
Aufgehoben, schweben, heben
Heilige, bärtig, schier grobschlächtig
Laut verzückt und stumm bedächtig
Sich nach oben.
Und aus goldnem Wolkenpfühle
Stürzen Engel, fittichrauschend
Wunderbare Mäntel bauschend,
Weiß und rauch- und rosenfarben
In das Toben, vielgestaltig.
Doch auf Blitzes Garben, droben
Thront Gott selber, hoch dreifaltig.
Kaum
Kannst du folgen, zu gewaltig
Blüht mit immer vollern Zweigen
Hoch der Baum.
Eine ungeheure Bühne
Ewigen Spiels von Schuld und Sühne
Ringt sich, schlingt sich, um das kühne
Hochaltar-Blatt zu umrüsten
Wo des Heiligen reinen Lüsten
Aus Marias Mutterbrüsten
Satt die Milch der Weisheit spritzt,
Aus dem segensreichen Bronnen.
Angeblitzt von solchen Sonnen
Überhitzt von solchen Wonnen
Wildem Taumeln
Stehst du reglos, wie im Traum.
Aber menschlich dich zu grüßen
Auf der höchsten, rosensüßen
Wolke Saum
Sitzt ein Englein, lacht verschmitzt
Und dort noch eins, leicht wie Schaum.
Und sie baumeln mit den Füßen –
Und die Liebe schmelzt den Raum.

*Gotischer Dom*


*Am Morgen*

Zerstäubt in Sonne wirft der Dom
Die steinern' Arme aufwärts wie Raketen.
Mit allen Glocken fängt er an zu beten
Und mit der Inbrunst seiner steilen Türme
Greift er hinauf, daß er den Gott bestürme.

Tief unten in den Bau die Menschen treten,
Und wachsen brandend an, ein dunkler Strom.

Die Hallen reißen auf von Orgelchören:
»Gott muß uns hören!«
Gesang von tausend Stimmen schreit.

Und er steigt nieder bis zur steinern' Schwelle,
Und schleudert wie ein Zeichen seine Helle
Hin durch der Fenster bunte Dunkelheit.

Und läuft durch alle, eine heilige Welle,
Und reißt sie stürmend in Unendlichkeit.


*Der Bau*

Wir bauen schon an diesem Haus
Seit tausend, abertausend Tagen,
Und sehn es wachsen hoch hinaus
Und steigend in die Sterne ragen.
Verloren ging des Meisters Wort,
Und keiner ahnt: Wann wird es enden;
Wir aber bauen immerfort
Mit müdem Sinn und regen Händen.
Wir haben keine Zeit, zu ruhn,
Als ob wir es vollenden müßten,
Wir unsre harte Arbeit tun
Und sterben hoch in den Gerüsten.

Kaum, daß von Sehnsucht jäh geschwächt,
Wir innehalten mit dem Fronen:
Wann kommt das selige Geschlecht,
Bereit zu ruhen und zu wohnen!?


*Der Turm*

Sie haben oft bei ihrem Werk gerastet,
Als sie sich Stock um Stock hinaufgetastet,
Und schon hat ihnen vor der Tat gegraut,
Als sie behutsam Stein auf Stein gelastet.
Sie sahen schwindelnd die Gerüste steigen,
Entwachsend schon der Stadt und Lärm und Laut
Emporgeblüht ins unermeßne Schweigen
Und ganz vom neuen Tage überblaut.

Da ahnten sie, daß Gott in ihnen baut.

Am letzten Tag, sie schwiegen mit dem Hämmern,
Da faßten sie es erst, was sie vollbracht.
Sie sahen Stadt und Land im Dunst verdämmern
Und über ihnen wuchs die Sternennacht;
Sie fühlten näher Gottes Atem wehen
Und waren schon durchwühlt von seinem Sturm.

Und ihnen war's, sie müßten schweigend gehen
Und sich die tausend Stufen abwärts drehen.

Sie blickten scheu empor und sahn ihn stehen
Wie eine Himmelsleiter hoch: Den Turm.


*Auftauende Landstraße*

Schnee, wie groben Salzes Korn
Rauscht mir unterm Wanderschritt.
Winterliche Reise!
Doch schon geht der Frühling mit,
Und die Sonne rückt nach vorn:
Gestern einen Hahnentritt,
Heute eines Mannes Schritt,

Morgen einen Hirschensprung.
Und mit übermüt'ger Zung
Hat sie schon das Land beleckt,
Süß schmeckt ihr die Speise!
Wie ein Pardelfell gefleckt
Liegt der Anger hingestreckt
Wunderlicher Weise.
Wo die Straß den Wald durchläuft,
Liegt noch hoch der Schnee gehäuft
In der schmalen Schneise.
Doch dort vorn im Sonnenschein
Rinnt's von tausend Wässerlein.
Blank vom Gleise trieft's und träuft,
Daß die Straße schier ersäuft,
Bläulich blinkt's vom Eise ...

Kleine Welt mir zu besehn,
Bleib ich voller Andacht stehn,
Schaue mit Entzücken.
Träum mich armen Wanderzwerg
Riesengroß, wie einen Berg,
Muß auf winziges Wunderwerk
Lächerlich mich bücken.

Hundert Quellen halt ich zu,
Plump mit meinem Nagelschuh,
Und ein Eisstoß treibt im Nu
Über seinen Rücken.
Urweltlandschaft – so als flöß
Durch die Ebenen von Löß
Reißend wild der Hoang-Ho
Und ich könnt ihn, götter-roh
Aus dem Bette drücken.
Sieh, mit flinkem Nagezahn
Bricht das Wasser neue Bahn,
Triftet hier ein Flöckchen Werg,
Holt sich dort ein Hälmlein Stroh
Und schießt jetzt hinunter froh,
Sprengend alle Brücken.

Und nun treibt es schwarz wie Ruß
Gegen den gestemmten Fuß:

Gletscherfloh an Gletscherfloh,
Ein Millionenrudel.
Immer wieder, Stoß um Stoß
Jagt's hinunter, rettungslos
In den weißen Strudel.
Triebe neue Sintflut so,
Denk ich, fort die Menschheit bloß,
Widriges Gehudel!
Rasch und rascher wird die Wucht,
Unabsehbar wird die Flucht,
Wirbelnd wilder Sprudel,
Bis sich in beruhigter Bucht
Sammelt Satz und Sudel.

Müde meines Kinderspiels,
Eingedenk des Wanderziels
Geh ich wieder weiter.
Schon verglühn im Wolkenrost
Tages letzte Scheiter.
Käuzchenschrei und Rabenruf –
Riesig trabt mit blankem Huf
Überm goldnen Schnee der Frost,
Silberblauer Reiter.
Eis in feinen Nadeln sproßt,
Bis in Krusten, gläsern hart
Alles Fließende erstarrt,
Wieder jetzt die Straße knarrt
Unterm stillen Schreiter.
Fort der Traum, der mich genarrt
Von dem eitlen Götterwerk.
Mühsam, müd, ein Menschenzwerg
Wandr' ich über Tal und Berg –
Und doch himmlisch heiter ...


*Wanderung*

Zwischen duftigblauen Bergespfosten
Schwebt das Zelt des Himmels, leicht gespannt.
Kühle Krüge tragend in der Hand
Wandern Regenfrauen weit nach Osten,

Netzen wunderbar das grüne Land.
Sag, was soll es sein? Tränen oder Wein?
Hebe deine Lippen, um zu kosten:
Wein und Tränen, beiden scheint's verwandt.

Und die Wolkenweiber eilen weiter,
Neue bringen Regen, Guß um Guß.
Doch da wird schon über Tal und Fluß
Nun der Strom der Himmelsbläue breiter
Und die Erde dampft im Sonnenkuß.
Und die Kirchen stehn weiß und weit zu sehn.
Und die Gottesäcker grüßen heiter,
Daß dein Herz der Toten denken muß.

All der Toten, die hier auf dem Grunde
Ihrer Heimat liegen, still verklärt,
Erde nährend, die auch sie ernährt,
Noch im Grabe wuchernd mit dem Pfunde,
Das den Lebenden einst Gott gewährt.
Seliges Vertraun, droben Ihn zu schaun,
Blüht empor aus ihrem Blumenmunde,
Kaum noch, daß ihr Leib zur Grube fährt.

Und aus Nord und Süd und Ost und Westen
Aus dem Eis, den Wüsten und dem Meer
Eilen zahllos graue Schatten her,
Lösend sich aus ihren armen Resten,
Die dort liegen ohne Wiederkehr.
Zu der Heimatgruft ziehn sie durch die Luft
Zu der Liebe schönen Totenfesten,
Zu der Grabesscholle, ahnenschwer.

Nacht hat leise nun das Land betreten
Und ich geh dahin im Dämmerschein
Hör von da und dorten den verwehten
Klang der Glocken zueinander beten
Und die Brust wird mir so leicht und rein.
Geh im Pilgerkleid ich noch durch die Zeit,
Horch und schau vom Rande des Planeten
Ich doch weit schon in das All hinein.

Hoch in Blut und Feuer, ungeheuer
Geht dahin das schicksalvolle Jahr.

Und die Rosen blühn doch wunderbar
Und der Nordstern steht am stillen Steuer,
Lenkt, wie immer schon, der Sterne Schar.
Liebe laß allein deinen Boten sein:
Glaub, es lebt im Himmel kein Getreuer,
Der kein Liebender auf Erden war.


*Regen in Vicenza*

In der Wildnis fremder Stimmen
Sitz ich stummer Gast
Hin und her in kahlen Schenken.
Graue Regentücher schwenken,
Und der wuchtige Palast
Will als eine Arche schwimmen
Auf den Wogen.

Und da ist auch schon der Bogen,
Siebenfarbig, lichtversöhnend,
Und im Feuchten
Alle Türm' und Zinnen krönend,
Steigt ein schmetternd wildes Leuchten.
Und die Mauern halten stöhnend
Solchem Prall,
Solchen Lichts posaunentönend
Ungeheurem Überfall.

Jubelnd stürz ich durch die Gassen,
Seh den schneeblind geisterblassen
Alpenwall
Unter schwarzzerfetzten Fahnen.
Und dann stehn die Hügel da.
Nah.
Rauchend. Grün.
Ganz von Nässe vollgesogen,
Grün, wie du nicht wagst zu träumen –
Grüner, grüner:
Denke kühner,
Und du wirst vielleicht erfassen,
Wie es grün war dort im Nassen.

Grün von Wiesen, grün von Bäumen
Und von Pflaumenblütenschäumen
Grün und weiß. Und der Platanen
Stämme glänzten grün und moosig,
Mandeln blühten grün und rosig –
Tropfen funkelten wie Glas,
Fielen wie in offne Schürzen
In das grüne, grüne Gras.
Und ich sah die Hügel stürzen
In des Lichtes lanzenschnelles,
Lautlos grelles
Übermaß ...


*Vor Ostern*

Wie der Märzwind stößt und stürmelt;
Dort, die graue Wolkenherde
Übern Himmel hergeblasen,
Stupft, mit weichen, nassen Nasen
An die Erde; so, als möchten
Junge Pferde hier schon grasen.

Unterm Rasen wühlt's und würmelt.
Weidenruten wehen gelber,
Wie wenn sie sich Zöpfe flöchten.
Menschen gehen auf den Straßen,
Reden seltsam mit sich selber,
Rührn die Hände, wild bewegt,
Wie wenn mit dem Wind sie föchten.
Und dein Kind jagt aufgeregt
Nach dem ersten Osterhasen.


*Maigewitter*

Üppig junge Mohrenweiber,
Tanzten Wolken wild herbei,
Wiegend warm die schwarzen Leiber,
Zu des Blitzes hellem Klirren,

Zu des Donners dunklem Schrei.
Schwanke Brust und schlanke Hüften:
Hoch auf ihrem Haupte trug
Jede Wolke, rasch in Lüften
Einen Krug im Flug herbei,
Den sie leerte und zerschlug
Bei der Schellentrommel Schwirren,
Bei der Pauken dumpfem Schrei.

Wie sie lachten, wie sie keuchten:
Ungeheuer troff die Lust
Aus dem Tiefen, Lebensfeuchten
Ihnen um die nackte Brust
Bei der Küsse wildem Girren,
Bei der Freude trunknem Schrei.

Fand schon jede ihren Freier?
Tanzte jede schon vorbei?
Von den Hüften schwebt der Schleier,
Naß in Düften bebt der Mai...
Fern des Blitzes goldnes Klirren,
Stumm des Donners dunkler Schrei...


*Im August*

Späte Pracht des Rosenstocks.
Siebenfarbig blüht der Phlox.
Zitterluft und dunkler Braus:
Letzter bunter Bienenschmaus.
Sonnenblume, schwärzlich braun
Schläft schon schweren Haupts am Zaun.
Apfelgarten, kühl und grün
Stillt das aufgeregte Blühn.
Ährenfelder, brandig schwer
Wälzen sich wie Wellen her,
Heben hoch das Kirchlein weiß
In den Himmel, flimmerheiß,
Daß es wie ein Schiffchen fährt
Samt den Heiligen, goldverklärt
Durch der Bauern Blumenlust
Hoch im schimmernden August.

*Schöner Septembertag*

Aus dem weißen Nebelneste,
Drin er lange träumend lag,
Hebt sich, stolz, mit buntem Krähen,
Flügelschlagen, Federnblähen
Der geschwänzte, goldbetreßte
Prunkende Septembertag!

Und die mit im Nebel schliefen:
Hügel, Acker, Baum und Feld,
Plustern sich und stehn und rennen –
Alle Häuser sind wie Hennen,
Die im warmen Lichte triefen –
Und der Hahn, der ist ihr Held.

Schau den Kürbis dort, den Prahler!
Alle Welt lockt er herbei,
Dorf und Straße kommt gelaufen,
Und Frau Sonne will ihn kaufen,
Zahlt die letzten blanken Taler
Für das goldne Riesenei ...


*Der Herbst*

Lang träumte der Sommer. Die scharfen
Herbsthunde lagen noch still.
Seine Hände pflückten aus Harfen
Den unnennbaren Klang
Und er lauschte dem eigenen Sang
Wie einer, der nicht mehr erwachen will.
Doch dann von den Bergen her drang
Der Hornruf des Herbstes und zwang
Zu männlichem Gang.
Aus den Wäldern die Hunde sich warfen.
Der Sommer erschrocken aufsprang
Und rührte die Locken: schön!
Er ging noch nicht gleich:
Im Tal stand er lang und der Herbst auf den Höhn
Und zwischen beiden, so mild, so bang

Hinschwankte das irdische Reich,
Bis eine Nacht kam, die weich war von Föhn.
Der Sommer ging fort, und der siegende Mann,
Der Herbst, stieg schweigend herab aus dem Tann.
So bunt und so bleich zugleich.


*Winters*

Winters, plötzlich in weißer Stille,
Wenn vor dem Fenster lautlos es schneit,
Und an den Scheiben die Flocken zerflittern,
Entsinnst du dich, wie der schwalbenschrille
Augusthimmel war, über dir weit,
Oder der Juni mit wilden Gewittern
Zornig zerriß sein prangendes Kleid.

Und es wird dich wie Tränen durchzittern
Winters, plötzlich in weißer Stille,
Das Gedächtnis verschollener Zeit.


*Aufbruch*

Über Nacht, vom ersten warmen Winde
Kühn gemacht,
Hat der März das Tal geschwinde
Grün gemacht.

Wärmt der Wald sich, mager und gestrüppig
Erst das Fell,
Bald des Kirschbaums Knospen, üppig
Bersten hell.

Süßer Regen weint den weh gefrornen
Garten auf.
Blüten, die im Schnee verlornen,
Warten drauf.

Hinter das vom Winter ausgebleichte
Grau der Welt
Ist nun schon das frühlingsleichte
Blau gestellt.

Morgen kommt die Sonne: Furcht und Hoffen
Stöhnt vom Schlag –
Von des Lichtes Blitz getroffen,
Tönt der Tag!


*Nach vielen Jahren ...*

Der Kuckuck, der dem Knaben rief,
Ist lange tot.
Die Blume, die das Kind beglückt,
Ist lang verblüht.
Das Märchen, das im Wald gehaust,
Ist lang vorbei.

In fremden Bäumen saust und braust
Ein junger Mai.
Ein Greis, von schweren Jahren müd,
Sich einsam bückt
Und hält die Blume, abgepflückt,
In starrer Faust.
Er schaut ins Abendrot verzückt
Beim Kuckucksschrei
Als obs, aus Märchenwäldern tief,
Sein alter Kinder-Kuckuck sei.


*Grüne Zeit*

In der Frühe, wenn ein kühner
Maientag die Nacht zerschmettert,
Fanden, aus dem Bett geklettert,
Wir die Welt schon wieder grüner,
Hundertfältig aufgeblättert.

Und wir konntens nicht erwarten:
Grüne Wunder unsrer harrten!
Magd und Mutter zum Verdrusse
Durch den nassen, grünen Garten
Stürmten wir hinab zum Flusse.

Seliges Herumgelunger!
Nicht die Pflicht und nicht der Hunger
Konnt im Ruf der Mittagsglocken
Aus dem grünen Waldgeschlunger
Zeitig uns nachhause locken ...

Nachts noch, müd ins Bett gesunken,
Tanzten um uns grüne Funken
Und wir brachen, da wir schliefen
Brausend, taumelnd, flammentrunken
In die grünen, grünen Tiefen ...


*Badende Buben*

Buben, braun und blondgeschopft,
Die Strümpfe
In die Schuh gestopft,
Übern Rücken gehängt,
Waten, wild nach Indianertaten,
Durch die Sümpfe,
Von Mücken bedrängt,
Durch die grüngrauen Flußauen ...
Weidenstümpfe,
Birken, Erlen, Eschen
Schmaler Wege Breschen
Ins Dickicht hinein.
Hoch aus dem Blauen
Das Licht durch die Zweige tropft.

Einen Gertenspeer der eine sich schnitzt,
Eine Weidenflöte der andre sich klopft.
Den Mund gespitzt
Probt er voraus das leichte Lied.
So traben sie durch Busch und Ried.

Draußen über die heißen, weißen
Steine blitzend im Sonnengleißen
Der Inn kalt kochend zieht.
Aber die Buben drinnen
Im Busche schleichen und kriechen,
Wo die Pappeln flocken,
Die Faulbäume riechen,
Wo hundert Wässer
Stocken und rinnen,
Froschäugige Tümpel,
Wo angeschwemmt
Und im Schlick verschlämmt
Alte Flaschen und Büchsen und Fässer
Und morsches Gerümpel
Geheimnisvoll, fremd
Locken,
Eine Ente aufrauscht mit Geflatter, Geschnatter
Erschrocken
Oder eine Ringelnatter
Schlüpft unters Wurzelgeflecht
Oder im Altwasser steht ein glatter
Schwarzgoldner Hecht.

Aber nun, aus der grünen Grotte,
Von hundert Gerüchen gewürzt,
Nesseldurchflackert, lattichgeschürzt,
Kommt mit Schreien die Rotte
Herausgestürzt
Schmatzend im Schlamm
Herauf zu den Weiden am Uferdamm,
Sich rasch zu entkleiden.

Das sind nicht mehr bairische Buben –
Entronnen
Den dumpfen Stuben,
Gewonnen
Dem neuen, dem unbekannten Gotte,
Verloren dem Lamm,
Dem Kreuze zum Spotte:
Die da auf den Steinen sich sonnen,
Barbaren sind es, sind junge Heiden
Von Glanz umronnen, nackt ...

Wie das Wasser, das grüne und weiße
Auch zerre und reiße,
Wie der Wirbel sie packt:
Sie kommen geschwommen,
Schlanke und kühne
Werfen sich in das Brausen,
Vorbei, mit Grausen
Wo das Riff die schnelle
Strudelnde Welle zerhackt.
Immer wieder hüpfen sie
Und im freien Spiel der Glieder
Sonnentropfend schlüpfen sie
Herzklopfend liegen sie,
Die Leiber schmiegen sie,
Wo der Sand, der feine, heiße
In der Glut des Lichtes backt.


Endlich, in der Sonne Neigen
Wird ihr lautes Rufen stiller.
In den Pappelzweigen
Rauscht des Abendwindes Triller.
Frierend, klamm
Steigen sie hinauf zum Uferdamm.
Zitternd schlüpfen sie in Hemd,
Hose, Strumpf und Schuh.
Laufen schnaufend, abendfremd
Durch das Grauen
Der verzaubert stillen Auen
Ihrem Kloster zu.
Schweigend traben sie und rennen.


Hundert Kerzen brennen
Im Gotteshaus,
Lieblich, in der Blumen Pracht
Strahlt die letzte Maiandacht.
Klosterschüler, fromme Knaben,
Die im Inn gebadet haben,
Treten sie hinein
Gläubig in den Weihrauchschimmer
In den Lichterschein.

Dann beim Abendschmaus
Hungrigwild, mit Räuberzähnen
Essen sie, vergessen sie
Schnell den frommen Sinn:
Wie es ihnen schmeckt!
Kaum, daß sie mit Strafen
Bändigt der Präfekt!
Schon im Schlafen, wähnen
Sie noch immer
Sich als wilde Schwimmer –
Zuckt im Mondschein
Lang noch Arm und Bein
Rudernd übern Inn ...


*Frühlings-Sonntag*

Im jungen Gras die ersten Güsse:
Der Regen klopft, die Schlosse springt.
Das sind des Frühlings wilde Küsse.
Die Weidenharfe golden klingt.

Schon bringt der Wald die grünen Sessel
Dem Wanderer zur Rast herbei
Und zaubrisch wallt der bunte Kessel
Des Blütenwunders in den Mai.

Der Kirchturm zeigt, der frischgeweißte,
Die goldne Uhr voll Bauernstolz.
Hold schwätzt der Star, der heimgereiste,
Laut ruft der Kuckuck aus dem Holz.

Weiß steht die Kirsche, schwarz die Fichte,
Ein wunderliches Hochzeitspaar.
Der Wind spricht herrliche Gedichte,
Die Drosseln schlagen feuerklar.

Vom Wirtshaus weht Musik und Kegeln
Als fern verworrner Lärm dahin.
Und hoch, in schwerelosem Segeln
Zwei Geier ihre Kreise ziehn.

*Hochsommerfrühe*

Wanderst morgens du nach Westen,
Zwischen drei und vier,
Hast du nur den dunkelfesten
Himmelsbau vor dir.

Bald wird süß im Grünen flöten,
Was im Schwarzen schwätzt.
Zaghaft werden erste Röten
In das Grau geätzt.

Und du ahnst das Licht im Rücken
Und du drehst dich um:
Ein gewaltiges Entzücken
Überstürzt dich stumm:

Aufgeblättert, Feuerrose,
Wolk aus Wolke schwellt.
Wild wirft sich die atemlose
Sonne in die Welt.


*Die Kröte*

Beim Holunderbaum,
Wo von Brunnen und Traufen
Sich die Wasser verlaufen,
Da ist unterm Brett,
Wie ein Stübchen, Raum.
Und da hat die Kröte Tisch und Bett,
Da hockt sie, fett,
Mit behaglichem Schnaufen
Und rührt sich kaum.

Aber am Abend, bevor
Es beginnt zu regnen,
Oder wenn das Gras
Naß ist vom Tau,
Im Dämmergrau

Wagt sie tappend sich vor
Und du kannst ihr begegnen
Beim glitschigen, schwarzen
Brunnenrohr.

Und die ganz Verwegnen
Nehmen ihr Pfötchen sacht
In die Hand,
Wünschen ihr eine gute Nacht,
Reden mit ihr, als hätt sie Verstand
Fragen, was sie da macht,
Heben sie wohl an den Brunnenrand,
Daß sie herblinkt, naß,
Menschenblaß,
Die Haut voller rötlicher Warzen.

Und wenn sie ihr in die Augen sehn,
Dann können sies wohl verstehen, daß
Die Kröte des Märchens geheimste Gestalt
Eine verwunschene Königin
Weise, uralt
Mit ihrem Krönlein, gezackt:
So tief ist drin
Im Aug ihr die Goldgewalt.

Aber einmal, am lichten Tag
Haben wir aus dem feuchten, frischen
Erdreich Würmer gehackt
Zum Fischen,
Und dabei den Brunnenverschlag
Leise gelüpft und da lag
Die Kröte verschlüpft.
Sie ist aber nicht davongehüpft,
Sie hat nur erschreckt
Gequakt und mit bangem Geschau
Die Fingerlein gegen uns ausgestreckt.
Da hat uns doch ein Grausen gepackt,
Als hätten wir, mit unschicklichem Blick,
Hocken gesehen, bauchgrau und dick
Fleischnackt
Vom Dorfe drunten die Bäckersfrau ...

*Nacht im Bauernhaus*

Ein seufzender Atem wehet
Hin durch das hölzerne Haus.
Auf leisesten Pfoten gehet
Durchs Zimmer die silberne Maus.

Oh Haus, drin vom Vater zum Sohne
Uraltes Geheimnis ruht ...
Die Nelken dort am Balkone
Glühn schwarz wie geronnenes Blut.

Ich liege im kühlen Linnen:
Wer schlief schon, wer starb in dem Bett?
Mir ist, ich könnt es ersinnen ...
Der Holzwurm raspelt im Brett.

Vorm Fenster, dem gitterkleinen,
Steht der Mond, so schön und groß:
Nicht weinen, oh nur nicht weinen –
Die Welt ist erbarmungslos ...


*Spätsommer am Inn*

Kalte Früh im weißen Bausch.
Nebelwände rauchen.
Wird daraus der wilde Rausch
Starker Farben tauchen?

Überm Flusse regt sichs fremd,
Scheu vor Spähgelüsten.
Sieh, nun sinkt das leichte Hemd,
Glänzts von Armen, Brüsten.

Still die Fähre zieht im Braus
Am gespannten Seile.
Drüben winkt ein freundlich Haus,
Daß ich dort verweile.

Golden lockt des Hahnen Schrei.
Folgend solchem Rufer
Zieh ich wie ein Held herbei,
Stoße leicht ans Ufer.

Junge Magd bringt roten Wein.
Wie den Blick sie tauschet,
Ist mir jäh: Die könnt es sein,
Die ich nackt belauschet.

Leichtes Licht und fast noch heiß
Spielt um ihre Glieder,
Und als wüßt sie, was ich weiß,
Schlägt das Aug sie nieder.

An die Lippen setz das Glas
Träumend ich im Wachen.
Und der Inn schallt über Gras
Wie ein Männerlachen ...


*Herbstempfang*

Süßer in der Brust der Frauen
Wohnt der Sommer, schaukelschwer.
Unter hohen Augenbrauen
Gehn die Blicke, gaukelleicht.

Seht den Herbst, den eisengrauen,
Düster reiten, kriegerschwer.
Unter seinem Helm zerhauen
Blickt er kühn und siegerleicht.

Mit der Hand, der frostig rauhen,
Greift er in die Kränze schwer.
Und nun naht er sich den Frauen
Todestraurig, tänzerleicht ...

*Letzter Herbsttag*

Der Herbsttag, bunt und leicht,
Ein Schmetterling hold,
Ein Pfauenauge,
Streicht
Durch den Himmel aus Blau und Gold.
Schau hin, wie er blitzt!
O zärtliche Stille, nun sitzt
Er dir auf der Hand.
Wie Wimpern regt
Er die Flügel, jetzt unbewegt,
Daß er Süßigkeit sauge,
Hat er die Schwingen zusammengelegt,
Dort
Ruht er an deines Herzens Rand ...

Sprich kein Wort!
Heb nicht die Hand!
Gleich fliegt er fort!


*Gleichnis*

In unsern Kinderjahren,
In Winternacht, wenn mild
Die Hängelampe glühte,
Wie wir da glücklich waren,
Wenn unsre Hand sich mühte
Mit einem Abziehbild!

Wir netzten und wir wetzten,
Daß keins verglitte schief,
Und daß wir keins verletzten,
Wenn wir es schmückend setzten
Auf Tasse oder Brief.

Heut ist im Nebelweißen
Verhängt das Tal wie blind.
Und es ist doch, als rieben

So, wie einst wirs getrieben,
Die Hülle zu zerreißen
Die Sonne und der Wind.

Und jäh, im bunten Golde
Ganz ohne Fehl geglückt,
Erglänzt aus feuchtem Bade,
Steigt rein aus ziehnder Schwade
Das Bild der Welt, das holde.
Wir stehn und schaun verzückt.


*Im Dezember*

Rabenschrei. Des Winters Türe knarrt.
Ächzend ist im Sturm sie aufgeflogen.
Krächzend kommt der schwarze Schwarm
Durch die rauchend kalte Luft gezogen.

Fichtenwald, der schwer von Lanzen starrt,
In die Flucht geworfen, überritten,
Fängt schon an, herab ins Tal zu wogen.
Lautlos kommt es hinter ihm geglitten,
Weißes Wolkenvolk mit Pfeil und Bogen.
Wild im Schneegewimmel schnarrt
Keuchend jetzt der Himmel.
Hingeduckt, wie unter Pferdebäuchen, warm
Liegt das Dorf im wirbelnden Getümmel.


*Schwäbische Schenke*

Steht da ein altes, trunken geneigtes
Kummergebeugtes
Lachengeschütteltes Haus.
Krächzt ein Schild dran. Ist eine Schenke.
Wohlan, ich denke, da kommt keiner ungebeten,
Stolpre gradaus,
Winde mich über die schneckengedrehten,
Ausgetretenen, ächzenden, knarrenden
Treppen voller Äste und Gruben,

Stoße die Tür auf zur lichtdurchwehten
Fensterblitzenden Stuben,
Wink der im Winkel sitzenden
Häkelnden, harrenden Kellnerin.
Setze mich breit an den sandgescheuerten
Sonnenumklirrten Ahorntisch.
Schau her, schau hin, steht schon, blinkend frisch
Vor mir der Rote, der lichtbefeuerte
Wein aus dem Unterland,
Schenkt schon das Mädchen mit weißer Hand.
Blond ist sie und blau,
Gleicht genau einer heißumworbenen,
Weh verdorbenen, längst verstorbenen Frau.
Laß die Weiber! denk ich und trinke.
Alte Liebe! Träum ich und winke:
Holde Beschwörung, sie sei mir erlaubt.
Und wie ich trinke, wie ich versinke,
Wölbt mir der Wein das einsame Haupt.


*Nachts*

Denke, in Nächten zerwacht –
Nimmer findest du Ruh:
Mancher hat manche Nacht
Wacher gedacht als du!

Lache an liebender Brust,
Trinke den Freunden zu:
Mancher hat manche Lust
Tiefer gewußt als du!

Weine, verlassen, allein,
Wandre im schweren Schuh:
Mancher hat manche Pein
Wilder verweint als du!

Wirb, wie keiner noch warb:
Falle das Glück dir zu –
Mancher bitterer starb
Ach, und verdarb, als du!

Schlage die Harfe! Gesang
Wandelt die Welt dir im Nu.
Manchem die Saite zersprang,
Der süßer sang als du!


*Rückblick*

Nun, da ich entsagen lerne
Und der Jugend schöne Ferne
Halb sich auftut, halb verhüllt, –
Nacht zeigt ihre ersten Sterne –
Trügt die Welt, als hätt sie gerne
Frühe Wünsche mir erfüllt.

Jeder Weg scheint nun verbreitert,
Felsen golden übergeleitert,
Abgrund wipfelgrün verdeckt.
Ach, und abendlich erheitert
Sehe ich, wo ich gescheitert,
Hat mich nur ein Wahn erschreckt.

Mutig schaut vom sichern Steige
Auf den Berg zurück der Feige,
Wo er ging, auf Graten schmal,
Auf des Schneefelds steilster Neige:
Deinem Engel dank und schweige –
Keinen führt er noch einmal!

Narr, von Wünschen aufgewiegelt,
Glaube nicht, was Trug dir spiegelt:
Tausendfältig von Gefahr
Menschenwege sind verriegelt.
Das Geheimnis sei versiegelt,
Wie dir deiner offen war ...

*Langdauernder Sommer*

Daß er hinfahre im Jahre,
Wußte der Sommer doch:
Sich zu erheben ins Klare,
Einmal vermocht ers noch.

Spät im Oktober erhob er
Tapfer das Haupt ins Licht,
Überströmender Lober
Sang er sein Sonnengedicht.

Wo noch ein runder, gesunder
Apfel im Baume hing,
Pries er das selige Wunder,
Wenn er vorüberging.

Über alle Maßen vergaß er,
Daß seine Zeit um sei.
Auf allen Bergen noch saß er
Blaugolden und blies Schalmei.

Bis sich die leisere Weise
Unter den Sternen verlor,
Letzter Hauch unterm Eise
Stürzenden Winters ihm fror.


*Vor Weihnachten*

Oh süßer Weihnachtsvorgeschmack:
Mit einem neuen Bücherpack,
Der mich zu toller Neugier reizt,
Komm ich nachhaus und mache Licht.
Eisblume sich am Fenster spreizt.
Bald glüht und sprüht mit Knick und Knack
Der Ofen, tüchtig eingeheizt.
Nun her mit Pfeife und Tabak!
Wie lieblich mirs die Nase beizt ...
Gar noch Kaffee? Nur nicht gegeizt:

So heimlich wars seit Jahren nicht!
Aufs alte Sofa ich mich flack
Und schmökre erst in Schnick und Schnack –
Doch bald versink ich im Gedicht,
Indes mit Jagdruf, Wind und Wicht
Die wilde Rauhnacht draußen weizt.


*Die junge Geliebte*

Leise, es sind Tote im Zimmer,
Du bist noch fremd, und du weißt es nicht.
Aber siehst du nicht manchmal den Schimmer
Zwischen deinem und meinem Gesicht?

Oh, es ist nicht mehr leicht, mich zu lieben,
Mit dem Opfer der Lust ist nichts mehr getan,
Längst ist der Kreis der Flamme umschrieben,
Und viele Liebende sehen uns an.

Ihnen muß jedes Lächeln begegnen,
Sie sind froh um ein gutes Wort.
Reine Herzen werden sie segnen,
Habe mich lieb! Sonst gehen sie fort.

Siehe, ich brauche kein Buch mehr zu lesen;
Sie knistern und flüstern und wissen für mich
Und verströmen überall hin ihr Wesen.
Erschrick nicht, Mädchen, sie kennen auch dich!

Alle die Dinge, die wir berühren,
Den seidenen Mantel, den Kamm fürs Haar,
Darfst du nie als dein Eigentum spüren,
Weil es schon lange das ihrige war.

Aber du weine nicht! Sei auch nicht bange,
Daß dir mein Herz nicht völlig gehört,
Dir strahlt das Auge, dir blüht die Wange,
Du wirkest den Zauber, den keine stört.

Fürchte auch keine kommenden Frauen,
Ehre die andern, die waren und sind.
Kehre ein in den Kreis von Vertrauen,
Sei ihre Tochter, sei unser Kind!


*Auf dem Turm*

Enge Treppen, die ich klimme,
An des Glockensturmes
Mächtiger Stimme vorbei
Hinaus in des Turmes Schwalbengeschrei.
Über der Dächer Korn und Kimme
Das Land im Dunst, als schwimme
Eine Scheibe im Luftmeer frei.

Neig ich mich über des Gitters Rand
Schwindelnd hinunter:
Grau stürzt die steinerne Wand.
Aber drunten, ein bunter
Kinderschwarm auf dem heißen, weißen
Platze blüht wie ein Blumenbeet.
Und die verlassenen Gassen,
Darinnen die Sonne steht, glühen und gleißen.
Und die Bastei, steinalt
Wärmt sich den Buckel, schattenkalt.

Dunkelt die mächtige Stirn.
Die dachte Jahrhundertgewalt.
Waffen klirrn durch ihre Träume.
In den Höfen und Gärtchen, in jedem Spalt
Dunkle Bäume und helle Bäume:
Blühend Kirsche, Pflaum und Birn.
Störche klappern, nestnah, fliegen weit.
Und ich schwebe mit durch lichte Räume,
Über alt und neue Zeit ...

Lebenslauf in Anekdoten

# Urfrieden

## Tante Möli

Amalie Schönchen, um die Jahrhundertwende Schauspielerin am berühmten Wiener Burgtheater, war unsre Großtante und verbrachte mehrere Sommer mit uns gemeinsam in Hochgart bei Berchtesgaden.

Die Rolle der »Zwiderwurzen« mußte ihr auf den Leib geschrieben worden sein, uns Kindern jedenfalls war die schrullige alte Frau unheimlich – und auch sie mochte keine Kinder. Als es einmal meinem Bruder, der zu viel Erdbeeren gegessen und hernach zu heftig geschaukelt hatte, zum Erschrecken übel wurde, eilte sie, des armen Buben nicht achtend, an die Unglücksstätte mit dem pathetisch empörten Ruf: »Ach, die schönen Erdbeeren!« Und ein Mädchen, das meine Mutter eingeladen hatte, damit das blasse Großstadtkind auch einmal an die frische Luft käme, zwang sie, da ihr die etwas gequetschte Stimme des Kindes mißfiel, durch die ewige, unfreundliche Ermahnung: »So schneuz dich doch!« zu einer vorzeitigen, tränenreichen Abreise.

Die Tante hatte drei bissige Wesen mitgebracht: eine grantige, herrschsüchtige Haushälterin, die immer umschmeichelt, einen Pinscher, namens Affi, der immer gekämmt werden mußte und einen Papagei, Lora, ein so kluges Tier, daß die Tante schwor, er habe am Morgen ihres siebzigsten Geburtstages ganz deutlich gesagt: »Ich gratuliere!«

Von den tausend Rücksichten, die auf die Tante zu nehmen waren, galten neunhundert diesem verzogenen, kläffenden Wollknäuel und dem tückischen Vogel, den wir später, nach ihrem Tod, noch lange, bis zu den Bomben des zweiten Weltkriegs, ausgestopft und friedlich, als Zierde unsres Biedermeierzimmers betrachten durften, wo auch ein Jugendbild der Tante hing, die ein ungewöhnlich schönes Mädchen gewesen sein mußte.

Damals aber, in Berchtesgaden, ging die alte Dame spazieren, den Papagei auf der Schulter, das ängstlich in Tücher gewickelte Hündchen im Arm, mit Kettchen, Lorgnons und Beutelchen behängt, einer Indianerin nicht unähnlich. Eine greise Bäuerin blieb einmal am Wege stehen, beäugte sie eindringlich und sagte treuherzig: »Jetzt bin i doch froh, daß i di amal g'sehn hab – gel, du bist die Narrische, von der's oan allweil so viel verzähln!«


*Der fremde Herr*

Mit Hunden sind wir Buben aufgewachsen, der Großvater besaß drei reizende Windspiele, wie sie der Alte Fritz in Sanssouci gehabt hatte – sie scheinen ausgestorben zu sein, nie mehr bin ich solchen Hunden begegnet, vom englischen Schlag, klein, spitzköpfig, gertenschlank und immer ein wenig zitternd, als ob sie's fröre.

Wir lebten lange auf gleicher Ebene mit ihnen, auf dem Fußboden; jeden Tag fuhr der Großvater abends, wenn München wie ausgestorben lag, mit der Pferdebahn und später mit der »Ringlinie« um die Altstadt, damit sie sich auslaufen konnten. Wir sprachen von »Lord«, »Miss« oder »Flock« wie von Familienangehörigen.

Eines Sommertags ging unsere Mutter mit uns zwei Buben und den drei Hunden im Nymphenburger Park spazieren, als ein alter Herr im weißen Bart auf uns zutrat und die schönen Tiere lobte, die ohnehin in der ganzen Stadt berühmt waren. Meine Mutter, die allem Zeremoniellen abhold war, stellte sich unwissend, sie unterhielt sich ganz unbefangen mit dem Greise, bis beim Abschied mein kaum fünfjähriger Bruder die Matrosenmütze zog und laut und fröhlich sagte: »Adieu, Herr Prinzregent!«

Wir begriffen erst viele Jahre später, warum da der alte Herr so herzlich lachte und warum uns die Mutter, wie eine Pfingstrose erglühend, so eilig fortzog.


*Erinnerungsblatt*

Ich war noch nicht lang in Ettal, in der Klosterschule, um neunzehnhundertzehn mag es gewesen sein, im Herbst, da hieß es, der alte Prinzregent sollte, auf der Fahrt zur Jagd im Ammerwald, vom Kloster und von der Gemeinde feierlich eingeholt werden. Und ich, als ein bereits schulberühmter Poet, sollte ihn, beim kurzen Halt auf der Straße, mit einem selbstverfaßten Gedicht begrüßen.

Von der dreifachen Aufgabe: dichten, auswendig lernen und

aufsagen, war gewiß der dritte Teil das bedrohlichste; leutseliger alter Herr hin, harmlose fünf Minuten her – die andern hattens leicht, mir Mut zuzusprechen, ich allein mußte die Sache bestehen, Seiner königlichen Hoheit unter die Augen treten, ihm, dem Landesvater, Verse vortragen, für die ich selber verantwortlich war.

Vielleicht stellt sich der Leser vor, er würde dazu ausersehen, oder er entsinnt sich der Anekdote von Girardi, der, von Franz Josef zum Kaffee eingeladen, ganz verzagt dasaß und auf die etwas enttäuschte Frage, wo er denn all seine Munterkeit gelassen habe, gesagt haben soll: »Jausnern Sie amal mit an Kaiser!« Jedenfalls, ich sah der Begegnung mit einer Majestät mit gemischten Gefühlen entgegen – und das ist hier keine abgebrauchte Redensart: stolze Freude, fluchtbereite Feigheit und wurmgekrümmte Qual wechselten in mir vom Herzen bis in die Hosen.

Der bedeutungsvolle Tag, die aufregende Stunde kam heran, am Ettaler Berg stand ein Mann mit einem großen, roten Taschentuch, um im gegebenen Augenblick zu winken; die Mönche und Laienbrüder, der hochwürdigste Herr Abt an der Spitze, die Gemeinde mit dem Bürgermeister, die Schulkinder und wir Zöglinge trippelten an der Straße hin, der Mann hob sein Taschentuch, alle Glocken läuteten, die Berge standen still, die Sonne loderte mit doppelter Kraft, ich warf einen letzten, heimlichen Blick auf mein Gedicht: »Vater Bayerns, edler Fürst, der du von mir bewillkommt wirst.«

Und da kam schon der Wagen mit dem Regenten daher, gefährlich knapp an mir vorbei stampften und schnaubten die zwei Pferde, das Gefährt hielt, und ich, ein Kind noch, stand am Schlag, es war ein offener Jagdwagen, eine nieder gebaute Kutsche, und wenn ich die Hand ausgestreckt hätte, greifbar nahe wäre mir der Bart des hohen Herrn gewesen – er beugte sich ein wenig vor und lächelte, vielleicht gabs in der engsten Umgebung des Regenten nur wenige Männer, die ihm so nah gestanden sind, Gesicht gegen Gesicht, und ich tat einen tiefen Schnaufer und fing beherzt an: »Vater Bayerns« – aber weiter kam ich nicht – stecken geblieben! denkt der Leser, aber er irrt sich: Der Prinzregent hielt zwei Dackel auf dem Schoß, ich hatte kaum den Mund aufgemacht, als sie schon mit wütendem Kläffen auf mich losfuhren, sie würgten sich aus den Händen des alten Herrn, sie wutzelten sich aus der Decke, sie krallten sich an den Wagenschlag, wanden sich, vor- und übereinander, mit Schnauze und Pfoten heraus und bellten, immer noch beim Läuten aller Glocken, aber beim jähen Verstummen des Lobsprechers, bedrohlich die Zähne fletschend, auf eine Handbreite Entfernung in mein Gesicht, das vermutlich nicht gerade das festlichste war.

Der Regent und sein Begleiter wurden mit Mühe der Hunde habhaft, stopften sie in die Decke, das Gebell erklang nur noch erstickt, und der Greis ermunterte mich mit einem freundlichen Blick, wieder anzufangen. Diesmal kam ich bis »edler Fürst«, da hatten sich die Dackel frei gestrampelt und hingen, mit wütendem Geschimpfe, über den Wagenschlag heraus; und meine tapfer gesprochenen Worte gingen unter im Hundegebell und in den begütigend-drohenden Zurufen des edlen Fürsten, der von mir bewillkommt werden sollte.

Beim dritten Versuch, wo ich gedachte, mit aller Kraft das Hundegebell zu überschreien, gebärdeten sich die Tiere wie rasend. Der geistesgegenwärtige Musiklehrer sah, wie aussichtslos die Lage war, er hob die Hand und alle stimmten das: »Gott mit dir, du Land der Bayern!« an, der Regent winkte und dankte für den Empfang, die Hunde knurrten nur noch leise.

Ob Seine königliche Hoheit dann noch im Chinesenzimmer des Klosters mit dem Abt eine Tasse Kaffee getrunken hat, vermöchte ich nach fünfzig Jahren nicht mehr zu sagen, und der einzige, der mir noch draufhelfen könnte, der Herr Bischof von Passau, Pater Simon Landersdorfer, weiß es wohl auch nicht mehr. Jedenfalls, ein paar Wochen später hat er mir, als mein damaliger Klaßlehrer, ein blaues Schächtelchen überreicht, in dem, auf Samt gebettet, die silberne Prinzregentenmedaille lag – fast ein Orden. Kann sein, das Andenken, um das ich nicht wenig beneidet wurde, liegt heute noch in einer Schublade; wahrscheinlich aber ists mit allem, was ich besaß, am Ende des zweiten Krieges dahingegangen und zu einer großen silbernen Träne zerschmolzen, einer der Tränen, die wir der Kindheit nachweinen und den unwiederbringlichen Zeiten.

*Die Braut*

Auf einer Radfahrt, noch vor dem ersten Krieg, kamen wir in einem Dorf so um Tegernsee herum mitten in eine große bäuerliche Hochzeit hinein. Das Wirtshaus quoll über von Männern und Frauen, Burschen und Mädeln. Wir setzten uns auf eine abseitige Bank, und der Doktor Billinger fragte leutselig ein altes Weiberl, das dort hockte, wer denn die Braut sei. »Die Braut, ja mei, die Braut waar i!« Und ehe der Doktor, fassungslos, zu einer Gegenfrage ausholen konnte, kuschelte sich die alte Frau zutraulich und verschmitzt nahe an sein Ohr und wisperte: »Wissen S', i hab a Häuserl!«

*Gute alte Zeiten ...*

Es ist schon fünfzig Jahre her, da bekam ich, ein Pennäler in den besten Flegeljahren, von meinen Eltern den Auftrag, einen wertvollen alten Zinnkrug zum Ausbessern zu tragen.

Der wackere Münchner Handwerksmann und Kleingewerbetreibende empfing mich mit jenem hierzulande nicht seltenen mürrischen Augenaufschlag, der ungefähr besagen will: »Ja, muß jetzt der Depp ausgerechnet zu mir kommen, als ob's in der ganzen Stadt keinen andern Zinngießer gäbe!«

Er besah sich den zögernd hingereichten Krug, lange, ohne ein Wort zu sagen. Ich ließ derweil meine Augen durch den finsteren Raum gehen und entdeckte eine Aufschrift in Riesenlettern: »Reparaturen, wo in sechs Wochen nicht abgeholt werden, wird nicht gehaftet!«

Der Meister fing nun tiefsinnig zu grunzen an, es wäre eine saubere Arbeit, und solche Stückln würden jetzt nicht mehr gemacht. Und heutzutage sei die ganze Zinngießerei eine ... worauf ich mich, längere Aufklärungen scheuend, zurückzog.

Die Jahre fliehen pfeilgeschwind. Vom Mädchen reißt sich stolz der Knabe, hat weiß Gott was im Kopf, und so ist es begreiflich, daß auch ich den Zinnkrug völlig vergaß. Aus den Augen, aus dem Sinn – bis eine notwendig gewordene Lötung unserer Suppenschüssel den ganzen zinnernen Komplex unheilvoll an die Oberfläche meines Bewußtseins zerrte.

Schlotternd vor Angst, machte ich mich auf die Suche nach dem Meister. Er konnte ausgezogen oder gestorben sein, ich wußte nur mehr undeutlich, wo er wohnte. Aber siehe da, noch prangte an derselben Stelle die verschmutzte Inschrift: »Alois Hirneis, Zinngießerei.« Und da saß auch der Meister, nur ein wenig gealtert, mürrisch wie einst, auf seinem Platz. Ich stürzte hinein, stotterte, ob er mich noch kenne, ob er sich erinnere, es sei zwar schon lange her ... Er unterbrach meine aufgeregte Rede mit den sachlichen Worten: »Ja, ja, Sie möchten Eahna

Zinnkrügl, wo S' mir neulich bracht ham. Da drob'n steht's no!« Ich stieß einen Seufzer der Erleichterung aus, den der gute Mann jedoch offenbar mißdeutete. Denn mit jäher Zornröte im Gesicht sprang er auf und bellte mich an: »Ja, meinen Sie, wegen Eahna kann i mi dastürz'n? I bin no net dazukemma! Na trag'n S' halt Ihr Glump zu wem andern, wenn's Eahna gar so pressiert!« Und holte den Krug herunter, stellte ihn vor mich hin und wandte sich, ohne mich eines weiteren Wortes zu würdigen, seiner Arbeit zu. Meine entgeisterten Blicke hingen aber noch lange an der Inschrift: »Reparaturen, wo in sechs Wochen nicht abgeholt werden ...«

*Ein Unvergessener*

Der alte Doktor Hirth, ein großer Münchner Verleger vor fünfzig, sechzig Jahren, war ein reicher Mann, er war, unterm schlohweißen Haar, auch ein Feuerkopf und, zur rechten Gelegenheit, ein rechtes Schreckenskind – er konnte sichs leisten.

Damals, vor dem ersten Krieg, gab es ungeheure Festessen; erlesene Weine wurden gereicht, und auf riesigen Platten lockten getrüffelte Pasteten, köstliche Salate und Sulzen, kunstvolle Speisentürme, deren Zinnen von prachtvollen, leuchtend roten Hummern bekränzt waren. Die Gäste machten sich tapfer über alles her, untergruben die Bollwerke aus Fisch und Geflügel, räumten die Vorfelder der Austern und Kiebitzeier, aber den Mut, den schweren Panzertieren auf den Leib zu rücken, hatten sie doch nicht. Wie sollten sie, zwischen Porzellan und Gläser gezwängt, von hübschen und empfindsamen Nachbarinnen flankiert, waffenlos den Kampf mit den Ungeheuern wagen?

Die Kellner, so untadelig sie in ihren schwarzen Fräcken hin und herschwirrten, so unterwürfig sie jedem Wink der Gäste gehorchten, in diesem Punkt stellten sie sich blind und taub; sie übersahen den Mangel an Brechwerkzeugen, sie überhörten jeden Wunsch danach. Denn sie hatten längst ausgemacht, die unversehrten Krustentiere andern Tags wieder zu verkaufen. Sie hatten aber ihre Rechnung ohne den Hirth gemacht. Denn beim Abschied brach sich der fröhliche Greis mit dem gewinnendsten Lächeln von den ihm erreichbaren Hummern die Scheren ab und verteilte sie mit der Versicherung, sie schmeckten auch zum Frühstück ausgezeichnet, an seine Tischnachbarinnen. Bei einem dieser Festessen hatte Doktor Georg Hirth eine Tischdame, die ihm in ermüdender Ausführlichkeit erzählte, wie ihr Vater schon vor Jahren elendiglich zugrunde gegangen und wie ihre Mutter erst jüngst auf traurige Weise gestorben sei. Hirth hörte ihr scheinbar geduldig zu, nicht abweisend, aber, wie sich zeigen sollte, völlig abwesend; denn als man endlich aufstand, verabschiedete er sich mit der herzlichen Frage: Ihren werten Eltern geht's aber gut?

\*

Eine leere Sektflasche wird den meisten Leuten ziemlich wertlos scheinen – den Kellnern des Deutschen Theaters tat sie einst unschätzbare Dienste.

Bei den großen Faschingsbällen, beim Pressefest etwa, wurde viel Sekt getrunken, sehr viel Sekt sogar; aber noch viel mehr Sekt wurde bezahlt. Denn die hurtigen Kellner schenkten, in den großen, gastfreien Logen besonders, ständig alle erreichbaren Kelche voll, am liebsten, wenn außer ein paar Schnorrern niemand anwesend war. Die bezahlten Flaschen, so war es damals ausgemacht, wurden unter den Tisch gestellt oder abgeräumt; was auf dem Tisch stand, galt als noch unverrechnet.

Als nun, während einer Française vielleicht, wieder einmal die Logen ziemlich leer standen, kamen die Kellner, flink und beflissen, wie immer, natürlich nur, um nachzusehen, ob alles in Ordnung sei. Niemand schaute ihnen auf die Finger, der abgekämpfte ältere Herr, der einsam vor sich hindöste, war bestimmt nicht zu fürchten – und so griff jeder Kellner im Vorbeigehen blitzschnell unter den Tisch und stellte eine leere Flasche neben den Eiskübel, bis eine stattliche Batterie beisammen war.

Der vermeintliche Schläfer jedoch – er hat es uns später einmal selber erzählt – packte, kaum daß die Herren Ober den Rücken gekehrt hatten, die Flaschen kurzerhand beim Kragen und stellte sie wieder unter den Tisch. Die Gäste strömten zurück, die Kellner eilten herbei, um wieder einmal abzurechnen – sie machten große Augen, wagten aber nicht, aufzubegehren, denn die Schlafmütze von vorhin zeigte plötzlich ein sehr waches Gesicht und ein Lächeln, das ihnen dringend empfahl, gute Miene zum bösen Spiel zu machen ...

\*

Doktor Georg Hirth war auch wegen der offenen Hand geschätzt, die er für Künstler und Dichter hatte. Eines Tages, so erzählte der feurige Greis, ließ sich ein Maler bei ihm melden, der beim Eintritt ins Zimmer lange in stummer Ergriffenheit an der Tür verharrte und endlich in die begeisterten Worte ausbrach: »So stehe ich denn wirklich vor dem Manne, dem seit einem Menschenalter meine tiefste Verehrung gilt – was spreche ich von mir! –, dem ganz München, ja ganz Deutschland als einem geistigen Führer, als einem Mäzen verpflichtet ist! Auch ich bin ein Künstler, eine innere Stimme ruft mich nach Italien, ich will Rom sehen, und ich weiß, daß Sie, Hochedler, mir zu diesem Schritt die helfende Hand nicht verweigern werden!«

Der geschmeichelte Gönner hatte schon in seiner Brieftasche nach einem Hundertmarkschein geangelt, drehte sich aber noch vorher zu dem Besucher um und fragte, was der sich eigentlich von ihm erwarte. »Wenn ich Sie«, kam in schöner Inbrunst die Antwort, »um zwei Mark gebeten haben dürfte?«

Seitdem, so berichtete Doktor Hirth, habe er sich angewöhnt, sich nach den Wünschen seiner Bittsteller zu erkundigen, statt blindlings seiner Geberlaune zu folgen. Er habe dadurch viel Geld gespart, damals bare neunzig Mark. Der Maler, mit einem Goldstück entlassen, sei überglücklich gewesen ...


*Die Schweinsblasen*

Der Metzger Windschiegl ist ein gestandener Mann, ich habe ihn freilich nur im Vorbeigehen in seinem Not-Laden hantieren sehen, den er sich an Stelle des zerstörten Hauses in der Augustenstraße errichtet hat. Er wird auch schon Mitte der Fünfziger sein, er schaut jetzt genauso aus wie sein Vater damals, als wir Nachbarsbuben waren, ausgeschaut hat: aufgeschwemmt, naßäugig, mit einem blonden Wischer von Schnurrbart ...

Natürlich hat es mich gelockt, hineinzugehen und dem alten Kindheitsgefährten Grüß Gott zu sagen. Aber ich weiß, daß außer einem hilflosen Lächeln und ein paar verlegenen Redensarten nichts herauskommt; allerdings, an die Geschichte mit der Schweinsblasen hätte er sich bestimmt noch erinnert.

Ein richtiger Münchner meines Jahrgangs weiß selbstverständlich, was eine Schweinsblase oder »Bladern« ist; er kann sich auch das Karnevalstreiben um die Jahrhundertwende mühelos ins Gedächtnis zurückrufen, das so ganz anders war als die Umzüge von heute mitsamt dem Prinzenhofstaat, den wir den Kölnern abgeschaut haben. Nur der Bubenfasching ist noch ungefähr derselbe geblieben, mit seinen Wildwestlern und Indianern, die rudelweise in den Straßen auftauchen und manchmal ein bißchen unbeholfen und verfroren, lustiger sein möchten, als sie sind.

Vor dem ersten Weltkrieg war die Maximilianstraße der Mittelpunkt eines Korsos, in dem reiche Mitbürger in geschmückten Zweispännern fuhren, wohlverproviantiert mit Krapfen und Süßigkeiten, die sie unters Volk warfen, mehr noch freilich mit Konfetti und Luftschlangen, mit denen sie stürmische Schlachten ausfochten. Noch gewaltiger waren die Vorräte der Zuschauer, die aus allen offenen Fenstern quollen, unter denen immer Kinder und Erwachsene drängelten und hüpften, um die an einem Schnürchen tanzende Orange oder Wurst zu ergattern. Pierrots und Pierretten, aus der besten Gesellschaft, zogen in weißen Wolken durch die Straßen, die Radfahrervereine hatten ihre berühmten Artisten gestellt, die in drolligen Verkleidungen die Freitreppen des Hoftheaters auf und nieder fuhren. Das glänzendste Schauspiel aber boten die Offiziere, die auf edlen Pferden heransprengten, als Buren, Hereros, Indianer jeweils echt bis in die Sattelknöpfe und durch ihre noble, fröhliche und oft tollkühne Ritterlichkeit den Ton angebend, den dann auch der sogenannte kleine Mann gerne aufnahm, indem er darüber wachte, daß sich nirgends Unflätigkeit und Pöbelhaftigkeit einschlich; zu lautem Jubel und ausgelassenem Lärmen neigen die Münchner ohnehin nicht, »stadlustig« waren sie auch damals schon, bis dann alles mehr und mehr, nach dem Kriege, müder wurde und zugleich angestrengter, während aus den Untergründen der wachsenden Großstadt jene Kräfte aufstiegen, die die heitere Harmlosigkeit des Münchner Faschings zerstörten.

Aber nun bin ich endlich die Auskunft über die Schweinsblasen den ungeduldigen Lesern schuldig; soweit sie nicht Altbayern sind, wissen sie ja gar nicht, was diese Schweinsblase mit dem Fasching zu tun hat. Je nun, sie war ein schier unentbehrlicher Begleiter des Straßenstreuners: mit Luft aufgeblasen, zugebunden, mit einem Schnürchen an einem ellenlangen Stock befestigt, war sie ein ebenso harmloser wie wirkungsvoller Schläger, einer Fliegenklatsche vergleichbar. Sie tat – im Gegensatz zu den oft rohen Pritschen aus Holz oder Pappe – nicht weh, machte dafür einen gehörigen Spektakel, und über den Vorwurf, daß sie unappetitlich sei, hätte vor vierzig, fünfzig Jahren noch jedermann gelacht.

Eine Schweinsblase war also die Sehnsucht aller Buben, und

als Toni Windschiegl, der Mitschüler, der Metzgerssohn, meinem Bruder und mir eine zu verschaffen antrug, waren wir begeistert und dankbar.

Am Faschingssamstag, beim Mittagessen, herrschte, wir wußten nicht warum, Gewitterluft. Der kleinste Verstoß wurde mit finsteren Andeutungen quittiert; an unserer Stelle, sagte die Mutter, würde sie sich nicht so viel Kraut herausnehmen – was nur bildlich gemeint sein konnte, denn es gab kein Kraut; und der Vater sprach in verdächtiger Geschmerztheit von den großspurigen Herren Söhnen, die wohl nicht wüßten, wie schwer das Geld zu verdienen sei. Wir Brüder schauten einander fragend an, wir fühlten uns wirklich ganz unschuldig.

Wenn wir wieder, rief der Vater jetzt streng und das Geheimnis halb lüftend, uns solche Eigenmächtigkeiten erlauben und mir nichts, dir nichts weiß Gott was für Bestellungen machen wollten, so möchten wir gefälligst dergleichen von unserm Taschengeld – wieso? dachten wir, denn wir hatten keins – bezahlen, statt es auf Barons- und Grafenart ins Haus schicken zu lassen.

Wirklich, langsam erst begriffen wir, es handelte sich um die zwei Schweinsblasen. Wir hatten gedacht, wir bekämen sie geschenkt, als Schulkameraden, als Söhne und Enkel alter Kundschaft; oder, wenn schon nicht umsonst, so zum Kurswert von Bubengeschäften, Briefmarken, Knallerbsen oder Minzenkugeln. Statt dessen hatte der geschäftstüchtige Sohn seinem Vater einen Auftrag vermittelt, und der Metzgermeister Windschiegl hatte pünktlich die bestellte Ware dem Schriftsteller Roth durch den Gesellen ins Haus geliefert. Die Magd aber, die allein daheim gewesen war, hatte guten Glaubens die beiden Schweinsblasen in Empfang genommen und damit vorerst die Schuld von einer baren Mark anerkannt.

Uns jedoch wurde gerade unsre Unschuld zum Verhängnis; denn unsere Mutter hatte nicht sobald gemerkt, daß man von dem Geschäft noch zurücktreten könnte, als sie uns auch schon unerbittlich den Canossagang antreten hieß: wir sollten dem Metzger die Schweinsblasen wieder hintragen. Sogar der Vater wollte uns offensichtlich beispringen, aber auf eine Auseinandersetzung mit der erbosten Frau ließ ers doch nicht ankommen und zog sich mit einem matten Geplänkel unverbindlicher Redensarten zurück.

Wir machten uns beklommen und maulend auf den Weg, standen unschlüssig im Treppenhaus herum, zuletzt läuteten wir bei der Großmutter im Erdgeschoß und erzählten ihr die ganze Geschichte.

Sie nahm die zwei Schweinsblasen, ging zum Metzger Windschiegl hinüber, nach einer Weile kam sie wieder, zornrot, mit den Schweinsblasen; wir könnten sie behalten, sagte sie, die Sache sei in Ordnung.

Was sie mit dem Metzger ausgehandelt hat, haben wir nicht erfahren. Sie hat nur böse gelacht, das wäre das letzte Markl gewesen, das der ausgeschamte Kerl an uns verdient hätte. Uns aber haben die Schweinsblasen keinen rechten Spaß mehr gemacht, dem Toni sind wir aus dem Weg gegangen und er uns auch; das Fleisch ist von dem Tag an beim Holzbauer gekauft worden, zehn Häuser weiter. Der Großvater und der Metzgermeister, die einander über die Straße in die Läden schauen konnten, haben sich mit grimmigen Blicken gemessen, zehn Jahre lang und länger – und alles um zwei Schweinsblasen ...

*Zwischen den Kriegen*

*Der Zwischenruf*

In gefährlichen Augenblicken des Lebens kann sich eines Menschen oft eine verzweifelte, aber auch eine heitere Kühnheit bemächtigen und er spricht oder handelt dann, wie im gläsernen Traum, in einer weit über ihn hinauswachsenden Verwegenheit.

Von solchen Augenblicken könnte auch ich erzählen, mehr als einmal habe ich mich durch ein dreistes Wort der Gefahr ausgesetzt; ich will aber nur von einem Fall berichten, der noch gut hinausgegangen ist, ja, der heute und hinterher ganz und gar harmlos erscheint, ders aber damals nicht war, im Jahr fünfunddreißig, als die Schlagetote an der Macht waren und ihre übereifrigen Helfershelfer, die schnell bereit waren, einen unbesonnenen Tellen beim Wort zu nehmen und ihn nicht mehr ungestraft laufen zu lassen.

In Nürnberg beging man das hundertjährige Gedenken der ersten deutschen Eisenbahn; ich hatte das Festspiel geschrieben, als eine Art Ehrengast entließ man mich in die weitläufige Ausstellung, die zu diesem Anlaß eröffnet werden sollte. Allein schlenderte ich durch die Räume, bis an eine abschließende, helle Wand drang ich vor, an die als einziges Zugeständnis an die fragwürdige Gegenwart, ein Künstler das schaffende Volk mit hochgereckten, heilhitlergrußfreudigen Armen in derben Strichen gezeichnet hatte.

Mir fiel das Bild von Cézanne ein und das Wort von ihm oder über ihn, daß ein gut gemalter Arm gar nicht lang genug sein könne; aber diese hundert Arme waren so gut nicht gemalt, sie waren wirklich nur über die Maßen zu lang, liebedienerisch lang waren sie.

Und das sah nicht nur ich allein, das sah auch eine Gruppe von Männern und Herren, SS-Männern nämlich und hohen Herren, die ziemlich unvermutet, aus einem andern Raum gekommen, vor das Bild getreten waren. In ihrer Mitte stand der Reichspropagandaminister Doktor Goebbels; respektvolles Schweigen harrte seines Urteils, dem niemand vorgreifen wollte. Endlich meinte er, spöttisch, die Arme der Leute seien doch wohl zu lang geraten. Und in das neuerliche Schweigen sagte ich, und gewiß grimmiger im Ton, als es ratsam gewesen wäre: »Die werden schon noch so!«

Eisige Stille. Ich begriff im Nu, was ich da zu gewärtigen hatte, wenn das dreiste Wort dem Minister oder auch nur einem aus seinem Gefolge in die falsche oder gar in die richtige Kehle gekommen war. Vermutlich habe ich obendrein ein dummes, ja gereiztes Gesicht gemacht, auf das Schlimmste gefaßt: gleich würde einer der Herren auf mich zutreten: »Sie haben sich soeben in der Gegenwart des Herrn Reichsministers eine unziemliche Bemerkung erlaubt, ich muß Sie um Ihre Personalien bitten, das weitere werden Sie hören!« Um meine Personalien stand es nicht gut: ich war ein entlassener, beschatteter Schriftsteller, ich würde viel weiteres zu hören bekommen.

Die Schrecksekunde, die Trotzsekunde, die Angstsekunde gingen vorüber, nichts rührte sich, kein Gesicht, keine Hand, kein Fuß. Aber jetzt, mitten in die kalte Erwartungssekunde, platzte ein Gelächter, ein ehrliches Lachen, und es pflanzte sich fort in alle Arten von Gelächter, hölzerne und blecherne, widerwillige, diensttuende und herzliche, in echte und falsche. Und der Minister selber, von dem wir dann viele Jahre, bis ihm das Lachen verging, erfahren mußten, daß er lachen konnte wie ein Teufel und wie ein Engel, hob scharmant die Hand, als entließe er mich huldvoll aus einer Audienz, und ich entfernte mich auch eilig, als ein Unbekannter, der einen guten Witz gemacht hatte, den die meisten gewiß bald vergaßen; aber einige mußten ihn doch in Umlauf gesetzt haben, von Mund zu Mund, wie es damals üblich war. Denn eine Woche später wurde er mir in München erzählt, von einem Bekannten, bereits stark übertrieben und mit der besorgten Bemerkung: »*Ihnen* wäre so was auch zuzutrauen!«


*Valentins Gruselkeller*

An den lebendigen und mehr noch an den toten Karl Valentin haben sich so viele Leute angewanzt, die alle behaupten, jahrelang mit ihm aufs engste befreundet gewesen zu sein, daß denen, die ihn wirklich gut gekannt haben, die Lust vergeht, sich dessen zu rühmen. Aber eine von den vielen Geschichten möchte ich doch erzählen.

Ausgerechnet im Frühsommer des Jahres dreiunddreißig eröffnete Karl Valentin seinen Gruselkeller in der Nähe des

Altheimer Ecks und lud mich zu einer Vorbesichtigung ein. Ich kannte den schwarzen Humor des abgründigen Linksdenkers und ging mit Unbehagen hin; aber die Ungeheuerlichkeiten dieses verbohrten Hirns, dieses kranken Gemüts übertrafen weit meine schlimmsten Befürchtungen. Kaum war ich im Finstern auf eine quappige Wasserleiche getreten, sah ich durch ein Eisengitter einen verhungerten Sträfling, wurde ich durch ein schauerliches Gespenst genarrt, mußte ich an scheußlichen Folterknechten vorüber – mir stockte der Atem, mir gefror das Blut, während mein unheimlicher Führer, grausam lächelnd, immer wieder mich bereden wollte, das alles für harmlos und witzig zu nehmen. Zum Schluß, als wir aus dem gräßlichen Spukbereich wieder ans Tageslicht getreten waren, sagte ich ihm rundheraus, daß ich für diese Abart seines Humors nichts übrig hätte, und zur Zeit schon gar nicht, wo eine schaudervolle Wirklichkeit jeden fühlenden Menschen mit Abscheu und Entsetzen erfülle – ob er denn von den Untaten in Dachau und in den Schinderstätten überall noch nichts gehört hätte.

Valentin machte ein dummlistiges Gesicht, pfiff ein kurzes »So!« durch die Zähne und entließ mich, enttäuscht, daß ich an seinen tolldreisten Einfällen kein Vergnügen gefunden hatte.

Nicht lange hernach traf ich ihn auf der Straße, er kam auf mich zu und lachte triumphierend: »Sie, weil Sie g'sagt hamm, daß Ihnen mein Gruselkeller net g'fallt – am selben Nachmittag noch war der Gauleiter Wagner da, was meinen S', wie der g'lacht hat! I hab ihm des erzählt, der Doktor Roth, hab i g'sagt, der hat sich aufg'regt, so was, hat er g'sagt, braucht man jetzt net künstlich machen, wo's doch in Dachau und so an der Tagesordnung ist!«

Seitdem bin ich überzeugt, daß der Mensch einen Schutzengel hat und daß er ihn unverhofft brauchen kann – selbst gegen den großen Komiker Karl Valentin.

*Der verwandelte Felix*

Die Liebe zu Katzen kann übers Grab hinausgehen; ob das noch recht ist, mag dahingestellt bleiben, aber jedenfalls, Tante Petronilla, von Bomben aus ihrem Heim vertrieben, aufs Land hinaus verjagt, hat ihren Kater Felix VII. mitgenommen, ja, den siebenten unumschränkten Herrscher der Wohnung und des Gartens. Und der ist nun im Exil gestorben, eingegangen, wie wir roheren Mitmenschen sagen würden; und Tante Petronilla war ebenso untröstlich wie fest entschlossen, auch Felix VII. im Erbbegräbnis beizusetzen, im Garten des von Eisensplittern arg mitgenommenen, völlig verstaubten Stadthauses. Und die Reise unverzüglich anzutreten, denn – wie sagte der alte Oberhofzeremonienmeister? – Hoheit hielten sich nicht länger.

Zu einem richtigen Sarg, vor dessen Anschaffung Tante Petronilla keineswegs zurückgeschreckt wäre, reichte es im fünften Kriegsjahr leider nicht; aber eine schöne, starke, buntbedruckte Biskuitschachtel, Friedensblech, wurde wohlriechender Kostbarkeiten entledigt und Felix VII., wenn auch etwas gerollt, darin untergebracht. In Packpapier wohlverschnürt, trat er die letzte Reise an, um neben Felix dem Grausamen, Felix dem Gebissenen, Felix dem Roten und wie sie alle hießen, unter dem Tuffstein beim Springbrunnen für immer zu ruhen als Felix der Unvergeßliche.

Die Tante war von Afra, der alten Magd, begleitet, die beiden Greisinnen wollten nur über Mittag in der Stadt bleiben und am Abend wieder hinausfahren; denn wozu nahmen sie sonst Mühsale und Entbehrungen der Verbannung auf sich, wenn in der einzigen Nacht, die sie in der Stadt verbrachten, die Flieger kamen? Am liebsten, sagte übrigens Petronilla, wenn das Gespräch auf solche Dinge kam, am liebsten sei ihr eine kleine Sprengbombe.

Die Amerikaner aber kamen an diesem hellen Vormittag mit großen Sprengbomben und zwar in dem Augenblick, als der Zug in den Bahnhof fuhr. Alles griff in den übervollen Wagen nach seinem Gepäck, und Petronilla, weit entfernt, den Kopf zu verlieren, fragte Afra mehr als einmal, ob sie auch Felix den Unvergeßlichen habe, und erst als ihr das immer wieder zugesichert worden war, stieg sie getrost in den Bunker hinab und beklagte nur, daß der arme Felix das noch erleben mußte. Und während es ringsum krachte und heulte, berechnete sie ruhig, wie sie trotz der Verzögerung mit den Beisetzungsfeierlichkeiten noch zurecht kommen würde. Währenddessen fiel, im Halbdunkel des Kellers, ihr Blick auf das Paket und schien ihr kleiner zu sein, und sie brauchte es nur aufzuheben, um zu merken, daß es auch leichter, mit einem Wort, daß es nicht Felix der Unvergeßliche war, sondern daß Afra als eine Pflichtvergessene gehandelt hatte. Tante Petronilla setzte tatkräftig ihr Herz, das ihr stillzustehen drohte, wieder in Bewegung und spähte um sich, ob nicht etwa Mitreisende aus ihrem Abteil in der Nähe wären. Vergebliche Mühe! Auch nach beendetem Alarm blieben alle Anstrengungen, Rückfragen beim Bahnhofsvorstand und im Fundbüro fruchtlos. Es werde sich doch, war der Tante letzte Hoffnung, in dem Paket selbst ein Anhaltspunkt finden, der die unheilvolle Verwechslung wiedergutmachen ließe. Aber die Umhüllung war ohne jedes Zeichen einer Anschrift; und in der Schachtel, der ein kräftiger Geruch entströmte, befand sich lediglich ein Zettel des Wortlauts: »Anbei 3 Kilo Kaffee, wie vereinbart, 1200 Mark.« Und Kaffeeduft war es ja auch, der den Tüten entstieg, so kräftig, daß er schon Leute herbeizulocken drohte, so daß Tante Petronilla hastig den Deckel schloß.

Viel ist nicht mehr zu erzählen. Sollte es unter unsern Lesern Unschuldslämmer geben, die noch nie was von Schwarzhandel gehört haben, so sei es ihnen mitgeteilt, daß dieser Kaffee sogar recht preiswert war, denn es war guter Kaffee, wie wir späterhin öfters feststellen konnten. Denn nachdem die Tante wochenlang gewartet und selbst eine Anzeige in die Zeitung gesetzt hatte, ohne daß sich, begreiflicherweise, der unfreiwillige Besitzer der sterblichen Hülle von Felix dem Unvergeßlichen gemeldet hatte, ließ sie sich erweichen, die kostbare Gabe Fortunas an ihre Nichten und Neffen abzugeben, zuerst wenig, dann aber mehr und mehr. Unglücklich allerdings ist sie geblieben, denn mit Recht hat sie annehmen müssen, daß die Beisetzung von Felix VII., dem Unvergeßlichen, unter besonders unwürdigen Formen vor sich gegangen sein dürfte. Denn, ob nun der Kaffee schon verkauft war oder nicht – stellen Sie sich, verehrte Leser, doch einmal selbst die ohnmächtige Wut und Enttäuschung vor, wenn Sie ein Paket öffnen, in dem Sie mit gutem Grunde Kaffee vermuten, und es liegt ein toter Kater drin, zu dem Sie keinerlei Beziehungen des Herzens hatten.

*Straßenbahn*

Heutzutag geht alles geschwinder, niemand hat mehr Zeit zu verlieren, außer den Toten – und die werden nicht gefragt. Die Bestattungsbeamten geben sich unauffällig, Leichenwärter und Totengräber wollen sie nicht mehr heißen, selbst dem Prinzen Hamlet fiele es wohl schwer, ein tiefsinniges Gespräch mit ihnen anzufangen. Nach getanem Dienst setzen sie sich hurtig in ihren Kraftwagen, militärisch beinah, und brausen davon.

Vor Jahren war das noch anders; vier Totengräber, ein bitterkalter, schneeloser Dezembertag wars obendrein, stiegen in die Straßenbahn und blieben auf der offnen Plattform stehen, Totengräber, wie sie sein müssen: wunderliche, knochige alte Männer in blaugrauen Umhängen, fröstelnd, hohläugig, einen schwankenden Nasentropfen überm Schnurrbart und dem Stoppelkinn. Stumm stehen sie da, Grabeskälte weht aus ihren Mänteln. Bei der nächsten Haltestelle will ein dicker Mann aussteigen, er versucht, seine gewaltigen, nicht mehr ganz frischen Fleischmassen vorbeizuzwängen, die Männer, obgleich bemüht, zur Seite zu rücken, stehen ihm im Wege, endlich tappt er, hochrot und laut schimpfend, übers Trittbrett hinunter: »Solche G'spenster sollt' man überhaupt net in der Trambahn fahren lassen!«

Die vier Totengräber haben kein Wort gesagt, sie haben ihn nur groß angeschaut. Aber jetzt, wie der Dicke von der Straße aus noch einmal zurückbellt, beugt sich der eine übers Gitter und sagt mit einer dumpfen, wie gefrorenen Stimme: »Reg di net auf, Manderl, du kommst uns aa net aus!«

\*

In der Straßenbahn sitzt eine Frau, nicht uneben soweit, rundlich vielmehr, behäbig von Statur, aber behaglich sitzt sie nicht da, sondern unruhig, zappelig, und bei jeder Haltestelle ist sie auf dem Sprung, auszusteigen; der Schaffner, ein geduldiger Mann, hat sie nicht aus den Augen gelassen und: »Bleiben S' nur sitzen!« sagt er und: »I sag's Ihnen nachher schon!«

Und dann kommt endlich doch der Augenblick, wo sie den Wagen verlassen muß. »Die Sachsenstraß«, belehrt sie der Schaffner noch einmal, »ist gleich rechts, brauchen S' bloß da aufs Trottoir gehn und dann ums Eck, rechtsum!«

Die Frau steigt aus, flattert wie eine Henne links herum über die Fahrbahn, bleibt verwirrt stehen und geht dann entschlossen zurück, falscher hätt' sie's gar nicht machen können.

Der Schaffner, während er abläutet, schüttelt den Kopf, blickt die Reihe der Fahrgäste entlang, bleibt an einem dicken Herrn hängen, der auch grad der Frau nachgeschaut hat, und sagt: »Sehn S', deswegen hab i net g'heirat!«

\*

In die Trambahn steigt eine dicke, giftige Madame ein, vom ersten Augenblick an masselt sie, nichts paßt ihr, an den Schaffner und an alle Fahrgäste belfert sie hin, aber offenbar ist sie an eine Fuhre von Weisen geraten, alle schauen schweigend über sie hin, wie schwer es ihnen auch fallen mag. Nur ein Mann mit einem Gamsbarthut, einem grünen Gilet und einem Hackelstecken fängt zu bimsen an, wie ein Maikäfer, der fliegen möchte. Und wie er jetzt aussteigt, im Vorbeigehen, sticht er die Frau ganz dreist mit dem Finger an und sagt: »Von Eahna möcht i a Pfund! Als a ganzer waarn S' mir doch z'viel!« Und ist draußen, bevor sich die Frau von ihrer sprachlosen Empörung erholt hat. Den übrigen Fahrgenossen aber war es gleich darauf vergönnt, tiefe Blicke in eine edle Frauenseele zu tun.

\*

»Sie Frau!« sagt ein Münchner gutmütig-verwundert zu einem schwer ausdeutbaren weiblichen Wesen, das ihm, mit einem Mäderl auf dem Schoß, in der Straßenbahn gegenübersitzt, »des is aber schon a b'sonders kloans Kinderl, des Sie da haben!«
»Mei!« antwortet die Frau, nicht herzlos, aber bekümmert, »wissen S', des hätt überhaupt koans wer'n solln!«


*Reformen*

»Mit Fahne und Musik geleiteten ...« »Ein Mauergrab nahm den im zweiundachtzigsten ...« »Unter zahlreicher Beteiligung wurde ...« »Die letzte Ehre gaben gestern ...« »Eine große Schar von Leidtragenden hatte sich eingefunden ...«
Das waren die ein für allemal feststehenden fünf Einleitungen zu den Beerdigungen, sechster Klasse, sozusagen, wie sie tagtäglich im Lokalen oder im Generalanzeiger fällig waren, todesfällig, sozusagen.
Alles, was der Mensch auf lange Zeit hinaus gleichförmig tut, verroht zur Gewohnheit; und so ging auch das Lokale eiskalt mit dem Schicksal um, die Frage: »Ist noch eine Leiche da?« erscholl herzlos durch die Redaktionsstuben, und mancher Dahingegangene wurde grausam umbrochen, die bleischweren Füße wurden ihm abgehackt, in den schmalen Sarg seiner fünf bis zehn Zeilen wurde er gequetscht, und die Witwe nebst Kindern, die er hinterließ, blieb oft ungetröstet zurück, nicht nur im Leben, sondern auch in der Setzerei, eben beim Umbruch, der Fachmann weiß schon.
Die uns die Leichen lieferten, mit den eingangs genannten Sätzen geschmückt, das waren die Beerdigungsberichterstatter,

nicht die erste Garnitur der Mitarbeiter, wohl aber eine Gilde für sich; solche Journalisten gibts nicht mehr, ein andermal will ich ein paar von ihnen ausführlich, samt wunderlichen Lebensläufen, beschreiben. Es waren bedeutende Philosophen, Schachmeister und Lateiner unter ihnen.

Nicht jeder konnte an jeder Beerdigung teilnehmen; sie tauschten drum in einer Art Börse ihre Toten wie Briefmarken, ja, da sie doch alles wie im Traum wußten, den Friedhof, den Pfarrer, den Lebenskreis, sogen sie ihn sich aus den Fingern, man könnte fast sagen, aus den Hungerpfoten, denn bezahlt waren sie miserabel.

Unser Willy Rett – »unser« heißt soviel wie der Vertreter der Münchner Neuesten Nachrichten – huschte, grau, klein und glanzäugig wie er war, mäuschenhurtig von Friedhof zu Friedhof, beim ersten Leichenschragen gleich links vertauschte er seinen Schlapphut mit dem Zylinder, den er dort hinterstellt hatte; und sieben auf einen Streich – nein, das nicht, aber auf einen Tag brachte er unter die Erde oder verbrannte sie, und mitunter schwang er sich sogar zu einer sechsten Abwandlung des Berichts auf: »Reicher Blumenflor schmückte den Sarg des...«

Eines Tages mußte ein Mann von Einfluß an dem guten alten Brauch Ärgernis genommen und dem Verlagsgewaltigen, dem nie sichtbaren, halbblind in Höhlen hausenden Professor Paul Nicolaus Cossmann etwas davon vermittelt haben; denn es wehte einen der gefürchteten, nur mit C (aber es war das hohe C schlechthin) gezeichneten Zettel in die Lokalredaktion, der Beerdigungsberichterstattungsschlendrian müsse sofort aufhören.

Wir setzten unverzüglich unsre besten Feuilletonisten an, es häuften sich neben Naturkränzen und künstlichen Blumen die Stilblüten; die von der Gewalt des Todes erschütterten oder von der Vergänglichkeit des Irdischen mit Wehmut beschlichenen neuen Verfasser taten ihr Bestes, Schilderungen des nördlichen Friedhofs im Schnee, des südlichen in Sonne verflochten sich mit Berichten über die Trauerfeier von Bäckermeistern und Bezirksinspektoren, und bald wuchsen die Schiffe mit dem zurückgestellten Lokalsatz zu ganzen Flotten an, und der Chef vom Dienst rief um Mitternacht an, ob wir übergeschnappt seien. Ums kurz zu machen: nach einem hoch über dem Lokalen ausgekämpften Geisterkampf zwischen Chefredaktion und Verlagsleitung kehrten wir zum alten Herkommen zurück, und die sechs Einleitungen wurden wieder in ihre Rechte eingesetzt.

*Die Plünderer*

Heute bin ich wieder einmal in der Wohnung meiner Eltern gewesen, in der Steinsdorfstraße. Das Haus steht noch, aber das Erdgeschoß ist von einer Sprengbombe zerschlagen. Es ist zwar jetzt März, aber es ist kalt und alles ist dick verschneit; und so hat man gar nicht das Gefühl, als ob so viele Wochen vergangen wären seit dem Angriff vom siebzehnten Dezember. Die schmutzige Trostlosigkeit eines ewigen Winters liegt über der zertrümmerten Stadt. Neue Einschläge haben die Straßen entstellt; für viele zerschmetterte Bäume wird es keinen Frühling mehr geben.

Ich komme mir vor, als wäre ich selber nur einer der zahllosen Plünderer, die sich ständig in den zerstörten Häusern herumtreiben. Ich reiße jedesmal den Wust von Papieren auseinander, grabe nach Schätzen, schütte Schubladen voller Zettel, Durchschläge, Rechnungen und Schriftstücke auf dem Boden aus, hüte mich, weich zu werden. Immer sag ich mir vor: die Welt geht unter, was willst du noch retten? Und werfe einen Pack Briefschaften auf den großen Haufen, auf die Gefahr hin, daß ein Handschreiben von Possart oder Paul Heyse drunter ist.

Zugegeben, mit meiner eigenen Wohnung in der Widenmayerstraße habe ich so viel Arbeit nicht. Sie ist sauber und ohne Rest in Flammen aufgegangen.

Ich bleibe nicht lange allein in meinem Geschäft. Schritte nähern sich, ich spähe vorsichtig hinaus. Ein Invalide humpelt herbei, an zwei Stöcken; aber gewandter, als man vermuten möchte, besteigt er einen zerbrochenen Stuhl und schraubt an der elektrischen Leitung herum. »Sie da!« ruf ich ihn an, und vor Schreck rumpelt er in den Schutt herunter. Die Fräulein Marie vom dritten Stock, stottert er, habe ihm angeschafft, ein bissl was zu holen von dem Sach, das kein Mensch mehr brauche. Nun, ich kenne die Fräuln Marie nicht, ich weiß nicht, wer alles im Hause meines Vaters gewohnt hat; aber ich muß es wohl gelten lassen: es ist kein gewöhnlicher Plünderer, sondern immerhin ein Beauftragter der Hausgenossen. Er verschwindet allerdings verdächtig rasch, ohne erst in den dritten Stock hinaufzusteigen.

Bald darauf schlurft und poltert es wieder. Ein Wachsoldat, der auf ein Dutzend Engländer aufpassen sollte, die vor dem Haus eine Leitung aufgraben, schnuppert herein wie ein Kinihas. Er hat das Gewehr umgehängt, er macht sich, fiebernd vor Hoffnung, über einen Stapel Zigarrenkisten her. »Armer Irrer«, denk ich mir, »als ob das nicht auch mein erster Gedanke gewesen wäre, vor Erstausgaben und Chinavasen...« Ich schaue ihm ein Weilchen zu. Plötzlich sieht er mich, wirft, was er grad in Händen hält, mit einer mürrisch-verächtlichen Gebärde weg und entfernt sich, nur von meinem Blick gedemütigt, lautlos. Lied ohne Worte.

Ein jüngerer Mann, fast ein Herr, tritt ein und blickt forschend um sich. Den werde ich mir kaufen, denke ich; aber er sieht mich rechtzeitig, und ohne im geringsten verlegen zu werden, fragt er mich höflich, ob hier der Abort noch benützbar sei. Ich sehe mich daher genötigt, ihm aufs liebenswürdigste zu versichern, daß es hier nur die Möglichkeit gebe, sich des unbewohnten Hofes zu bedienen, und überreiche ihm überdies mit Grandezza eine alte Nummer der Münchner Neuesten Nachrichten, worin in großen Lettern zu lesen ist, daß der Hottentottenattentäter verhaftet ist. Ob er – vielleicht erst auf Grund solch abgesichtigen Lesestoffs – wirklich mußte, habe ich weiter nicht verfolgt, sondern mich mit erneutem Fleiß den Trümmern meines väterlichen Erbes und meiner eignen, dort untergestellten Habe zugewendet.

Jetzt schiebt ein Mann herein wie ein Bär, ein Kerl, von dem man glauben möchte, er gehe für gewöhnlich auf allen vieren. Er trägt einen alten, schlaffen Rucksack, einen hungrigen Diebsmagen sozusagen, über dem breiten Buckel. Ich ergreife diesmal doch vorsichtshalber den Eispickel, der in der Ecke bei dem wohlgetarnten Öfchen steht. Übrigens – Öfchen! Sollte der geneigte Leser im Winter nicht die hundert bös qualmenden Röhren aus allen Fenstern des technischen Rathauses und anderer Dienstgebäude gesehen haben? Die dazu gehörigen Öfen sind zum größten Teil nicht nur Eisen, sondern Dieb-Stahl; und zwar von der Polizei höchsteigen aus den zerstörten Wohnungen mit Lastwagen abgeholt. Ein prächtiges Verfahren: der Ofenbesitzer kriegt keinen Wagen, um das kostbare Ding wegzuschaffen, die Polizei erklärt die Öfen für vogelfrei und verhaftet sie.

Ich ergreife also den Eispickel und lauere. Der die öden Räume durchschweifende Mann schaut sich den und jenen Gegenstand an, prüft ihn auf Tauglichkeit und Gewicht. Ich räuspere mich, er blickt auf. Was er hier suche, frage ich in strengem Ton. Nichts, sagt er drohend, sieht die Waffe in meinen Händen, wechselt blitzschnell seine Haltung und sagt zutraulich:

man werde doch einmal schauen dürfen? Ja, mit den Händen schauen, ich kennte das, poltere ich los. Hernach fände man dann alles durcheinandergewühlt und aufgesprengt und die besten Stücke davongetragen. »Geln S'«, meint er treuherzig, »man hörts allenthalben, daß so viel gestohlen wird. Die Leute sind so schlecht heutzutage ...« und er erzählt mir eine Geschichte, wie seiner Frau bei der Bäckerin der Geldbeutel aus der Tasche gemaust worden ist. Meiner Frau ist auch die Markentasche weggekommen; so ergibt sich ein erbauliches Gespräch über die Verderbtheit der Welt, an der wir nicht mitschuldig zu sein begehren. Er wirft noch einen traurigen Blick auf die zerfetzte Wohnung und bestätigt, daß die sauber ausschaue und entfernt sich mit einem herzlichen Grüß Gott. Vermutlich wird er am Abend wieder kommen ...

Da pfeift draußen die Lokomotive der Kleinbahn, und der »rasende Gauleiter« hält vor der Wohnung. Herein tritt der Lokomotivführer, der den längeren Aufenthalt nicht ungenützt verstreichen lassen will. Mit schöner Unbefangenheit, als käme er in einen Laden, erklärt er, daß er sich ein Buch heraussuchen wolle, am liebsten einen Kriminalroman. Da werde es schlecht ausschauen, sage ich und führe ihn vor das Gestell, das freilich immer noch hundertmal reichhaltiger ist als eine zeitgemäße Buchhandlung. Ich berate ihn fachmännisch und gebe ihm auch noch ein Bilderbuch für die Kinder mit. Es freut einen doch, wenn man sieht, wie das einfache Volk zur Literatur strebt und sich zum Guten erziehen läßt. Auch dieser brave Mann, der ja täglich mehrmals vor dem Hause hält und ein Kenner dieser Gegend ist, bestätigt mir, daß die Leute ganz frech hier aus und eingehen, wie in einem Taubenschlag. Erst heute früh hat er seinen Heizer auf einen Kerl aufmerksam gemacht, der mit einem Sack in der Hand herein ist und der ganz gewiß nicht hergehört hat. Ich bewundere das feine Rechtsempfinden des schlichten Mannes und beende gleich nach seinem Weggehen für heute mein Tagewerk. Seit dem Dezember grabe ich nun in diesen Trümmern, verwerfe das Unwichtige und lege das Gute zusammen. Das hat natürlich den Nachteil, daß sich die Plünderer viel leichter tun: sie brauchen nur aus dem bereits mit unendlicher Mühe gesichteten Haufen zu wählen.

Einen letzten Blick werfe ich noch auf das wüste, immer neu gebändigte Chaos, um doch gleich mitzunehmen, was sich irgend tragen und in die Straßenbahn verfrachten läßt. Da liegen, aus der Mappe gerissen, die Deckblätter meiner Handzeichnungen. Die habe ich freilich seinerzeit herausgetan und wohlgeborgen, mein Gott, was man heute bergen heißen kann. Ein einziges Blatt ist mehr wert, als alles, was hier an Büchern und Gerümpel noch herumliegt. Aber sollte ich nicht auch die Mappen noch mitnehmen, für den Tag, da die kostbaren Blätter wieder in ihre Rechte zurückgeführt werden können? Wieviel Mühe hat sich meine Frau gegeben, um die sauberen Pappen zu schneiden?

Ich blättere den Stoß an, verstaubt ist er und von Granaten angefetzt. Aber da – und mir erstarrt das Blut zu Eis – da sind ja noch drei vier Aquarelle: und ich entsinne mich plötzlich, daß ich sie in ihren Hüllen gelassen hatte, weil sie besonders fest verklebt waren und weil ich sie, in einer Anwandlung von Seelengröße, dem unbekannten Gotte zum Opfer hatte anbieten wollen.

Zwölf Wochen lang sind sie nun hier gelegen, Möbel und Kleiderbürsten, Bücher und Heizkissen, Bilderrahmen und Kochtöpfe sind davongetragen worden, hundert Augen haben gesucht, tausend Füße sind vorbeigetrampelt, aber diese vier Blätter in Wasserfarben, diese unschätzbaren Köstlichkeiten, jeder Sammlung würdig, sind unbeachtet liegen geblieben, mehr noch, sie sind geprüft und verworfen worden, als nicht des Mitnehmens wert. Ich bin nun doch wieder froh, daß die Volksbildung keinen allzugefährlichen Grad erreicht hat.

Mit wollüstigem Grausen packe ich meine Lieblinge in einen mächtigen Plan der Stadt München, und dieses Märchengebilde unzerstörter Straßen, Plätze und Denkmäler erinnert mich an verschollene Friedenszeiten meiner ersten Erwerbungen: so hüllte ich auch damals meine Funde in Altpapier von tieferer Bedeutung.

Es dämmert schon, wie ich das Haus verlasse; da höre ich noch einen späten Wanderer, und es taucht ein Mann auf, schwer mit Holz beladen, die ich als die Reste einer Vitrine erkenne, die ich eigentlich noch hätte richten lassen wollen. Jetzt, denke ich, habe ich endlich den Verbrecher gefaßt, an dem ich meinen Zorn auslassen kann. Ich rufe ihn an, er geht stumm vor mir her, als wäre er taub. »Sie!« sage ich zornig, »was fällt Ihnen eigentlich ein? Sie nehmen ja gleich die Möbel zum Einheizen mit? Sie gehören ja als Plünderer erschossen!« Da dreht sich der Mann um, lächelt mich pfiffig aus seinem Greisengesicht an und sagt: »Fünfundachtzig Jahr bin ich alt!« Und geht still seines Weges weiter. Was soll ich da machen? Fünfundachtzig Jahre – das ist soviel wie ein Jagdschein ...

*Und seither ...*

*Mißverständnis*

Am Samstagabend, im Hochsommer, gehts wild auf in dem Bergwirtshaus, in dem ich grad noch eine Kammer zur ebnen Erde zum Übernachten erwischt habe.

An einen Schlaf ist freilich nicht zu denken; zwei Burschen sind, stinkbesoffen, wie sie waren, hinausgeschmissen worden und brüllen jetzt draußen wie röhrende Hirsche. Mit Gewalt möchten sie wieder herein. Sie versuchens an der Haustür mit dem Werfen von Holzscheiteln, sie prüfen mit der Schläue, die mitten im Rausch so gefährlich ist, ob nicht vorn oder hinten ein unverhoffter Einschlupf ist.

Mein Fenster ist zwar vergittert, aber die Lackl sind ja imstand und reißen die Eisenstäbe samt dem Fensterstock heraus; es ist recht ungemütlich, in die Mondnacht hinauszuspähen, zu horchen, ob die Belagerer noch immer nicht abziehen wollen. Endlich, lang nach Mitternacht, machen die von drinnen, weil sie doch auch einmal heim wollen, einen Ausfall, der Lärm der homerisch sich beschimpfenden Helden verliert sich in der Ferne, Totenstille tritt ein. Und am andern Morgen, der warm und strahlend schön sich über die Wiesen, Wälder und Felsen legt, ist das wilde Wirtshaus von gestern die unschuldigste Idylle, die sich denken läßt.

Die junge, dralle Magd bringt mir das Frühstück, und ich sage zu ihr: »No, das war ja a schöne Gaudi heut nacht! Ich hab schon g'meint, sie kommen gleich zu mir ins Bett herein!« Sie errötet, schaut mich geschämig an – und hat mich gründlich mißverstanden: »I waar scho kumma«, sagt sie, »wenn i g'wußt hätt, daß Ihnen das recht ist!«

*Ein Hilferuf*

Die Wiener waren, nach 1938, beileibe nicht alle mit dem Anschluß einverstanden. Sie rächten sich mit Nadelstichen an den »Preußen« aus dem Altreich, die ihre Stadt überfluteten – zum Beispiel dadurch, daß sie die Ortsunkundigen in die Irre schickten. Eine unsrer Bekannten brach völlig übermüdet endlich in den Verzweiflungsschrei aus: »Bittschön, ich bin katholisch und aus Bayern – Sagen S' mir doch, wo die Herrengasse ist!«

*Der Besuch*

Die freundlich-unverbindliche Aufforderung, gelegentlich bei uns vorbeizuschauen, hatte ein weitläufig Bekannter so ernst genommen, daß er schon am nächsten Nachmittag vor der Türe stand. Ich hätte, von Terminen bedrängt, weiß Gott Wichtigeres vorgehabt als ein Plauderstündchen, aber ein Mann, ein Wort – ich begrüßte den hereingeschneiten Gast mit so viel Wärme, daß er hätte auftauen müssen, wenn er nicht eben ein Eiszapfen gewesen wäre, bei dem alle Schmelzversuche vergeblich waren.

Ich wußte nicht, wozu er gekommen war, einsilbig saß er da, schweigend trank er den Kaffee, den ihm meine Frau brachte, linkisch stocherte er im Kuchen herum, in stummer Bedächtigkeit rauchte er seine Zigarre, umständlich sog er an seinem Kirschwasser: nichts wußte er zu rühmen. Die Zeit ging und ging, aber ich unterdrückte jede Anwandlung von Ungeduld; der Nachmittag ist sowieso schon hin, dachte ich, also mache ichs gleich ganz ab und sühne meine Leichtfertigkeit. Ein Dutzend von Gesprächen suchte ich einzufädeln, meine Bücher zeigte ich ihm und meine Sammlungen, ich kann es auf meinen Eid nehmen, daß ich selten einen Gast liebreicher und aufmunternder gepflegt habe als diesen Mann, der obendrein Freudensprung hieß. Hätte er mehr Format gehabt, hätte es wenigstens zu einem steinernen Gast gereicht, es blieb aber nur ein hölzerner; ein Pfahl in meinem Fleische. Und als er endlich aufbrach – ich stelle noch einmal fest, daß ich alles an ihn verschwendet hatte, was zu bieten war: Zeit, Kaffee, Kuchen, Zigarre und Schnaps und wiederum Zeit – da tat er es mit den Worten: »Ich sehe schon, daß ich Ihnen heut ungelegen gekommen bin, vielleicht darf ich ein andermal mein Glück versuchen!«

*Bange Augenblicke*

Meine Frau ist verreist, der Zimmerherr ist fort, die Kinderschwester ist mit dem Thomas spazierengegangen. Das sonst so unruhige Haus liegt in Sonntagsstille, ich sitze an meinem

Schreibtisch, die Helma, auch schon halb zum Ausgehen gerüstet, bewacht in der Küche den Festtagsbraten, und der dreijährige Stefan ist in seinem Zimmer eingesperrt – mag er dort anstellen, was er will, viel Schaden kann er ja nicht tun: das Fenster ist verriegelt, das Spielzeug zertrümmert, die Wände sind ohnehin verschmiert und zerkratzt. Die blonde Bestie ist so gut aufgehoben wie ein Tiger in seinem Käfig. Draußen ist es auch ruhig, in Gärten und Straßen rührt sich kein Mensch, es ist ein urgemütlicher, einsamer, schier ländlicher Vormittag, heraußen vor der Stadt, Fenster und Türen sind wohl verschlossen, niemand kann stören, sogar gegen unerwünschten Besuch können wir uns totstellen.

Plötzlich zerreißt gräßliches Geschrei die göttliche Ruhe des Hauses: Stefan hat also doch eine unvorherzusehende Möglichkeit gefunden, zu spielen, uns einen Streich zu spielen – ich stürze hinüber, sperre die Tür auf – da hängt der Knirps im halben Klimmzug am Schrank und angelt verzweifelt mit den Beinen nach einem Halt. Er hat einen Stuhl auf das Schaukelpferd gestellt, das schwankende Gebäude ist unter ihm weggerutscht, und nun zappelt er brüllend zwischen Himmel und Erde, bis ich ihn mit raschem Griff umfasse und auf den Boden stelle.

Auch Helma, das junge Hausmädchen, ist auf das Wehgeschrei herbeigelaufen, sie war gerade auf einen Sprung in ihrem Stübchen gewesen, um ihre Verwandlung von einer Werktagsraupe in einen Sonntagsschmetterling fortzusetzen – wie sie geht und steht, saust sie die Treppe herunter; und schnauft erleichtert auf, wie sie den kleinen Bösewicht heulend, aber unbeschädigt am Boden stehen sieht: Mein Gott, was hätte nicht alles geschehen können!

Wir schelten den Burschen, während wir an unserm Geiste alle Unglücksmöglichkeiten schaudernd vorüberziehen lassen, heftig aus, er entzieht sich wieselflink solch unerwünschter Predigt durch die Flucht – »Du bleibst da!« drohe ich, »sofort gehst du her!« ruft ihm Helma nach, wir lachen noch und denken nichts Arges – da hat er schon die Tür hinter sich zugeworfen, wir schießen beide drauf los, drücken die Klinke nieder – zu spät, mit einer unbegreiflichen Fixigkeit hat der Bösewicht den Schlüssel im Schloß umgedreht – wir sind gefangen!

Wir schauen uns an und lachen schallend. Eine lustige Geschichte, denken wir. Und ich gar, ich alter Esel, überlege mir, ob da nicht Gott Amor höchstselbst in das Büblein gefahren sei, der Schalk. Denn wenn's wahr ist, daß Gelegenheit Liebe macht, was für eine Gelegenheit hat der kleine Kuppler da listig geschaffen! Aber das schäkermütige Wort erstirbt mir im Munde, und meine liederlichen Betrachtungen stellen sich umgehend als höchst unzeitgemäß heraus. Wohl hat auch Helma fleischliche Gedanken, aber ihr Schreckensruf: »Der Kalbsbraten!« weist in eine ganz andere Richtung ...

Wir hören Stefans tappende Schritte sich entfernen, wir rütteln an der Tür, wir schreien: »Aufmachen!« Wir hören ein silbernes Lachen, es muß ein Riesenspaß für ihn sein, daß *wir* jetzt als Gefangene toben. »Willst du aufsperren?« »Nein!« klingt es fröhlich aus dem Treppenhaus. Ich versuche es mit Drohungen, Helma setzt mit Sirenengesang ein, wenn mir der Atem ausgeht. Stefan sagt: »Nein!«

Uns beiden wird immer klarer bewußt, wie dumm unsre Lage ist: auf die Rückkehr der Schwester können wir nicht warten. Nachbarn zu erreichen, müßten wir gellend um Hilfe rufen – wer tut das gern? Und sie könnten höchstens uns mit einer Leiter aus dem Zimmer holen – aber ins Haus, in die Küche vor allem, würden wir nicht anders als durch ein eingeschlagenes Fenster gelangen. Und was kann dem Stefan alles zustoßen, wenn er in seiner dreisten Art auf Entdeckungsreisen geht?

Der Braten schmort im Rohr, die Kartoffeln dampfen auf dem Gas, wer weiß, ob noch genug Wasser im Topf ist. Die kostbaren Minuten verrinnen. Wir betteln, wir locken, wir beschwören. Und Stefan jauchzt. Eine solche Heidengaudi hat er noch nicht erlebt. Endlich fällt mir etwas ein: der Bär! Es ist ein ganz kleiner, billiger, arg geschundener, augenloser, schmutziger Wollknäuel – aber Stefan verehrt ihn abgöttisch. Der muß uns helfen. »Stefan!« rufe ich hinaus und mache ein herzzerreißendes Gestöhne und Gebrumm dazu, »der arme Bär ist so krank, er will dir etwas sagen!« Gottlob, die Kinderschritte tappen näher. Ich schildere die Leiden des armen Tieres und seinen glühenden Wunsch, zum lieben Stefan hinauszukommen, in allen Tönen. Schon scheint's halb gewonnen: der liebe Stefan rüttelt an der Klinke. Noch einmal werden wir blaß, wie, wenn das Kind jetzt zwar öffnen möchte, aber nicht kann? Zusperren ist leichter als aufsperren, auch sonst im Leben ... Endlich, auf die Bitten und Belehrungen des Bären hin, dreht sich der Schlüssel – die Tür ist doppelt verschlossen. »Anders herum!« fleht der Bär. »Geht nicht!« ruft der Stefan von draußen; gleich wird er zu heulen anfangen. Wenn er zappelig wird, ist alles verloren. Aber die Liebe zum Bären, die schafft's. Zweimal knirscht der Schlüssel, wir reißen die Tür auf, und während der Stefan seinen Bären begeistert an sich drückt (und sich weder um meine Zornes- noch Freudenausbrüche schert), rennt Helma in die Küche, um in letzter Minute mit Wassers Schwall die verschmachtenden Kartoffeln und den verbrutzelnden Braten zu retten ...

*Der Regenwurm*

So einen lieben, zärtlichen Stefan wie heute haben wir schon lang nicht mehr gehabt. Sommer ist's und Sonntag; wie ein munterer, liebreizender Film läuft er ab, ohne Pause, ohne Störung. Stefan hat im Bett mit mir geschäkert, jetzt wäscht er mich als Badeknecht, seift mich ein, duscht mich, trocknet mich ab. Das Frühstück ist voller Zärtlichkeit und Poesie, der Vormittag vergeht in liebendem Eifer und in unermüdlicher Hilfsbereitschaft. Er bringt den Liegestuhl in den Garten, er läßt sich Märchen erzählen, er umhüpft und umsorgt mich, ich bin ganz gerührt, wahrhaftig, wie ein Engel sieht er aus, blond und blau, mitten im Grünen, falterleicht spielend zwischen bunten Blumen, selig und sündelos – »mir ist, als ob ich die Hände ums Haupt ihm legen sollt', betend, daß Gott ihn erhalte so rein und schön und hold« – und ganz zufällig greife ich in die Rocktasche, die Hand fährt erschrocken und angewidert zurück, was kann das nur sein? Ich fingere noch einmal herum, es ist was Kaltklebriges, Ekelhaftes und – wahrhaftig, das rührt sich ja! Ich ziehe einen fetten, einen ungeheuren Regenwurm ans Licht.

Selbst ein Münchner Kriminaler würde auf die Vermutung kommen, daß das der Stefan getan haben dürfte – nicht durfte, müßte – nicht mußte; kurz, daß er allein für eine solche Untat in Frage kam.

Hab' ich da fahrlässigerweise oder gar aus Gehässigkeit was gegen die Münchner Kriminaler gesagt? Das kann sich nur auf solche einer fernen Vergangenheit beziehen; bei uns war eingebrochen worden, und wir holten die Polizei, die nach geraumer Zeit in Gestalt eines treuherzig aus wässerigen Augen blickenden Schnauzbarts erschien. Er besah sich genau die unverkennbaren Spuren, hin und her, dann stellte er sich stolz vor uns hin und sprach seine Überzeugung aus, daß hier ein Einbruchsversuch stattgefunden haben müsse. »Deshalb haben wir Sie ja geholt!« sagten wir ganz bescheiden. »Haben Sie«, erkundigte er sich mit selbstgefälligem Scharfsinn, »Freunde oder Bekannte?« »Freilich, Bekannte zu Hunderten, aber wieso...?« »Sie haben also keinen bestimmten Verdacht?« Wir hatten keinen. »Dann –«, meinte er achselzuckend, »wird sich nicht viel machen lassen.«

Die Sache blieb damals auch wirklich im dunkeln. Aber diesmal hatte ich einen Verdacht. Und trotzdem, trotz der klarsten Indizien, war ich im Zweifel: Wie konnte dieses liebe Kind, auch jetzt noch die Unschuld selber, mir dieses gräusliche Regenwurmungeheuer in die Tasche gespielt haben? Und wann vor allem? Lückenlos, so schien mir, war der Tag abgelaufen, nicht eine Minute war dazwischen gewesen, in der er die schwarze Tat hätte vollbringen können.

Ich will nicht sagen, daß nicht auch der Thomas, im gleichen Blütenalter, eines solchen Schabernacks fähig gewesen wäre – aber sein Gewissen hätte ihm keine Ruhe gelassen, er hätte zu kichern angefangen, hundert Andeutungen gemacht, und zum Schluß wäre er geplatzt vor Neugier, Indianertänze hätte er aufgeführt und mich aufgefordert, doch einmal in meine Tasche zu greifen. Der Stefan aber, von keines Gedankens Blässe angekränkelt, zeigte sich lieb und harmlos wie zuvor; und auch ich tat nichts dergleichen, ich ließ den Regenwurm wieder in die Tasche verschwinden und beschloß zu prüfen, welchen Druck Stefans Gemüt wohl aushalten würde.

Der schlichte Hinweis, daß die Amsel dort vermutlich Regenwürmer suche, ließ ihn völlig ungerührt. Das Stichwort gab ihm keinen Stich. Er hatte sogar die Dreistigkeit, mich in ein Gespräch über den Nutzen des Regenwurms zu verwickeln. »Die Fischer«, sagte ich listig, »wie zum Beispiel der Onkel Bi, brauchen die Regenwürmer zum Angeln – und ich habe das Fischen eigentlich nur deshalb aufgegeben, weil mir der Wurm am Haken so leid getan hat. Dir tut, scheint's, so ein Wurm nicht leid?!« Stefan überhörte die Frage, er berichtete ganz sachlich, daß er am vorigen Sonntag mit dem Onkel Bi und dem Jan und dem Jörg gefischt habe: »Da haben wir unter den alten Brettern Würmer gesucht und in eine Blechschachtel getan.« »Da gehören sie auch hin«, sagte ich drohend – aber ehe ich ihn packen konnte, gab er dem Gespräch blitzschnell eine andere, eine düstere Wendung: »Wenn wir tot sind, gelt, Papi, da fressen uns die Regenwürmer.« »Ja, ja«, knurrte ich, ärgerlich, daß er mir so knapp vor dem Ziel noch einmal entwischt war. Ich ging zum entscheidenden Angriff über: »Du, scheint's, graust dich vor den Regenwürmern nicht?« Jetzt mußte er wohl die Waffen strecken. »Nein«, sagte er – »aber die Chinesen, die essen sogar die Regenwürmer! Das täte ich nicht!« So ein abgefeimter Bursche! Wohl oder übel mußte ich ihn gar noch aufklären, daß das mit den chinesischen Regenwürmern ganz anders sei als bei uns – »Im Salat!« rief er lustig. »Im Salat«, sagte ich streng, »es kann bei aller Aufmerksamkeit einmal vorkommen, daß ein winziges Würmchen sich zwischen die Blätter verschlüpft; dann macht man kein solches Geschrei wie du neulich, sondern trägt ihn ganz still hinaus.« »In den Garten?« fragte er scheinheilig. Jetzt hab' ich genug, der Ärger reißt mich hin. »Ja, jedenfalls steckt man ihn nicht in die Tasche!« rufe ich, »und wie kommt überhaupt ein solches Ungeheuer in meine Rocktasche?!«

Ich zog den gewaltigen Wurm heraus und hielt ihn dem Stefan unter die Nase. »Du weißt es schon!« kicherte er unbehaglich, und wuppdich war er verschwunden. »Du kommst sofort her!« rief ich ihm nach, aber er kam natürlich nicht.

Ich hatte gesiegt, aber es war keine Umfassungsschlacht, kein Cannae, ein ordinärer Sieg war es, genau besehen, ein Pyrrhussieg. Schweigend trug ich den sich windenden Wurm in die hinterste, schattige Gartenecke.

### *Kraepelin*

Den Geheimrat Emil *Kraepelin*, den bedeutenden Psychiater, habe ich ganz gut gekannt, ohne mich freilich, nach so vielen Jahren, eines tieferen Gesprächs entsinnen zu können. Aber ein befreundeter Kommerzienrat hat mir ein Erlebnis mit ihm erzählt, das des Aufschreibens wert ist.

Kraepelin war, mitten in der Bierstadt München, ein unerbittlicher Gegner des Alkohols, das muß man wissen, um die Geschichte recht begreifen zu können. Der Kommerzienrat wurde von seiner Familie so lange mit dem Vorwurf geneckt oder gar ernsthaft bedroht, er spinne, bis es ihm zu dumm wurde. Wozu kannte er den berühmten Mann, der es ihm schwarz auf weiß geben sollte, daß er kein Narr sei.

Er ging also hin – und die erste Frage des Geheimrats war, was er denn so ungefähr im Tage trinke. Treuherzig und nichts Böses ahnend erzählte der brave Mann von Frühschoppen, Dämmerschoppen, Abendtrunk; und auf die listig-wohlwollende Erkundigung, ob das die alltägliche Regel sei, gab er, ohne sich rühmen, aber auch ohne bereuen zu wollen, die schlichte Auskunft, daß es natürlich Ausnahmen gebe – einen Rausch freilich, da brauche sich der Herr Geheimrat nichts denken, habe er seit vielen Jahren nicht mehr gehabt.

Der Leib- und Seelenforscher hatte sich aber doch was gedacht und er sprach es auch sogleich, bei rascher Verfinsterung der vermeintlich so harmlosen Unterhaltung ohne Umschweife aus: dann sei also der Patient ein Potator, ein schwerer Alkoholiker, dessen Geisteszustand allerdings einer eingehenden Prüfung unterworfen werden müsse.

Wenn man ihm so komme, brauste der Kommerzienrat auf, dann wolle er sich doch lieber empfehlen – und er erhob sich, um rasch die Tür und den Weg ins Freie zu gewinnen. Er hatte jedoch nicht damit gerechnet, daß er sich in den Räumen einer, milde gesagt, Nervenklinik befand, aus denen so einfach nicht zu entfliehen war. Der Arzt verstand keinen Spaß, am wenigsten den, auf den sich der Besucher hinausreden wollte. Er bestand darauf, der Kommerzienrat habe sich seinem Rat und somit auch seiner Behandlung anvertraut; der Besucher, zu seinem Schaden, verlor die Beherrschung und wurde grob; der Geheimrat sah sich genötigt, die Berufsehre zu verteidigen. Sie steigerten sich gegenseitig in Zorn, wobei der Patient natürlich den Kürzeren zog: denn, je mehr er sich aufregte, desto offenkundiger wurde es, daß er seelisch nicht im Gleichgewicht war.

Um es kurz zu machen: mit genauer Not entrann der Mann, der sich doch nur einen Scherz ausgedacht hatte, aus der Höhle des Löwen; und da er, unvorsichtig genug, vor den Seinen damit geprahlt hatte, er werde es schriftlich mit nach Hause bringen, daß er nicht närrisch sei, jetzt aber, ohne dieses Zeugnis und sehr unwirsch heimkam, hatte er lange noch den gesteigerten Spott der Familie zu ertragen; und auch am Stammtisch mußte er sich weidlich hänseln lassen – ein Glück nur, daß die Freunde die Frage, ob mäßiger Alkoholgenuß dem Geiste schaden könne, einhellig verneinten.

Noch ein paar Kraepelin-Anekdoten als Zuwaage: Der Professor hatte seinen Studenten einen Achtzigjährigen vorgestellt, »kerngesund, nie einen Tropfen Alkohol getrunken!« Einen Bruder hätte er noch, sagte der Mann, der sei schon siebenundachtzig. Der begeisterte Geheimrat wollte ihn so bald wie möglich sehen; aber der Mann winkte ab: mit dem sei nichts zu machen, der sei den ganzen Tag besoffen.

Oskar von Miller hatte den Geheimrat einmal zu Gast geladen; er wußte wohl, wie abgeneigt der dem Alkohol war, aber er holte die beste Flasche aus seinem Keller, füllte die Gläser und sprach: »Verehrter Freund, Ihre Einstellung ist mir bekannt und ich ehre sie; aber Sie werdens mir nicht verweigern, wenn ich Sie bitte, mit diesem edlen Tropfen auf unser beider Wohl mit mir anzustoßen!« Ungerührt ergriff Kraepelin das Glas: »Meinen Todfeind vernichte ich, wo ich ihn treffe!« – und schüttete das kostbare Naß in die nächstbeste Blumenschale.

Der Herr Geheimrat wollte eine neue Köchin in Dienst stellen und besprach mit ihr alle Einzelheiten. »Und das sage ich Ihnen«, rief er drohend, »kein Tropfen Alkohol kommt mir ins Haus!« »Da können Sie beruhigt sein«, lächelte die Frau verständnisinnig, »ich war schon einmal drei Jahre bei einer Herrschaft, die eine Entziehungskur gemacht hat!«

*Eine Verwechslung*

Der dicke Professor Gröber hat viel zu leiden durch sein schlechtes Personengedächtnis. Auf dem Oktoberfest in München sieht er in einer Bude einen Mann, der ein ganzes Aquarium voller Goldfische und Fröschlein verschluckt und unverzüglich das Wasser samt lebendigem Getier wieder zum Vorschein bringt. Der Professor ist begeistert.

Bald darauf trifft er den eigenartigen Künstler in einem der großen Wirtszelte wieder, wo sich der Mann sehr viel Bier einverleibt, so daß der Verdacht nicht unbegründet ist, er werde es später wieder von sich geben und in Flaschen füllen. Es ergibt sich ein angeregtes Gespräch zwischen dem Artisten und dem Kunsthistoriker, die sich gewissermaßen als die äußersten Gegensätze innerhalb eines so weit gespannten Berufes verulken. Die Bekanntschaft ist geschlossen und da beide, der Professor mit zwei Zentnern und der Hexenmeister mit dem Satthals einprägsame Figuren sind, werden sie einander wohl so schnell nicht wieder vergessen.

Im Lauf des Winters sitzt der Professor in seiner Stammkneipe am Viktualienmarkt, wo noch nach altmünchner Sitte sich Akademiker und Gemüshändler ein Stelldichein geben. Ein Herr tritt ein, suchenden Blicks; bei dem Professor ist noch ein Stuhl frei, der Herr setzt sich hin, nun, Herr scheint ein bißchen viel gesagt, ein Mann, das ist fast wieder zu wenig: der Professor erkennt seinen Wasserkünstler vom Oktoberfest wieder, der auch seinerseits den Zweizentnermann recht vertraulich gegrüßt hat. Sie kommen ins Gespräch, mit dem Wetter gehts an und der Professor meint, der Winter sei wohl eine stille Zeit; der andere pflichtet ihm bei, vor März oder April rühre sich bei ihm nicht viel. Ja, ja, meint wieder der Professor, die ganze Natur liege in Erstarrung und auch sonst sei die Jahreszeit wohl nicht günstig, die Leute hätten anderes im Kopf, den Fasching und das Starkbier und neugierig sei er, ob man heuer an Josephi schon im Garten sitzen könne. Der Mann lächelt ein wenig spaßig zu dem kindlichen Gespräch, aber höflich stimmt er zu; natürlich, sagt er, ihm wäre es auch erwünscht, wenn bald der Frühling käme und ein schöner obendrein. Der Professor, durch die durchaus treffenden Antworten auf seine tastenden Fragen in Sicherheit gewiegt, erkundigt sich jetzt frisch drauf los: »Wissen Sie, wo Sie die Goldfische hernehmen, kann ich mir ja denken; aber woher kriegen Sie immer Ihre Frösche?«

Die Goldfische läßt sich der Mann noch gefallen, aber bei den Fröschen bekommt er einen roten Kopf: »Mir scheint«, faucht er zornig, »Sie wissen nicht, wer ich bin!?« »Doch!« sagt der Professor ganz gemütlich, »Sie sind der Froschschlucker von der Oktoberwiese!«

»Was erlauben Sie sich!? Ich bin der Gartenarchitekt Natzinger!« schreit der Mann, so laut, daß die ganze Wirtsstube auffährt, rumpelt auf, greift nach Hut und Mantel und stürmt hinaus. »Oha, Gartenarchitekt!« denkt der Professor ganz erschüttert, »drum hat immer alles gestimmt, was ich ihn gefragt habe!«

*In der Fremde*

Es ist ein beklemmendes Gefühl, im fremden Land durch die Straßen zu gehen, unkundig der Sprache, so weit es sich nicht um die paar Brocken handelt, die man auf dem Pennal gelernt hat. Man könnte mir ihrer Hilfe leichter etwa Mitglied einer Akademie werden, als daß man die gewöhnlichsten Dinge des alltäglichen Lebens ausdrückt. Und immer hat man Angst, es stieße einem einmal etwas Außergewöhnliches zu.

So saß ich als junger Mann zum erstenmal in Paris, bei einem Glas schwarzen Kaffees, und bemühte mich, im »Figaro« einiges zu entziffern. Dazwischen überlegte ich, was doch alles, aus irgend einem dummen Zufall, sich ereignen könnte und wie man sich, in Ermangelung des nötigen Sprachschatzes, aus der Schlinge zöge.

Also beispielsweise: man wird angerempelt; ein Schlepper wird aufdringlich; ein Unbekannter verwechselt einen; man kann eine höfliche Frage nicht verstehen, geschweige denn, beantworten – wie stünde man da?

Oder, ganz einfach: was täte ich, wenn ich, mit einer ungeschickten Bewegung, mit der Zeitung etwa, das Glas umstürzte, der Kaffee schwappte bis zu jener Dame am Nebentisch hinüber, die Scherben klirrten, der Ober käme angerannt – ja, was würde ich da sagen?

Ich formte krampfhaft einige Sätze, ich suchte nach verbindlichen Redensarten, ich holte heimlich mein Taschenwörterbuch hervor und klaubte die Wörter zusammen: – »Pardon«, wußte ich schon, auch »Mißgeschick«, aber »für den Schaden aufkommen« oder »Glasscherben« prägte ich mir ein, bis ich eine runde, eine weltmännische Entschuldigung beisammen hatte.

Eigentlich ist das Ganze zum Lachen, noch nie hab ich ein Geschirr zerschlagen, aber, man sagt nur, zwischen Lipp' und Kelches Rand – vorkommen kanns schon. Immerhin darf ich jetzt beruhigt sein, tadellos wäre ich meiner Aufgabe gewachsen.

Mit stolzem Siegerlächeln will ich die Zeitung hinlegen, da schwankt das Glas, noch könnte ich es halten, aber schon stürzt es, schon liegts in hundert Scherben auf dem Boden. Schreckversteint starre ich auf das Unglück. Und schon kommt der Ober geschossen, mit vorwurfsvoll fragendem Blick. Jedes Wort bleibt mir in der Kehle stecken, nicht einmal »malheur« oder »excusez!« steht mir zu Diensten.

Ich vermag nur noch einen größeren, einen viel zu großen Schein aus der Tasche zu ziehen und mit betretnem Lächeln auf den Tisch zu legen. Der Ober steckt höflich das Geld ein und nun spricht er mühelos all die Floskeln, die auch ich gewußt hätte: ein kleines Unglück, nicht der Rede wert, alles in Ordnung ...

In eiserner Stummheit verlasse ich das Kaffeehaus. Nur der Dame, unter deren Füßen eben die Scherben weggewischt werden, werfe ich noch einen entschuldigungsflehenden Blick zu.

Ich stehe auf der Straße, ich atme auf. Ich bin noch einmal davongekommen. Aber da steht schon, mit holder Verheißung, die Dame vor mir: Sie hat, erstens, meinen Blick mißdeutet und, zweitens, sie ist gar keine Dame.

Unter Brüdern

*Flunkereien*

»Oh weh, oh weh!« sagt der Vater beim Frühstück und er scheint ehrlich erschrocken: »Es steht sogar schon in der Zeitung, daß der Thomas so ungezogen ist. – Hör zu, Mammi!« Auch die Mutter ist nun sichtlich betroffen und gar der Thomas rutscht unbehaglich auf seinem Stuhl herum, wie jetzt der Vater ohne Stocken aus dem Morgenblatt vorliest, daß der fünfjährige Sohn Thomas des bekannten Schriftstellers Doktor Eugen Roth in der Fuststraße sich zu einem Lausbuben zu entwickeln scheine, der bereits der Schrecken der gesamten Nachbarschaft zu werden drohe. Dem in der Gegend patrouillierenden Schutzmann werde geraten, ein wachsames Auge auf den Burschen zu haben.

Thomas ist von dieser Nachricht offenbar tief beeindruckt, aber sein Wissensdrang ist noch stärker als seine Angst. »Papi, was heißt das: patrulieren?« Die Mammi lacht! Der Vater aber bleibt ernst: »Patrouillieren«, sagt er sachlich, »kommt aus dem Französischen und heißt soviel wie beobachtend durch das Gelände marschieren – Du hast ja wohl selbst schon den Schutzmann vorn an der Ecke stehen sehen; aber –« so fährt der Vater drohend fort und wirft einen strengen Blick auf die Mutter, »wenn auch die Mammi lacht, es ist nichts zum Lachen, wenn man sehen muß, daß alle Welt schon weiß, was für ein Bösewicht Du bist – und dabei versprichst Du immer, daß Du ein liebes Kind sein willst!«

Thomas lächelt nicht; würdevoll und bescheiden bittet er, einen Blick in die Zeitung tun zu dürfen. »Du kannst ja noch gar nicht lesen!« will der Vater abwehren, aber schon hat Thomas das Blatt ergriffen und läßt seine Augen, ohne auch nur eine Miene zu verziehen, über die Seite schweifen. Und – »Halt!« ruft er plötzlich: »da steht ja noch was!« Und er liest den staunenden Eltern ernsthaft und fließend vor: »Thomas könnte vermutlich ein liebes Kind werden, wenn er nicht immer gehaut würde.« Legt die Zeitung hin und frühstückt weiter, als ob nichts gewesen wäre.

## Das Affenhaus

Kein echtes Affenhaus im Zoo ist gemeint, der freundliche Leser muß nicht fürchten, mit den urkomischen Streichen der beim Publikum so beliebten Quadrumanen unterhalten zu werden. Freilich, ganz kommen wir um die Affen nicht herum, aber sie sind winzig klein und nur aus Plüsch, ungemein drollig und rührend, gewiß – aber das spielt weiter keine Rolle.

Die ersten Affen brachte das Christkind; sie saßen, aller Naturwissenschaft zum Hohn, auf einem Tannenbaum. Eigentlich hätte nur der zweijährige Stefan einen kriegen sollen, zum Ausgleich gegen den alten, vielumkämpften Bären des sechsjährigen Thomas. Aber dann hatten wir, nach zehn Jahren Ersatzschund, noch ein so herziges Äffchen im Spielzeugladen gesehen, daß wir's auf alle Fälle mitnahmen. Es hat ja auch nur zwei Mark gekostet. Und als ich, wie immer knapp vor Ladenschluß, am Heiligen Abend noch einmal allein durch die Stadt raste, um die herkömmlichen Fehlkäufe zu machen, erwarb ich noch einen Bruder zu dem kleinen Affen, den ich in meiner tiefsten Hosentasche verbarg, denn ich dachte mit diesem Doppelgänger allerhand Zauberei und Schabernack zu treiben. Um es gleich einzugestehen: das ist mir mißlungen, ist schmählich an der unschuldigen Besitzgier von Thomas gescheitert.

Aber genug vorerst von den Affen, wir wollen ja vom Affenhaus erzählen. Infolge einer bei meiner Frau von Zeit zu Zeit auftretenden Großspurigkeit hatte ich mich als Hausherr (welch vermessenes Wort!) entschließen müssen, in das Mädchenzimmer ein neues Waschbecken legen zu lassen. Es war ein Übermut, der uns teuer zu stehen kam: nicht drei Tage, sondern, mit willkürlichen Unterbrechungen, drei Wochen waren die Handwerker im Haus und der Voranschlag stand in keinem Verhältnis zu dem tatsächlichen späteren Anschlag auf meinen Geldbeutel. Doch dies nur nebenbei.

Jedenfalls blieb uns nun ein abenteuerlich gebauter Waschtisch übrig, ein Gebild aus Menschenhand, Eichenholz und bunten Kacheln, das man unschwer als Modell zu einer römischen Villa hätte bezeichnen können. Zuerst wollten wir das zum Glück nicht allzu große Ungeheuer nachts auf einen Leiterwagen verladen und in der Gegend heimlich aussetzen. Dann aber siegte, wie so oft, die kleinliche Sparsamkeit, und meine Frau machte sich daran, das gute Eichenholz für die Heizung zu zersägen.

Bei diesem Zerstörungswerk wurde sie jedoch von Thomas überrascht, der sofort um Gnade für das prächtige Möbel bat und, als das nicht gleich half, die Demontage durch offenen Aufruhr zu verhindern suchte. Schon waren die Säulen gefallen, und die Schüssel war ausgebaut, aber der Rumpf, ein links einstöckiger und rechts zweistöckiger Kasten, wurde von Thomas für das schlechthin großartigste Affenhaus erklärt.

Das Kind überzeugte die Mutter, die Mutter befahl dem Vater, das Gehäuse an einen geeigneten Platz zu tragen. Dieser schleppte den schweren Klotz vom Keller bis zum Dach, aber so oft er ihn irgendwo ab- oder gar endgültig aufstellen wollte, hieß es: »Hier? Ausgeschlossen!« Endlich war im Treppenhaus, dicht vor der Tür zu Vaters Schriftstellereigeschäft, der einzig mögliche, das heißt, einzig dem Vater unmöglich erscheinende Standort gefunden, und Thomas konnte mit viel Radau an die Inneneinrichtung des Hauses gehen.

So viele Zigarren, wie jetzt Kistchen benötigt wurden, hätte kaum Churchill rauchen können; es galt, Betten und Schränke herzustellen, damit die Affen, die Bären und zahlreiche andere Tiere entsprechenden Hausrat vorfänden.

Wir haben, seit die Zwangsmieter fort sind, ein geräumiges Haus, darin jeder sein gerechtes Teil hat. Aber es gibt nur einen Raum, in dem sich Thomas und Stefan wohlfühlen, das ist mein Arbeitszimmer; der liebste Platz, den sie auf Erden haben, das ist die Fensterbank – noch nicht am Elterngrab, wohl aber am Grabe meiner Schriftstellerei.

Meine Ruh ist hin, mein Herz ist schwer, ich finde sie nimmer und nimmermehr. Mein Arbeitsgeist geht verstört wie ein Gespenst umher; alles Ungemach bringen die Burschen in mein Gemach, – herein, ohne anzuklopfen. Und auf meine erbitterte Frage, ob denn sonst weit und breit keine Stätte sei, an der sie sich aufhalten könnten, antworten sie mit einem unverfroren heiteren »Nein!«

»Was meint Ihr, daß mein Vater getan hätte, wenn ich ihn so mir nichts Dir nichts überfallen hätte? Er hätte mich ungespitzt in den Erdboden geschlagen!«

»Jetzt sind aber auch andere Zeiten!« kräht Thomas frech, und Stefan ist begeistert von dem kräftigen Wort, das ich da eben gebraucht habe. Besonders der Thomas ist hartnäckig wie ein Witzblatt-Geschäftsreisender. Ich kann ihn belehren, hinauswerfen, mit Prügeln bedrohen: er ist lächelnd wieder da, mit neuen Gründen gegen meine Entrüstung gerüstet, meine Waffen entwaffnend und mir sogar das Federmesser abschmeichelnd, das er zur Herstellung eines Fensters oder einer Tür für die Affenwohnung braucht.

Und da ich nicht zusehen kann, wie er mit dem scharfen Messer herumhantiert, muß ich ihm wohl oder übel helfen; und da ich auch nicht viel geschickter bin, gehen wir gemeinsam zur Mutter, die kann alles; sie ist Buchbindermeisterin. Aber sie hat auch keine Zeit und jagt uns zum Teufel. Um Mitternacht freilich höre ich es dann in der Werkstatt rumpeln, da steht sie und bastelt, ein immer zuverlässiges Heinzelmännchen.

Nicht in jedem Fall geht Thomas geradewegs auf sein Ziel los, wenn er etwas will. Neulich bin ich, wir waren allein, mit ihm ins Wirtshaus zum Essen gegangen, und da fühlt er sich ganz wie ein Erwachsener. »Die Affen«, sagt er wegwerfend, »bilden sich ein, sie bekommen elektrisches Licht in ihr Affenhaus. Aber ich denke nicht daran, da könnte jeder kommen. Die sollen schlafen, wenn's finster ist, sonst verhau ich ihnen den Po, ich hab's satt!« Er selbst ist ungeheuer streng und mit den Strafen, die wir ihm – leider – meist nur androhen, rasch bei der Hand.

Er hat nicht falsch gerechnet; ich nehme für die Affen Partei und meine, es müßte doch sehr angenehm sein, wenn man das Affenhaus beleuchten könnte. Nun vertraut er mir an, daß er da vorn bei der Brücke in einem Laden ganz kleine Lämpchen gesehen habe – aber die Affen sollten sich nur ja nicht träumen lassen, daß sie Licht bekämen, wo doch heute alles so unverschämt teuer sei – und er ergeht sich des langen und breiten in Sprüchen, die er den Großen trefflich abgelauscht hat. Endgültiges Urteil: die Affen kriegen nichts!

Infolgedessen erwerben wir an einem der nächsten Tage eine Batterie, zwei Lämpchen, ein paar Meter Leitungsdraht und einen Knipser. »Wenn Du besonders artig bist«, heißt es vor dem Mittagessen, »und auch bei den Kartoffeln keine Geschichten machst, dann kriegst Du heute abend etwas für Dein Affenhaus – rate, was!« Thomas ist kein Spielverderber; er rät höflich zuerst zwei ganz verrückte Sachen, ehe er sagt: »Ein Licht!«

»Aber nur, wenn Du ganz brav bist! Heute abend!« – »Bitte, gleich!« – »Nein, heute abend – oder überhaupt nicht!« Er verschiebt die Unterlippe ganz nach vorn: »Ich brauche kein Licht, ich mag Euch überhaupt nicht mehr!« – »Gut, dann nicht!« Die Form muß gewahrt werden, der Bösewicht wird am Abend ins Bett geschickt, mit der Festbeleuchtung ist es nichts. Vielleicht morgen früh! heißen wir ihn hoffen. Dann nach einigem Gemaule, hören wir ihn im Finstern beten: »Lieber Gott, laß meine Mammi gesund sein, denn sie will mir ein Licht ins Affenhaus schrauben!« Der Vater ist offenbar nicht mehr so wichtig, bezahlt ist die Sache schon.

Die Mutter macht sich, auf den Knien, an die Arbeit. »Laß es bis morgen«, sage ich, »bis es Tag ist!« Ich stehe unbehilflich-helfenwollend dabei. Wer meine Frau kennt, weiß: Wenn sie sich um drei Uhr früh entschlossen hätte, umzuziehen, wären wir um acht Uhr abends in einer anderen Wohnung (Behördengänge inbegriffen)! Jedenfalls: eine Stunde später knipst sie den Schalter an, und im Erdgeschoß und ersten Stock des Affenhauses brennt das Licht: Welch ein großer Augenblick!

Thomas hat natürlich nicht geschlafen, sondern mäuschenstill gelauert: jetzt ist er, weißes Nachthemdgespenst, dem Bett entstiegen, starrt ungläubig-verzückt in die zwei glimmenden Lichter, dann tanzt und schreit er wie ein Narr. Aus – an, aus – an, er drückt auf den schwarzen Knopf, bis wir ihn ins Bett zurückstampern.

Ein paar Tage ist Thomas glücklich – aber dann ergreift ihn der Fluch allen technischen Fortschritts: er möchte es noch besser, er braucht unbedingt eine elektrische Hausglocke. »Weil der Bär und der Wurstel«, sagt er, »einfach die Tür aufreißen, und vielleicht mögen die Affen gar nicht, daß sie auf Besuch kommen!« Wir schlagen vor, das Glöckchen des verspeisten Osterlamms mit einem Klingelzug im Affenhaus anzubringen. Aber da erkannten wir bald den klaffenden Zwiespalt der Geschlechter und daß es nicht gut ist, wenn der Vater um fünfzig Jahre älter ist als der Sohn und noch im neunzehnten Jahrhundert verhaftet ist, während dieser schon dem Jahr zweitausend entgegeneilt.

Hochmut kommt vor dem Fall. Eines Morgens liege ich noch im Bett, da höre ich verdächtigen Lärm und bald darauf schreckliches Wehklagen: unsere blonde Bestie, der zweijährige Stefan, hat das Affenhaus überfallen, ausgeräumt und bei seiner gewaltsamen Erkundung natürlich auch die Lichtanlage zerstört. Beide Arme voller Affen und Einrichtungsgegenstände, flüchtet er über die Treppe, zu spät jagt ihm Thomas die Beute ab.

Es ist fraglich, ob sich das Affenhaus noch einmal zu seinem alten Glanz erheben wird. Es fehlt zwar nicht an Wiedergutmachungsplänen, aber der Vater hat nichts dagegen, daß ihre Verwirklichung hinausgezögert wird.

*Schneerausch*

Ein alter Mann kann mit jungem Schnee nicht mehr viel anfangen; sogar wenn er sich kindisch freut, es bleibt eine platonische Liebe, eine Erinnerung an schönere Zeiten, Schneeballschlachten, Schneeburgen und Schneemänner, an Rodelbahnen, an Schiabfahrten, von denen die frühesten ein halbes Jahrhundert und länger zurückliegen. Schnee – was für ein vieldeutiges Wort: es kann der Schnee sein, der näßlich über die Straßen der Großstadt wirbelt und am Boden zerschmilzt, der Pulverschnee, in Eiskristallen blitzend im Winterwald, der Schnee, der zu Lawinen geballt ins Tal stürzt, der Schnee im Sturm, gegen den der einsame Wanderer kämpft, – nun, heute vormittag ist es der fallende, der frischgefallene Schnee, flaumenweich, da und dort schon von den Wegen der Vorstadt geschaufelt und zu Bergen getürmt, so recht der lockere Schnee für lockere Buben, die es gar nicht mehr erwarten können, hinauszustürmen in das rieselnde Weiß.

»Du hast jetzt all die Tage her genug geschrieben«, sagt die Mammi zu mir, »Du könntest mit dem Stefan ein wenig in den Winter hinausgehen; es täte Euch beiden gut, wenn Ihr an die frische Luft kämt.«

Der Thomas sieht und hört unsere Vorbereitungen zum Aufbruch. Hätten wir ihn nur gefragt, ob er auch mitwill! Aus lauter Widerspruchsgeist wäre er daheim geblieben. So aber heult er uns so lange was vor, bis ich weich werde. »Sag: ›meinetwegen‹, Papi!« Also sage ich »meinetwegen!«

Die Mutter warnt. »Du wirst mit den zwei Buben nicht fertig!« sagt sie kummervoll. Das geht gegen meine Ehre. »Leicht!« sage ich und nehme den beiden das heilige Versprechen ab, aufs Wort zu folgen und mir nicht von der Hand zu gehen.

Des freut sich das entmenschte Paar und zum Meineid finster entschlossen, leisten sie den Schwur, ganz brav sein zu wollen.

In voller Einigkeit treten wir unsere Polarexpedition an – aber das dauert nur so lang, als wir noch in Sichtweite der an der Gartentür nachblickenden Mutter sind.

Dann ist mit einem Wupps der winzige Stefan in einem der hohen, weichen Schneehaufen verschwunden – nur seine hohe Pelzmütze schaut noch heraus. Ich schimpfe – er aber, den Mund voller Schnee, behauptet listig, er sei nur hingefallen. Merkwürdig, daß er bei dem überdeutlich gezeigten Versuch, sich aus der weißen Flut herauszuarbeiten, immer tiefer hineingerät. Was bleibt dem braven Thomas übrig, als dem Brüderchen beizuspringen – mitten in den Zauberberg hinein. Zwei Zirkusclowns, die einem vor Lachen berstenden Publikum ihre Scheinbemühungen vorführen, sich aus einer tragikomischen Lage zu befreien, könnten sich nicht täppischer anstellen, als Thomas und Stefan. Ich merke die Absicht und werde verstimmt. »Wenn Ihr Euch jetzt schon durch und durch naß macht, wird es nicht viel werden mit unserm Spaziergang! Marsch jetzt, heraus – oder soll ich nachhelfen?!«

Die zwei Bösewichter gehen zum offenen Aufruhr über. Blitzschnell sind sie aus dem Haufen heraus, aber nur, um sich, rot vor Vergnügen und weiß von Schneepuder, in den nächsten, größeren zu stürzen. Sie waten hinein, sie baden im wunderbaren Element, sie balgen sich, sie spritzen sich an; bis ich komme, ist mindestens einer entwischt. Und bis ich den, der mir in die Hände gefallen ist, zur Rede und auf die Füße gestellt habe, ist der andre schon weit. Laß ich nun den Stefan, abgeklopft und einigermaßen zurechtgerückt, stehen, mit Donnerwetter moralisch auf seinem Platz festgenagelt – und eile dem Thomas nach, um ihn aus den wilden Wogen zu zerren, entläuft der Stefan mit hellem Jubel in die andere Richtung. Wohin der graue, erschrockene Vater schaue, sieht er eins der Kinder im Schnee verschwinden. Ihr strategischer Plan ist, den alten Mann in der Weite des Geländes zu ermüden.

Eine dicke Frau geht vorüber, sie hat Verständnis für mich: »Tut's den Großvater net so ärgern!« ruft sie den beiden Missetätern zu, die sich soeben vereinigt haben, um aus der Schneewüstenei heraus einen Kosakenangriff auf mich zu machen.

»Nix Großvater!« sag ich zu der Frau, »ich bin der Vater!« »Ja, nachher!« meint sie, – ja dann! Alles Mitleid ist aus ihrer Stimme verschwunden, Schadenfreude liegt darin: wenn ich grad noch jung genug war, darf ich jetzt nicht zu alt sein!

Ja, meine liebe Gattin hatte schon recht gehabt, mich zu warnen – diesem Zweifrontenkrieg war ich nicht gewachsen. In offener Feldschlacht siegte ich: als die beiden gegen mich anstürmten, Schnee werfend, hatte ich sie mit raschen Griffen ins Genick überwunden – aber es war ein Pyrrhussieg; alle drei wälzten wir uns nun im Schnee, in diesem wunderlichen Element, das halb Luft zu sein schien, aber doch überwiegend Wasser war, wie auch ich feststellen mußte, naß und kalt bis tief in den Halskragen und in die Ärmel hinein.

Ich sah, die Expedition mußte abgebrochen werden; meine heimliche Hoffnung, bis zum Zigarrenladen vorzustoßen und ein paar Virginier zu kaufen, war vereitelt. Ich blies teils zum Rückzug, teils mir und den Buben den Schneestaub fort; wir klopften ihn aus den Kleidern, bohrten ihn aus den Stiefeln – man glaubt gar nicht, wo frischer Schnee überall hinkommt.

Die Buben waren noch immer außer Rand und Band, jeden Augenblick konnte der Wahnsinn wieder ausbrechen. Ich durfte heilfroh sein, wenn ich die Kerle leidlich heim brachte. Gottlob, es zeigten sich erste Spuren der Erschöpfung, den Thomas fror es, wie vorausgesagt, jämmerlich an den Füßen. »Stefan, wo hast Du denn Deine Handschuhe?!« Die guten, von der Mammi neugestrickten, mit einer Wollschnur gesicherten Fäustlinge – weg waren sie. »Kinder, ohne Handschuh dürfen wir uns gar nicht nach Haus trauen!« rief ich. Der Stefan fing bitterlich zu weinen an, natürlich nützte kein hochnotpeinliches Verhör, er hatte keine Ahnung, wo sie ihm abhanden gekommen waren.

Dem Schneerausch folgte der Katzenjammer. Den frierenden Thomas ließen wir als Vortrab losziehen, die Gefahr, daß er noch einmal rückfällig würde, schien mir gebannt. Mit dem Stefan machte ich mich auf die Suche nach den Fäustlingen. Wir durchstöberten alle Lagerplätze und Schlachtfelder – vergebens; mit hängenden Köpfen, eine geschlagene Truppe, traten wir den Rückmarsch an durch den tiefen, weißen, flirrenden Schnee.

»Die Handschuhe«, sagte tiefsinnig der vor Kälte und Traurigkeit ganz zusammengeschnurrte, kleinwinzige Stefan –, »die Handschuhe wissen genau, wo sie sind!«

*Theologie*

Der Thomas war ein frommes Kind und wir hatten viel Mühe mit ihm. Denn nicht nur, daß er es selbst genau nahm, er war auch unglücklich, daß seine Mutter nicht den rechten Glauben hatte. Später wurden auch Herr Doktor katechisiert und ich erwehrte mich nur mühsam der Gretchenfrage, wie ichs mit der Religion hätte. Denn immer wieder kam er, mit mir ein Wort unter Männern zu reden.

In sein Heft machte er wunderschöne Zeichnungen mit Farbstiften, ein rotes Herz etwa, in das er viele kleine Tupfen malte.

Und darunter schrieb er mit ungelenken Riesenbuchstaben:
»Herz, mit leichten Sünden befleckt!«

»Frühling, Sommer, Herbst und Winter
Sind des lieben Gottes Kinder« –

im Lesebuch der ersten Klasse stehts, der Thomas muß es auswendig lernen. Er schaut versonnen vor sich hin; und sagt, ohne Arg, wie wenn ihm eine Erleuchtung gekommen wäre: »Dann sinds also, mit dem lieben *Jesuskind,* fünf!«

Er hat die Geschichte von Adam und Eva gehört und sie beschäftigt sein Innenleben gewaltig; er ist empört darüber, wie leichtsinnig unsere Stammutter das Paradies verscherzt hat. Ein altes Fräulein ist bei uns zu Besuch, ein harmloses Wesen, das vermutlich noch nie vom Baum der Erkenntnis gegessen hat. Aber Thomas entlädt seinen ganzen Manneszorn ausgerechnet auf diese Unschuldige: »Du bist auch dran schuld! Hättet Ihr nicht in den Apfel gebissen, ginge es uns heute allen viel besser!«

Wer an Gott glaubt, der glaubt auch an den Teufel. Zitternd wirft sich der Thomas der Mammi in die Arme. »Wo warst Du?« »Im Keller!« »Was ist denn los?« »Der Teufel hat Brr! Brr! gemacht!« Und, in einem Strom von Tränen: »Ich habe auch vom Kompottsaft genascht!«

Der Herr Kaplan ist ein großer Eiferer im Herrn und oft haben wir Mühe, daheim das seelische Gleichgewicht wieder herzustellen. »Der kleine Großpapa« – im Gegensatz zum großen, meinem Vater, der Vater meiner Frau – »der muß in die Hölle, weil er sich verbrennen hat lassen. Und er hat mir doch den schönen Schubkarren gemacht!«

※

Der Stefan ist da leichter zum haben; auch wenn er schon früh schwierige theologische Fragen stellt: »Eigentlich tut alles, was wir tun, der liebe Gott, weil er uns so gemacht hat.«

Ich will meine Buben nicht mit fremden Federn schmücken, sonst könnte ich die Geschichte von einem Kirchenbesuch am Samstag nachmittag erzählen: »Es war sehr traurig; der liebe Gott war nicht zu Hause und seine Mutter hat den Boden aufgewischt!«

Auch der vierjährige Stefan ist ein eifriger Kirchgänger, nicht so sehr aus Frömmigkeit, sondern der Unterhaltung wegen. Der Priester bewegt sich bunt am Altar, die Orgel tönt und Glöckchen erklingen. Er scheint es für eine Art mechanischen Spiels zu halten. Heute, am Werktag, wo es wirklich kirchenstill ist im Gotteshaus, zupft er mich gelangweilt am Ärmel: »Komm, die Kirche geht heute nicht!«

Und später, als er zum Beichten gehen soll, tut ers mit einer heiteren Zuversicht. »Weißt Du«, erklärt er mir, »ich bin froh, wenn ich gebeichtet habe; da bin ich alle Sünden los. Ich brauche nur zu sagen, was ich getan habe, dann ist es so, wie wenn ichs gar nicht getan hätte.« Und dann spielt er seinen höchsten Trumpf aus: »Und der Herr Kaplan darf es nicht weiter sagen, nicht einmal Dir!«

*

*Unter Brüdern*

Vermutlich haben Kain und Abel, als sie noch klein waren, oft ganz nett miteinander gespielt. Sie werden es begrüßt haben, daß ihren Eltern das Paradies verschlossen war, weil dadurch die faden Sonntagsspaziergänge ausfielen.

Feindliche Brüder sind ein finsteres Kapitel, von den Dioskuren bis zum Bruderzwist in Habsburg, von Fafner und Fasolt, Baldur und Hödur bis zu den Brautwerbern von Messina – jeder Fall liegt anders. Daß der Romulus den Remus erschlug, davon redet kein Mensch mehr; und sogar die Wölfin, von der die Buben doch wohl ihr wildes Blut hatten, steht ehern und ehrenvoll auf dem Kapitol.

Den Thomas und Stefan aber hat die Mutter mit der Milch ihrer frommen Denkungsart gesäugt und mit Alete großgezogen; da ist eigentlich nichts zu fürchten, wir können uns mehr an die freundlichen Brüder Grimm oder Humboldt halten. Zudem sind sie vier Jahre auseinander, das vermindert die Spannungen.

Eintracht und Zwietracht halten sich die Waage; anfangs freilich war Thomas nicht sehr begeistert; »das waren noch Zeiten«, meinte er, »als wir noch kein Brüderchen hatten! Ich habe gedacht, ich hätte was zum spielen, aber nichts habe ich, als Kummer und Sorge – wenn wir Hühner gekriegt hätten, gäbs wenigstens Eier!« Und später wachte er sorgsam darüber, daß Stefan, der »immer nicht« gehaut wurde, auch sein Teil bekäme. »Mich habt Ihr ganz gut erzogen, aber zu milde; das Brüderchen müßt Ihr strenger erziehen. Wenn ich in der Schule bin, dürft Ihr den Stefan am liebsten haben, sonst mich – und am Sonntag alle zwei gleich!«

Ströme von Liebe verteilen wir durch ein großartiges Kanalsystem auf die beiden Knaben, aber wir können nicht hindern, daß sich bald der Thomas »an den Rand der Familie gedrängt« fühlt, bald der Stefan finster erklärt: »Gut! ich weiß schon, Ihr mögt mich nicht, weil ich die Zweitgeburt bin!«

Aber derselbe Thomas verkauft seine so betonte Erstgeburt um ein Linsengericht, er schenkt dem Kleinen seine sorgfältig geschonten Spielsachen und weint dann freilich bitterlich, wenn sie innert acht Tagen zerfetzt sind. In jüngster Zeit sind sie sich allerdings im Ausschlachten alter Radios einig; Stefan, als skrupelloser und unwiderstehlicher Unterhändler wird zu allen Leuten geschickt, die noch solch einen verbrauchten Kasten besitzen – und dann ist wochenlang unsre ganze Behausung übersät von den Trümmern ausgedienter Volksempfänger, bis die Mammi draußen vor der Tür den großen Scheiterhaufen entzündet – das ist ja der Vorteil der Ölheizung, daß man nichts mehr in den Ofen werfen kann.

Am einigsten sind sie, wenn es gegen den Erbfeind, die Eltern, geht. Da erfahren wir oft zufällig, was wir unter Brüdern wert sind. »Du, die fahren heute nochmal fort, sonst stünde das Auto nicht heraußen!« mutmaßt der Stefan und Thomas rät, genau aufzupassen, wenn wir miteinander reden: »dann wissen wir alles!« »Kaum ist die Mammi erträglich, fängt der Papi an, unleidlich zu werden.«

Gelegentlich – es ist schon wieder lang her – rotteten sie sich auch zum offenen Aufruhr zusammen; das begann mit dem Absingen eines streng verbotenen, dem Heckerlied vergleichbaren Textes »Stinkulo und Stankulo ...«, Wort und Weise von Thomas Roth. Doch vermochten die rasch zusammengezogenen Regierungstruppen bisher immer noch, die Revolte im Keim zu ersticken.

Jeder Mensch hat eine Sehnsucht. Thomas kann, wie Palmström, nicht ohne Post leben. Er beschwört das kaum die ersten Buchstaben malende Brüderchen, ihm zu schreiben. Und wirklich setzt sich Stefan heimlich an die Schreibmaschine und tippt den ersten jener berühmten »Briefe, die ihn nicht erreichen«. Der Wisch fährt im Haus herum und ist, zwischen zahllosen Fehlanschlägen, etwa folgendermaßen zu entziffern: »Lieber Thomas ich erzähle dir einne Geschichte das Russessen. es war einmal ein armer mann ...« in einem schrecklichen Buchstabenwirrwarr erstickt der frühe Eifer.

In den ersten Weihnachtsferien aber – Thomas kommt aus

der Klosterschule nach München, Stefan fährt an Neujahr in sein geliebtes Kinderheim auf dem Ingerlhof – bereitet Thomas alles für den erhofften brüderlichen Briefwechsel vor: er nimmt meine kostbarsten Umschläge (ein halbes Dutzend für die acht Tage der Trennung!), bemalt sie mit seiner sehr vorübergehenden Münchner Anschrift, frankiert sie ausgiebig und legt sie dem Stefan ans Herz und in den Koffer. Leider hat die Deutsche Bundespost wegen Nichtabsendung das gute Geschäft nicht machen können.

Ich habe mir zwar geschworen, keine rührenden Geschichten zu erzählen, aber eine sei doch erlaubt. Der Thomas ist wieder einmal besonders frech gewesen und obwohl ich aus der gelehrten Literatur weiß, daß Frechheit keine Charaktereigenschaft ist, sondern eine nach Zeit und Umständen begrenzte Art des kindlichen Verhaltens, bin ich böse mit ihm; ich verschließe mich der Einsicht, daß ein freches Kind nur ein leidendes Kind sei, ich fühle mich als leidender und beleidigter Vater; der kleine Stefan aber setzt sich für das Brüderchen ein: ich solle wieder gut mit ihm sein. »Gern«, sage ich, »aber da muß erst der Thomas ...« – »Ich weiß schon«, flötet Stefan mit seiner süßesten Schmeichelstimme, »aber, gib ihm, bitte, Gelegenheit dazu!«

Was freilich nicht hindert, daß zehn Minuten später zwei erbitterte Boxer vom Ringrichter getrennt und in die Ecken verwiesen werden müssen.

Erzählungen

*Die Fremde*

An die neun Jahre bin ich damals alt gewesen und in die dritte Klasse der Sankt Petersschule gegangen, wo wir, Buben und Mädchen zusammen, nach den guten alten Grundsätzen mit reichlichen Tatzen und ohne viel Seelenkunde auf unsern Eintritt in die menschliche Gesellschaft vorbereitet worden sind.

Mitten im Schuljahr, vielleicht im November, denn ich weiß noch gut, daß wir die Gaslichter angezündet hatten, und das war immer sehr spannend, an einem solchen Tag ist noch etwas weit Aufregenderes geschehen. Die Tür des Klassenzimmers ist aufgegangen, und der faltenhäutige, nie ganz saubere Hauptlehrer Mundigl hat ein kleines Mädchen hereingeführt und hat gesagt: »So, Kinder, da bring ich euch eine neue Mitschülerin, Angelika Holten heißt sie und wird vorderhand in eurer Klasse bleiben. Ihr müßt recht nett zu ihr sein, wenn sie auch eine echte Berlinerin ist, aber sie kann ja nichts dafür!«

Das hätte ein Witz sein sollen, und der Oberlehrer hat seine wüsten Zähne zu einem Grinsen gebleckt, wie er wieder hinausgegangen ist. Wir haben es aber zu spät gemerkt, und auch die Lehrerin, das vergilbte Fräulein Vierthaler, hat mit ihrem Lachkrächzen ihren Vorgesetzten nur mehr unter der Tür erwischt.

Mitten im Zimmer aber ist ein hoch aufgeschossenes Mädchen stehen geblieben, nicht verlegen und nicht herausfordernd, sondern nur ganz fremd und kalt. Sie hat ein blasses, ja ein dünn-weißes Gesicht gehabt, freilich mit vielen Sommersprossen auf Stirn und Nase. Und dunkelrote Haare sind ihr fast zu schwer bis auf die Schultern gefallen. Und sie hat ihre Augen, seltsam kühle, graugrüne Augen, langsam über die ganze Klasse hingehen lassen, in diesen stummen Aufruhr von Zuneigung, Feindseligkeit und Neugier hinein. Und mir ist gewesen, als ob sie mich besonders lang und rätselhaft angeschaut hätte. Ich bin ja auch ganz dicht vor ihr auf der ersten Bank gesessen. Ich spüre heute noch den wunderlichen Geruch, der von ihr ausgegangen ist wie ein Geheimnis, und den ich, angstvoll und tief verwirrt, die Augen in plötzlichem Erröten schließend, in mich eingesogen habe.

Diese innerste Begegnung hat nur einen Herzschlag lang gedauert. Die Lehrerin, ohne ein freundliches Wort der Einführung des Oberlehrers folgen zu lassen, sagte gleich mit ihrer teigigen Stimme: »So, Holten, setz dich einstweilen in die letzte Bank, neben die Fröschel Theres; und wir fahren jetzt fort.«

Wir hatten gerade Schönschreiben ins Heft, und ich war der Vorsprecher: »Haarstrich auf, Schattenstrich ab, Haarstrich auf, Schattenstrich ab, Haarstrich auf, U-Häubchen darauf!« Und die Stunde ging weiter, als ob nichts geschehen wäre.

Es ist aber nur die Angst vor der Lehrerin gewesen, wenn es die Kinder bei einem geheimen Wispern und Tuscheln haben bewenden lassen und bei halben und scheuen Blicken gegen die letzte Bank, auf der die Fremde saß, unbeweglich und blaß. Das Fräulein Vierthaler ist nämlich ein böses altes Mädchen gewesen, das den säuerlichen Bodensatz ihres glücklosen Lebens jahrelang in genauen und tückischen Löffeln an die Kinder verteilt hat.

Kaum aber war die Schule aus, ist schon ein wilder Bienenschwarm durcheinandergebraust, und jedes hat mit jedem das große Ereignis bereden wollen.

Aber in der ersten Aufregung der Schwätzer, in der Scheu, sich der Fremden zu nähern oder in dem Bedürfnis, sich dazu erst Bundesgenossen zu sichern, ist eine Verwirrung entstanden, in der die, der all der Tumult galt, lautlos entkommen sein mußte. Denn als wir, zwischen Klassenzimmer, Treppenhaus und Straße schon verstreut, uns nach ihr umsahen, war sie verschwunden.

Ich bin dann, wie immer, wenn zum Herumstreunen vor dem Essen keine Zeit mehr war, mit Lisa heimgegangen, die den gleichen Weg gehabt hat. Auch Pips, der Sohn des Hausmeisters von nebenan, und die schmächtige, immer sanfte und sehnsüchtige Ursula Franitschek, die Tochter eines böhmischen Schneiders, waren mit dabei.

Lisa war das einzige Kind des Regierungsrates Anspitzer, sie ist ja später ihrer tollen und schließlich so unglückseligen Geschichten halber stadtbekannt geworden. Aber auch damals schon ist sie ein kleiner Teufel gewesen.

Sie hat über uns alle eine geheime Macht gehabt, und wen sie nicht durch ihre wilden Erzählungen und den Schimmer des Abenteuerlichen bezauberte, den zwang sie durch eine trotzige Kraft ihres herrischen Wesens, dem schwer einer entrann. Ich jedenfalls bin ihr ganz verfallen gewesen, und sie ist mir erschienen wie aus einem Märchen, freilich den schönen, funkelnden Kobolden näher verwandt als den lichten Elfen.

Ich habe sie geliebt, das weiß ich heute wohl, mit jenem süßen Grauen, das immer bereit ist zur Flucht und das immer wieder zurückkehrt, solange nicht eine andere, klarere und größere

Gestalt uns Heimat gibt. Und niemand glaube, dies sei unter Kindern im Grunde anders als unter den Großen.

In diesem Mädchen von neun Jahren hat der Dämon schon gewohnt, der immer einen Aufruhr, ein Feuer, eine Vernichtung ins Werk setzen muß, nur damit er mit kaltem Herzen und voll geheimer Lust zuschauen kann, welchen Lauf das Unheil nimmt, und wenn es der eigene Untergang wäre.

Lisa hat es sofort wissen wollen, wie mir die Fremde gefällt, und sie hat es so drohend gefragt, daß ich gleich gespürt habe, daß sie den Eindringling fürchtete und haßte. Ich bin aber der klaren Entscheidung ausgewichen und habe wohl damals schon geahnt, daß ich mit allen Kräften Angelika zuwuchs. Und Lisa hat mich trotzig stehenlassen und ist mit dem andern Mädchen gegangen. Ich bin dann mit Pips hinterdrein getrottet und habe zugehorcht, was die zwei über die Fremde reden.

Ich habe erst von ihnen erfahren, daß jene ein teueres, schwarzes Samtkleid getragen hat und, was noch weit beneidenswerter, ja geradezu aufreizend gewesen sein muß, schwarze Knopfstiefel, die weit über die Knöchel hinaufreichten.

Die sanfte Ursula stellte das mit einer träumerischen, neidlosen Beglücktheit fest, aber Lisa, schon entschlossen, eine unversöhnliche Feindin der neuen Mitschülerin zu sein, erklärte, daß schon der Name Angelika ein affiges Getue und eine freche Anmaßung wäre. Und als Ursula schwärmerisch diesen Namen vor sich hinsagte, wurde Lisa erst recht wütend und holte ohne weiteres jetzt Pips als Begleiter und Verbündeten.

Der Gassenjunge war gewiß kein Freund der hochmütigen Lisa, aber noch weniger gefiel ihm der rothaarige Berliner Fratz; der Zuwachs an Kindern feiner Leute paßte ihm schon gar nicht, und er drückte das in derben Worten aus. Es war verwunderlich, wie Lisa, nur um der gemeinsamen Feindschaft willen, diesen seltsamen Parteigänger und seine Beweggründe unbekümmert hinnahm, im Augenblick ihre ganze Verachtung gegen den Sohn des Hausmeisters vergessend.

Schon in den nächsten Tagen ist es so ziemlich festgestanden, daß sich die schöne Fremde keiner allzu großen Beliebtheit zu versehen haben würde. Gerade die Mädchen, deren Träume selber nach Samtkleidern, Knopfstiefeln und eigenwilligen Vornamen zielten, zeigten sich am schroffsten in der Ablehnung Angelikas, die ihrerseits, ganz wie ihre erste Erscheinung es hatte vermuten lassen, in einer rätselhaft fernen und kühlen Haltung verharrte, wohl unvermögend, die Kluft zu überschreiten, in ihren knappen Antworten mißverstanden und selber die Zielscheibe billigen Spottes, wenn sie die noch mit Absicht in derbste Mundart verzerrten Redensarten nicht begriff.

Die ärmeren Mädchen hatten wohl eine schier verzückte Andacht zu der Geheimnisreichen, aber von so demütiger und scheuer Verehrung ging wenig Wirkung aus gegen die Gewalt der andern. Auch unter uns Buben fehlte es nicht an solchen, die sich Angelika in einer ehrlichen und treuherzigen Art als Beschützer anbieten wollten. Aber das seltsame Kind wußte seinen Vorteil nicht wahrzunehmen, oder auch, es wollte nicht, und in dem geheimnisvollen Kampf, der um sie entbrannt war, wurden gerade diese verschämten Ritter am ehesten abtrünnig.

Denn, wie wir ja erst als Erwachsene begreifen, ist Liebe niemals zarter, aber auch niemals spröder, niemals schneller bereit, in trotziger Abwehr umzuschlagen, als in jenen ganz frühen Jahren der Kindheit, noch lange vor dem ersten sichtbaren Aufbruch zum Kampf der Geschlechter gegeneinander. Ich habe noch nichts über meine eigenen Gefühle für Angelika gesagt. Die Kindheit, noch brennend im ungelöschten, hellen Glanz der Unschuld, hält ja all das in reiner Schwebe, was später erst so körperhaft wird, daß es Namen verträgt. Mit solchen Worten, allzu roh gepackt, könnte ich jetzt sagen, daß ich in Lisas Kreis gebannt war als ein schwacher Trabant ihrer herrischen Natur, daß aber unwissend und doch ahnungsvoll meine Liebe der rätselhaften Fremden gehörte, zu der ich mich freilich keineswegs offen zu bekennen wagte. Nur meine heimlichen Anstrengungen, mich in einer zwingenden Art ihr sichtbar zu machen, sind mir noch in deutlicher Erinnerung. So bemühte ich mich in jener Zeit, sehr zum Erstaunen meiner Mutter, wohlgekleidet, frisch gewaschen und gekämmt in die Schule zu gehen und selbst den ungeheuerlichen Inhalt meiner Hosentaschen opferte ich meinem neuen Schönheitsgefühl.

Doch schien es ausschließlich Lisa zu sein, die diese Veränderung bemerkte, und die sagte mir auf den Kopf zu, was ich selber nicht gewußt hatte. So erfuhr ich durch sie, daß ich mich in den rothaarigen Fratzen vergafft hätte, und ich sollte doch hingehen zu dem Grasaffen und ihm meine Aufwartung machen – aber ich wäre ja bloß zu feige dazu.

Daß ich wirklich von ihr abfallen könnte, fürchtete Lisa offenbar nicht; meinen Wankelmut bestrafte sie dadurch, daß sie nicht mehr mit mir zusammen heimging und auch in der Frühe nie auf mich wartete, wie sie es oft getan hatte.

Inzwischen war Weihnachten gewesen, und den Tag nach Dreikönig war die Klasse wieder zusammengetroffen, die glücklichen Kinder der wohlhabenden Eltern im Glanz neuer Kleider und Anzüge, warmer Mäntel und bunter Wollsachen und mit Schlittschuhen bewaffnet oder mit einer Schachtel Zinnsoldaten im Schulranzen.

Das wichtigste Ergebnis der ersten Besichtigung war, daß Angelika ein grünes Kleid trug und daß Lisa, so reich beschenkt sie sich auch sonst zeigen mochte, keine Knopfstiefel bekommen hatte.

Noch kurz vor dem heiligen Abend hatte sie damit geprahlt, als wäre es eine Selbstverständlichkeit und nur ein Versehen gleichsam, daß sie bisher keine gehabt hätte.

Sie suchte uns auch jetzt noch weiszumachen, daß sie nur vergessen hätte, ihren Wunsch auf den bunten Briefbogen zu schreiben, der nach damaliger Sitte von den Kindern in der Adventszeit vor das Fenster gelegt werden mußte. Aber ihre Verstellungskunst war doch nicht so groß, daß sie die tiefe Demütigung hätte verbergen können, die sie darüber empfand, auch jetzt, nach dem Fest, ohne Knopfstiefelchen in die Schule kommen zu müssen.

Die volle Wut des kleinen Unholds richtete sich nun gegen die Fremde, ja, geradezu gegen ihre Schuhe, die, immer noch aufreizend neu und vornehm, ihr täglich in die Augen stechen mußten.

Ich weiß nicht, warum sie gerade auf mich verfallen ist, als es galt, ein Werkzeug ihrer bösen Lust zu suchen. Jedenfalls ist sie plötzlich verdächtig freundlich zu mir geworden und hat mir versprochen, daß sie mir zwei von ihren Kaninchen schenkt, die sie als schier sagenhaft kostbaren Besitz zu Hause sich hielt und die wir alle nur aus ihren Berichten kannten, denn keiner von uns war je würdig genug befunden worden, sie auch nur zu sehen.

Mitten in meine wilde Freude hinein hat sie dann ihren finsteren Plan entworfen: Ich sollte der Verhaßten die Stiefel auf irgendeine Weise verderben; so, als wäre es nur aus Zufall geschehen, auf die Kappe treten oder Tinte oder Wagenschmiere darauf zu bringen versuchen.

Ich war durch dieses Ansinnen, das mir Lisa in aller Heimlichkeit und mit einer erschreckenden Kunst der Verführung machte, auf das tiefste verwirrt. Im Innersten entschlossen, es abzuweisen, war ich doch zu verzaubert gewesen, mich sofort und mit Empörung von ihr abzuwenden.

Die lockende Vorstellung, daß ich zwei Kaninchen bekommen sollte, aus ihren Händen, eine Gabe, mit der sich geheimnisvoll eine Hingabe verschmolz, denn es waren ja Lisas Kaninchen, von ihr gehegt, von ihr geliebkost, ja dieser Gedanke stürzte mich in einen Abgrund des Herzens. Als ich wieder zu mir selbst kam, haßte ich Lisa heftig und für immer. Sie aber höhnte mich nur, sie hätte sich gleich denken können, daß ich zu feige sei, es gäbe aber andere Buben genug, die dazu bereit wären, dem hochnäsigen Fratzen eins auszuwischen. Und als ich, grau vor Eifersucht, fragte, ob die auch die Kaninchen bekämen, sah sie mich nur groß an, und es war die letzte und gefährlichste Anfechtung, als sie sagte: »Nein, die müssen es umsonst tun!«

Auf dem Heimweg schlich ich in weitem Abstand hinter Lisa her und sah, wie sie heftig auf Pips, den Hausmeisterssohn, einredete. Da spürte ich, daß die böse Tat nun dennoch geschehen würde. Zweimal nahm ich einen Anlauf, mich von der schweren Verantwortung solcher Mitwisserschaft zu entlasten. Aber von Pips war auch gegen das Versprechen eines bunten Glasschussers nichts zu erfahren, und der Versuch, Angelika selbst zu warnen, scheiterte an meinem Ungeschick und an ihrer stolzen Zurückweisung. Sie zählte mich, als Lisas Gefolgsmann, ein für allemal unter ihre Feinde.

Ich faßte den verzweifelten Entschluß, ihr einen Brief zu schreiben; aber ehe ich mich zu diesem ungeheuerlichen Wagnis gefunden hatte, war das Unglück schon geschehen.

Der tückische Angriff der Kinder auf neue Schuhe ihrer Mitschüler war an sich nichts Ungewöhnliches. Es war damals bei uns der dumme Spruch im Schwang: »Mei' Mutter hat g'sagt, schwarze Käfer muß man tottreten!«, wobei der Angreifer zugleich einen kräftigen Stoß mit dem Absatz gegen die Kappe des neuen Stiefels zu führen suchte. Doch taten das mehr die Raufbolde unter sich.

Diesmal aber, gleich beim Verlassen des Schulzimmers im halbdunklen Gang, war es dem Pips mühelos gelungen, sich an Angelika herandrängen und ihr, die diesen Spruch nicht verstand – der ja zugleich eine Warnung war, wessen man sich zu versehen hatte – mit einem rohen, blitzschnellen Hieb des eisenbeschlagenen Absatzes eine tiefe Schrunde in das glänzende Leder zu stoßen.

Angelika schrie nicht, sie weinte nicht. Sie stand nur da, in abgründiger Verachtung, noch ganz verwirrt von dem Unbegreiflichen.

Der Übeltäter suchte sich mit einem häßlichen und doch verlegenen Lachen davonzumachen. Die übrigen Kinder, auch Angelikas ausgemachte Feinde, standen in betretenem Schweigen und zollten diesmal der lästerlichen Tat den gewohnten Beifall nicht. Lisa stand ganz abseits, als ginge sie der Vorfall nicht das geringste an. Aber aus ihren Augen schoß ein grüner Blitz der Rache.

Ich war zu spät gekommen, den Frevel zu hindern. Jetzt aber stürzte ich mich voller Wut auf Pips; und mochte es die Überraschung sein, die ihn lähmte, oder das Gefühl seiner Schuld, daß er schier froh war, sie gleich bar bezahlen zu dürfen, jedenfalls schlug ich den weitaus Stärkeren in rasendem Zorn und ungeachtet der Püffe, die ich selber abbekam, bis er, aus der Nase blutend, das Feld räumte und im matten Gemurmel seiner Kumpane untertauchte.

Angelika dankte mir mit einem kurzen und scheuen Blick, dann zupfte sie sich zurecht, sah noch einmal betrübt auf ihren Schuh und ging, allein und fremd wie immer, ihres Weges.

Nun erwarteten wir alle insgeheim, Angelika, das reiche, vornehme Mädchen, würde des anderen Tages mit neuen, noch schöneren Stiefeln in die Schule kommen. Aber unsere Enttäuschung war groß, als sie die gleichen Schuhe trug, den häßlichen Flecken an der eingedrückten Kappe wohl so gut es anging ausgebessert, aber trotzdem deutlich sichtbar. Es war zu merken, wie sehr sie unter dieser Erniedrigung litt, und sie mochte wohl viel geweint haben, als niemand sie sah. Und wenn sie auch jetzt, vor den Augen der Kinder, sich aufs äußerste zusammennahm, sie war doch unsicher geworden, und der Zauber ihrer überlegenen, unnahbaren Haltung schien dahin zu sein. An seine Stelle war eine feindselige Verschlossenheit getreten, die schon im Laufe der nächsten Tage und Wochen sich zu einer kalten Gleichgültigkeit verflachte; Angelika wurde nicht mehr beneidet und nicht mehr beachtet. Sie lebte unter uns, fremd und schattenhaft. Andere Ereignisse traten ein, wir Buben waren ganz in die Wirbel des eben ausgebrochenen Burenkrieges gerissen, und nur der Umstand, daß schlechterdings niemand Engländer spielen wollte, verhinderte den Ausbruch blutigen Klassenzwistes.

Übrigens versäumte Lisa nicht, sich an mir zu rächen. Als einige Zeit später das Schwämmchen, das an unseren Schiefertafeln baumelte, in Wirksamkeit treten sollte, bemerkte ich mit Schrecken, daß ich vergessen hatte, es naß zu machen. Schon hoffte ich, unentdeckt auf natürlichstem Wege die Befeuchtung nachgeholt zu haben, als Lisa den Finger hob und mit gellender Stimme schrie: »Fräulein, der Roth hat auf den Schwamm gespuckt!« Ich bekam vier Tatzen, die ich aber, so gesalzen sie waren, vor Wut kaum spürte. Seltsamerweise dachte ich mit einem rasenden Gefühl an nichts anderes als an die zwei Kaninchen, die mir Lisa versprochen hatte, und es schien mir, als wäre ich erst in diesem Augenblick quitt mit ihr und berechtigt, für immer von ihr zu lassen.

An einem Sonntag zu Beginn des Frühjahrs war ich von meiner Mutter in einen Matrosenanzug gesteckt worden, der sehr vornehm war und zu größter Artigkeit verpflichtete. Vor mir hatte ihn ein echter kleiner Prinz in Griechenland getragen, und eine weitläufige Base, die dort Erzieherin war, hatte ihn für mich geschenkt bekommen.

So unglücklich ich mich zuerst, als ich nun mit meinen Eltern durch die Maximilianstraße ging, in dieser Zwangsjacke fühlte, so stolz machte sie mich, als ich, gleichfalls mit ihren Eltern, Angelika Holten auf uns zukommen sah. Ich tat ganz so, als wäre ich bisher nur im Alltag der Schule verkleidet einhergegangen, und dies also wäre meine wahre Gestalt.

Und wirklich sah ich, der ich schon seit meinem Hiebe gegen den gemeinen Pips mich einer leisen Zuneigung Angelikas erfreuen durfte, ein huldvolles Lächeln auf ihrem Gesichte aufblühen.

Trotzdem wäre es aber wohl bei dieser flüchtigen Begegnung geblieben, wenn sich nicht im gleichen Augenblicke herausgestellt hätte, daß auch unsre Väter sich kannten. Wenigstens grüßte Angelikas Vater mit seinem großen weichen Hut ungemein höflich, ja, fast mit einer zu deutlichen Beflissenheit den meinen. Er hatte ein schlaffes, fahles und schwermütiges Gesicht und glich mit seinem Knebelbärtchen, wie ich damals schon sah, aufs Haar einem der Männer, wie sie in dem Niederländersaal der Alten Pinakothek zu finden waren, wohin ich erst den Sonntag zuvor einen durchreisenden Onkel hatte begleiten dürfen.

Die Mutter war das Urselbst Angelikas. Nur schien sie, bei aller Geziertheit, früh gealtert und von Kummer ausgebleicht.

Sie hatte den gleichen rätselhaften Blick an allem vorbei, und es schien, als verberge sie sich selbst bei vollster Gegenwärtigkeit.

Es ist mir heute noch seltsam, daß mir diese beiden Menschen so klar und eigentlich über alle Betrachtung eines Kindes hinaus ins Bewußtsein traten. Es war etwas Geheimnisvolles in ihnen, sie waren gezeichnet, und vielleicht haben Kinder einen Blick dafür.

Die Erwachsenen kamen in ein Gespräch, uns Kinder hießen sie vorangehen. Es war ein beklemmendes Glück, an Angelikas Seite zu sein. Ich wußte nicht, wovon ich sprechen sollte, denn ich wollte etwas Besonderes sagen. Ich sah zu Boden, ohne etwas zu beabsichtigen, sie mißriet meinen Blick, wir schauten uns betroffen an; sie hatte auch heute, am Sonntag, die Knopfstiefel an mit dem unverheilten Schlag, den ihr der freche Bub versetzt hatte. Sie war nahe am Weinen, aus Scham, aus Zorn über mich – ich war voll hilfloser Angst, aber ich fand kein Wort, das jetzt hätte gesagt werden müssen. Da nahm ich ihre Hand, sie wollte nach mir schlagen, aber ich hielt sie fest. Da wurde sie still und sah mich an, und diesmal war ein Glanz in ihren Augen wie noch nie; und jenen ersten Duft, der mich damals, als sie kam, so rätselhaft verwirrt hatte, spürte ich wieder.

Aber da riefen uns die Eltern zurück, und wir trennten uns. Bei Tisch sagte mein Vater, dieser Holten sehe sich auch in seinen Hoffnungen getäuscht, er habe sich von der Errichtung eines großen und neuzeitlichen Betriebes viel versprochen, aber die Münchner seien keine Berliner, und Herr Holten werde die Ohren steif halten müssen.

Darüber brach ich in ein meckerndes Gelächter aus, denn ich wußte nicht, daß das eine Redensart sei, und ich konnte mir den weichen, schauspielerschönen Mann nicht mit steifen Ohren vorstellen.

Ich erfuhr dann übrigens, daß er Fotograf sei oder, wie er selbst sich damals schon nannte, Lichtbildkünstler, und meine Mutter machte den Vorschlag, wir sollten uns, da ohnehin keine guten Aufnahmen von uns vorhanden seien, doch der Kunst Herrn Holtens anvertrauen.

Das wurde auch, nicht zuletzt auf mein unaufhörliches Drängen hin, nicht viel später verwirklicht. Aber meine heimliche Sehnsucht, bei diesem Anlaß Angelika wiederzusehen, auf eine besondere Weise natürlich, denn ich sah sie ja täglich in der Schule, erfüllte sich nicht. Ja, ich hatte sie nicht einmal von unserem Kommen verständigen können; denn solange die Absicht meiner Eltern nicht feststand, wollte ich nicht damit prahlen. Und dann ging alles so schnell, daß ich Angelika vorher nicht mehr traf.

Herr Holten entwickelte, obwohl wir die einzigen Besucher seiner Kunstanstalt waren, eine freudig-schwermütige Betriebsamkeit. Er schien unablässig Gäste hereinzubitten und auf diese Räume zu verteilen, die wirklich ungewöhnlich weitläufig und von einer theatralischen Großzügigkeit waren. Meine Mutter flüsterte meinem Vater zu: »Recht schön, aber genau hinsehen darf man nicht!« und wischte verstohlen den Staub fort, der dick auf einem Gesimse lag.

Inzwischen rückte der Meister den großen, glasglotzenden Kasten zurecht und stellte unsere Geduld auf eine harte Probe, gar die meine, die schnell von dem ewigen: Noch ein bißchen rechts, Kopf höher, lächeln, bitte lächeln! erschöpft war.

So daß ich denn auch, nachdem wir vor verschiedenen Brokaten und Gobelins uns aufs grausamste die Hälse verrenkt hatten, das dümmste Gesicht machte und Herr Holten, wehleidig lächelnd, die Aufnahme wiederholen mußte.

Der Lichtbildner zeigte uns noch eine Reihe seiner Schöpfungen, seine Frau und Tochter hatte er ungezählte Male festgehalten, und er blätterte einen ganzen Fächer von Aufnahmen vor uns aus. Er wurde abgerufen, meine Eltern sahen gerade weg, und ich, in einem jähen Entschlusse, ja, wie in einem Rausch, ergriff hochschlagenden Herzens eines der Bildnisse Angelikas und steckte es in die Tasche.

Zu Hause schien mir kein Ort sicher genug für meinen Raub, bis ich ihn endlich zwischen den Seiten meines Robinson verbarg. Ich habe später lange und schmerzlich danach gesucht, aber das Buch mitsamt dem Bilde ist längst verschollen.

Einige Tage später, ebenso unangemeldet, kam Angelika mit ihrer Mutter, um uns die fertigen Bilder zu bringen. Ich hatte unseligerweise gerade Versuche zur Herstellung von Schießpulver gemacht, die immerhin so weit geglückt waren, daß ich mit schwarzem Gesicht und versengtem Haar in einem Winkel des Hofes stand, als ich die Besucher die Treppe hinaufsteigen sah. Ich hörte sogar, wie Angelika nach mir rief, aber in grimmiger Verzweiflung mußte ich mich taub und blind stellen, denn es erschien mir nicht möglich, in solchem Aufzuge vor sie hinzutreten.

Anderntags, auf dem Heimweg von der Schule, faßte ich mir

ein Herz und sprach Angelika, die schon wieder entschlüpfen wollte, prahlerisch daraufhin an: Ich hätte gestern nicht daheim sein können, weil ich eine große Erfindung gemacht hätte; und erging mich in geheimnisvollen Andeutungen.

Die Freundschaft mit dem immer noch scheuen und fremden Mädchen war in hoffnungsvoller Blüte, als die großen Ferien uns trennten. Ich kehrte von der übertünchten Höflichkeit eines Schülers in das ungebundene Dasein eines Wilden zurück und wurde wieder für den ganzen Sommer Fischer, Jäger und Waldläufer.

Als ich im Herbst wieder in die Klasse kam, war Angelika nicht unter den Schülerinnen. Wir hörten, sie sei sehr krank gewesen und würde vor Weihnachten kaum kommen.

Ich ging einmal, im November, in die Wohnung ihrer Eltern, mich nach ihr zu erkundigen. Die Mutter öffnete, sie sah zerfallen aus, wie ein Gespenst Angelikas, bleich, mit dem düsterroten Haare, so ähnlich der Tochter und so fremd und unheimlich, daß ich mich zwingen mußte, einzutreten.

Sie führte mich in ein Zimmer von verschollener Pracht, ödem Geschmack und grenzenloser Verwahrlosung. Der Vater kam aus der Werkstatt herüber, alt, abwesend, als hätte er sich dringendster Beschäftigung entrissen, schwermütig schön in seiner Samtjacke, dem wehenden Schlips und dem fast kecken Bärtchen um den traurigen Mund. Von Angelika, der ich im Namen meiner Mutter ein paar Süßigkeiten mitgebracht hatte, hörte ich nur durch den Türspalt eine matte Stimme des Dankes und der Versicherung, in acht Tagen dürfte sie wieder aufstehen, und in vierzehn Tagen käme sie wieder in die Schule.

Sie kam auch wirklich in den ersten Dezembertagen, blaß, abgezehrt, mit einer Haut, so durchscheinend, daß ein bläulicher Schimmer von ihr auszugehen schien. Die Augen brannten grün aus tiefen Schatten, und das rote Haar schien flammender geworden um das schmale Gesicht.

An einem dieser Tage brachte der Schuldiener eine Liste, brachte sie gleichmütig wie jedes Jahr, und die Lehrerin, es war auch heuer noch das böse und häßliche Fräulein Vierthaler, verlas sie ebenfalls so gleichmütig wie jedes Jahr: Die Schüler und Schülerinnen, die an der Christbescherung der Anstalt teilzunehmen wünschten, sollten sich bis morgen melden!

Und am andern Tag stehen die Kinder auf, auch sie so gleichmütig wie jedes Jahr, die Zipfler Anna, der Rucker Sebastian, die Eisenschink Walburga ... Und dann steht Angelika auf. Sie steht da, schwankend wie in einer ungeheuren Anstrengung, geschlossenen Auges, die Hände flach auf die Schulbank gelegt.

Die Lehrerin, die gerade durch die Reihen gehen wollte, ist einen Schritt zurückgewichen: »Holten, du?!«

Da sehen erst die Kinder alle, daß Angelika steht. Und ich sehe es auch. Aber schon hat die Lehrerin den Irrtum begriffen: »Nein«, sagt sie, ärgerlich lächelnd, »da hast du falsch verstanden, es ist nicht wegen der Christbaumfeier, sondern welche Kinder aus Mitteln der Schule beschert werden wollen mit Wäsche, Kleidern oder Schuhen! Setz dich nur wieder!«

Angelika nickt nur mit dem Kopf, aus den geschlossenen Augen springen die Tränen, sie wankt in einem Sturm der Qual, aber sie bleibt stehen.

»Es ist gut, setzt euch alle!« krächzt die Lehrerin plötzlich aufgeregt und schlägt wie mit Flügeln um sich.

Aber schon kann sie das Getuschel und Gewisper nicht mehr niederschlagen, wenn sie nicht noch ärgeres Unheil anrichten will. Alle Kinder starren auf Angelika. Sie wissen noch nicht, was Trug und Wahrheit ist. Die aber schärfer schauen, sehen mit einem Male, daß die stolze Fremde immer noch das schwarze Samtkleid trägt, mit dem sie vor mehr als einem Jahr gekommen ist; wahrhaftig, es ist ein schäbiges Kleidchen geworden, täglich abgewetzt an der Schulbank. Und die bewunderten Knopfstiefel, wie schiefgetreten sind die Absätze, und die häßliche Delle in der Kappe sitzt noch unvernarbt.

Dies alles habe ich damals langsamer begriffen, als es geschehen ist. Denn in drei Minuten hat sich diese Vernichtung vollzogen. Noch weniger wußte ich, wie ich mich verhalten sollte. Wie würde ich Angelika gegenübertreten – oder sollte ich mich nach Schluß des Unterrichts feig davonschleichen?

Dieser peinlichen Entscheidung enthob mich und uns alle die Lehrerin, indem sie der wie gefroren dasitzenden Angelika bedeutete, sie sei offenbar noch nicht ganz wiederhergestellt und möge lieber heimgehen.

Das Kind gehorchte augenblicklich und wie im Schlafe. Traumwandelnd, ja, vielleicht wäre es richtiger zu sagen, traumverwandelt, ordnete Angelika ihr Ränzchen und ging zu dem Kleiderkasten, der an der Rückseite des Klassenzimmers stand.

Wir sahen alle zu, gelähmt von Hilflosigkeit und in schaudernder Ehrfurcht vor einem ungewiß erahnten Schicksal.

Und Angelika, die Fremde, die heimatlos geblieben war unter uns – und das will viel heißen, daß ein Kind einsam steht unter

Kindern – nahm ihren Mantel um, ihr Mützchen trug sie in der Hand, und das Haar leuchtete rot über ihrem bläulich-weißen Gesicht, und sie brauchte alle Kraft, nur um zu gehen.

Sie ging, ohne uns anzuschauen, ohne irgend etwas zu sehen, mit erloschenen Augen quer durch das ganze Zimmer an uns vorbei, an jedem von uns vorbei, an mir vorbei, ohne Gruß, ohne Abschied. Sie klinkte die Türe auf und ging hinaus und ließ sie offen stehen. Die kalte Dämmerung des Flurs verschluckte sie.

»Lisa, mach die Tür zu!« rief die Lehrerin, und Lisa, die zunächst saß, stand auf und schloß die Türe hinter ihrer Feindin. Aber sie war blaß und freute sich ihres Sieges nicht.

Das nahe Weihnachtsfest nahm uns ganz in Anspruch. Angelika kam nicht mehr in die Schule, und ich besuchte sie nicht. Ich hatte freilich ein schlechtes Gewissen, und ich war öfter schon unterwegs, hinzugehen, aber ich kehrte immer wieder um, aus Angst vor der großen Vergeblichkeit.

Die Ferien begannen, die Bescherung und die Feiertage gingen vorüber.

Ich hatte, so streng es mir auch verboten war, einen unausrottbaren Hang zum Zeitungslesen. Die Zeitung war mein erster Gedanke in der Frühe, und ich schlich mich, noch ungewaschen und im Nachthemd, in die Küche, um begierig und wahllos in dem Blatt zu lesen, mit wachen Ohren, um nicht überrascht zu werden.

Am 30. Dezember, den Tag weiß ich noch genau, fiel mein erster Blick auf eine groß aufgemachte Nachricht mit der Überschrift: Grauenhafte Familientragödie. Ich durchflog sie mit der hemmungslosen Neugier eines Zehnjährigen, und ich weiß heute noch fast den Wortlaut des Berichtes: »Ein an der Marienstraße wohnender Fotograf hat in der Nacht zum Donnerstag sich selbst und seine Frau mit Zyankali vergiftet. Der Grund zu der schrecklichen Tat dürfte der unvermeidbare wirtschaftliche Zusammenbruch gewesen sein. Der Fotograf war erst vor anderthalb Jahren von Berlin gekommen und hatte sein gesamtes Vermögen in seinen hiesigen Betrieb gesteckt. Das schlechte Weihnachtsgeschäft hatte ihm die letzte Hoffnung geraubt, sich in München durchsetzen zu können. Ein zehnjähriges Mädchen, das auf so tragische Art zur Doppelwaise geworden ist, steht am Grabe der Eltern.«

Dies alles und noch viel mehr hatte ich gelesen, ohne zu merken, wie nahe mich dieses Unglück anging. Ganz plötzlich aber schoß dröhnend, aus dem untersten ahnenden Bewußtsein die schreckliche Erkenntnis in den Text, dies sei Angelikas fürchterliches Schicksal. Und ich sah mit einem Male das gespenstische Bild, den Vater, wie er weich und traurig durch die nächtlichen Räume seiner verödeten Werkstatt strich, das kecke Bärtchen gesträubt um den hoffnungslosen Mund und die schönen Augen verschattet von Verzweiflung. Und die Mutter, schon verwesend in Gram und Zerfall, das rote Haar brennend über dem bleichen Wachs ihres Gesichtes. Und Angelika sah ich so, wie ich sie zuletzt gesehen, wie sie in das Nichts hinausging, traumtief und fremd, jenseits ihrer Demütigung und jenseits der Jugend; liebenswert und zugleich verzaubert, nie geliebt zu werden ...

Jäh und süß von Tränen überschwemmt, schlich ich in mein Bett zurück.

Ich habe Angelika nie wiedergesehen. Meine Eltern wollten sich ihrer annehmen, aber Verwandte hatten sie schon am Tage nach dem Jammerfall nach Berlin zurückgeholt.

Es mag sein, daß vieles von dem, was ich hier erzählt habe, erst später die Deutlichkeit der Worte gefunden hat. Denn das Erleben eines Kindes ist noch ungebrochen und verträgt keinen Namen. Aber wie sehr wir uns auch im Leben verwandeln mögen, die innerste Erinnerung bleibt und ist nicht mehr zu verfälschen. Und in diesem Sinne ist alles wahr, was ich hier berichtet habe.

## *Józefa*

1.

Józefa, das Mädchen aus Polen, hat uns der Himmel geschickt. Nein, nein, natürlich nicht der Himmel geraden Wegs. Denn in der Nacht, wo unerbittliche Männer ausgezogen sind in die goralischen Dörfer auf die Menschenjagd, wo sie bei Fackellicht und unter strömendem Regen das Haus umstellt haben und herausgeholt Mann, Weib und Kind, was immer taugen mochte zur Arbeit, und in ein Lager gesteckt; in dieser Nacht und noch viele Nächte hernach, mag es auch dem Mädchen Józefa geschienen haben, daß der Teufel sie gepackt hat und daß er mit ihr nun in die Hölle fährt, in trostlose Jahre der Fremde und der Knechtschaft.

Und dann hat man sie ihre paar Habseligkeiten zusammenpacken geheißen, hat ihr eine Fahrkarte in die Hand gedrückt und einen Zettel mit unserer Anschrift und hat sie in den Zug gesetzt. Und drei Tage und zwei Nächte ist sie allein durch das fremde Land gereist, dessen Sprache sie nicht verstanden hat und nicht hat reden können. Sie hat von ihrem Brot aus ihrem Beutel gegessen, hat geweint, hat geschlafen, hat zum Fenster hinausgeschaut, hat im Trubel verwirrender Bahnhöfe den Schein hergezeigt, tief aus ihren faltigen Gewändern heraus, ist furchtsam und mißtrauisch mit Polizisten und Schwestern gegangen und, am Abend des dritten Tages, in der zerfetzten Halle des Münchner Hauptbahnhofes angekommen.

Es ist damals eine verzweifelte Zeit für mich gewesen. Ich war als Unteroffizier zum Militär eingezogen, meine Frau hatte im Januar einen Sohn bekommen und lag, mit einer schweren Brustentzündung, am andern Ende der Stadt im Krankenhaus. Thomas, das Kind, war auf dem Lande in einem Heim untergebracht. Ich habe als Junggeselle in unserer Wohnung an der Isar gehaust, in den Trümmern der Wohnung, genauer gesagt, denn am vierundzwanzigsten April waren die Brandbomben durch das Dach gefahren, während ich auf Nachtwache in der Kaserne war, und hatten zwei von den drei Zimmern in Schutt und Asche gelegt. Ich habe auf dem versengten Sofa geschlafen, auf dem von Phosphorschlamm verätzten Flügel gespielt und mir aus den mühsam eingeholten Lebensmitteln unendliche, für eine ganze Woche reichende Suppen gekocht. Manchmal habe ich gemeint, ich könnte es nimmer aushalten, zwischen Dienst und Krankenhaus hin und her gehetzt, mit schweren Rucksäcken unterwegs zu der Ersatzwohnung in Grünwald, die ich allein habe einrichten müssen, unter dem Würgegriff des Krieges, der verloren war, ehe er begonnen hatte, in der Angst vor der Gestapo, die jeden Augenblick an die Tür klopfen konnte, im wachsenden Hagel der Bomben und im Schrecken der Alarme.

Auch an diesem Abend, es ist der neunzehnte Mai vierundvierzig gewesen, bin ich zum Umfallen müde aus dem Dienst gekommen, und habe mich, im Waffenrock, mit dem Mantel zugedeckt, hingelegt, um sofort einzuschlafen. Plötzlich ist der Fernsprecher gegangen. Ich denke, das kann doch nicht sein: Seit dem Brand vor vier Wochen ist die Leitung zerstört gewesen, wie oft ich auch versucht habe, zu hören oder zu sprechen, das schwarze Kästchen hat jeden Dienst versagt. Aber jetzt schellt es, laut und dringend, es ist wie die Stimme aus einer anderen Welt. Schlafverworren und ungläubig nehme ich den Hörer ab, es meldet sich die Bahnhofspolizei, eine ruhige und gutmütige Männerstimme und fragt, ob ich eine Józefa Chrobak aus Polen erwarte. Sie ist eben angekommen, sagt der Polizist, sie sitzt in dem Bretterhäuschen der Roten-Kreuz-Schwestern, aber sie kann da nicht bleiben, ich muß sofort hingehen und sie abholen. Wo ich sie über Nacht unterbringe, ist meine Sache.

Ja, sagte ich, auf ein Mädchen aus Polen warten wir seit einem halben Jahr vergebens; die Angekommene wird es wohl sein; aber wie ich sie diese Nacht beherbergen soll, weiß ich nicht. Ich bin Soldat, die Wohnung ist hin, auf der einzigen, halbversengten Couch schlafe ich selber, Bett habe ich keins, sogar die Stühle sind verbrannt, meine Frau liegt im Krankenhaus, Verwandte oder Nachbarn habe ich nicht; ich weiß mir keinen Rat.

Dann wollen Sie also auf das Mädchen verzichten? fragt der Mann, und ich höre es seiner Stimme an, daß ihm das die angenehmste Lösung wäre, denn Arbeitskräfte sind rar in dieser Zeit und sicher hat er schon mehr als ein Angebot auf meine Polin. Nein, nein, das will ich nicht. Gut, dann kommen Sie, sofort, um acht Uhr sperren wir zu, sagt er und hängt ein.

Ich habe keine Ahnung, wie ich zurecht kommen soll, aber die Zeit drängt, ich setze mich in Trab, Straßenbahn geht keine, ich laufe durch die wüste Stadt, es ist schwül, mir rinnt der Schweiß über die Stirn. In den Bahnhof zu gelangen, ist nicht einfach, ich muß, um die Sperre zu überwinden, eine Fahrkarte lösen, auf Umwegen durch Trümmer finde ich das Bretterhäuschen, im Gewühl vieler, abenteuerlich bepackter Menschen, im Schutt und Schmutz. Die Bude ist neu gezimmert, ein Verschlag mehr als ein Zimmer; und da sitzt, von einer gutherzigen Schwester und einem gemütlichen Schutzmann umstanden, ein dunkler Knäuel im Winkel auf einem Stuhl, ein Wesen, in einen einzigen braunen Wollschal gewickelt, die eine Hand mit einem schmutzigen Taschentuch vor den verweinten Augen, die andere krampfhaft ein Bündel haltend, das Mädchen wie ein scheues, gequältes Tier.

Und wie ein Igelchen rollt sie sich ein bißchen auf und streckt ein rosiges Schnäuzchen heraus; sie wirft einen kurzen, furchtsamen Blick auf mich, den Mann im Soldatenkleid, und gewiß denkt sie mit Schrecken, schon wieder eine Uniform, lauter Polizisten und Soldaten, lauter Uniformen in diesem abscheulichen Deutschland. Sie gibt mir, wie mit einem Pfötchen aus der dicken Umhüllung tappend, die paar armseligen Papierfetzen, die sie hat, den einzigen festen Halt in diesem Meer von Fremdheit, das sie umgibt: einen Fahrschein von Krakau nach München, eine Kennkarte und den Zettel, auf dem mein Name steht, in Marsch gesetzt am sechzehnten Mai ...

Sie kann nicht Deutsch und wir können nicht Polnisch, also lassen wir sie sitzen und verhandeln über sie, die rührend still dahockt, jetzt ein wenig ihr Gesicht lüftend und mit Neugier umheräugend. Es ist ein reizendes Bauernmädelgesicht, mit einer Stupsnase, ein wenig slawisch, gewiß, aber es könnte auch eine junge Magd aus den Bergen sein; und unter dem groben wollenen Umhang hat sie ein buntes Kopftuch überm braunblonden Haar; und so verweint sie auch noch ist, ich sehe doch, daß sie hübsch ist und wunderbar jung, fremden Volkes Kind, bedürftig neuer Heimat.

Aber werden wir ihr die geben können? Wann wird meine Frau aus dem Krankenhaus entlassen werden? In Tagen, in Wochen? Immer wieder hat es Rückschläge gegeben und was würde ich allein mit einem Mädchen anfangen, mit dem ich nicht einmal sprechen kann?

Die Schwester nährt meine Zweifel: sie würde selber nicht ungern die Polin als Magd behalten. Schließlich hat sie gleichermaßen mit mir und dem Mädchen Mitleid: sie will das arme Ding über Nacht beherbergen, morgen früh wollen wir dann weiter sehen.

Józefa versteht natürlich nichts von all dem, was wir ihr begreiflich machen wollen. Aber schließlich folgt sie willig der fremden Frau. Und auch ich gehe heim, im Blitz und Donner eines nächtlichen Maigewitters, und im wild klatschenden Regen zuletzt, naß dampfend steige ich die fünf Treppen zur Wohnung empor, zum halbverkohlten brandig riechenden Vogelnest hoch über Baum und Fluß. Eine wunderbare Zuversicht ergreift mich; mir ist, als würde nun vieles gut werden, zwei willige kräftige Hände würden nun zupacken, das Haus in Grünwald käme in Schuß, Frau und Kind wollte ich heimholen. Sogar die Wohnung hier kam mir weniger zerstört vor, noch waren die großen Möbel da, der Flügel, die Bücher ...

Im Einschlafen habe ich an Polen gedacht, an Krakau, wo ich im Herbst zuvor in der alten jagellonischen Universität vorgelesen habe. Kirchen, Türme und Plätze der ehrwürdig schönen Stadt steigen vor mir auf, der Zauber starker Oktoberfarben über die Beskiden und die Hohe Tatra gebreitet; ich denke an den Kerzenglanz vor den Altären, ich höre die Kirchenglocken, ich sehe das armselige Volk in der Stadt und die stolzen, bunten Trachten der Goralen, das blitzende Band des Dunajec und die stahlblauen, mächtigen Berge. Von dorther kommt Józefa Chrobak, unser Polenmädchen. Der fröhliche Landeshauptmann fällt mir ein, das gastfreie Haus und die lächelnde Frage, ob ich nicht gern eine Goralin als Hausgehilfin haben möchte. Und jetzt ergreift mich plötzlich ein Gefühl der Mitschuld, ich muß dran denken, wie mir Polen, mit denen ich wie unterirdisch zusammengekommen war, die Menschenjagden geschildert haben und hinter dem Glanz der Versammlung, die damals meinen heiteren Worten zugejubelt haben, hinter dem satten Leben dieser unvergeßlich schönen Tage steigt das Gespenst eines zertretenen Volkes auf, das sich einmal, bald schon vielleicht, furchtbar an uns allen rächen wird. Ich sehe im Geist den Bahnhof von Krakau, mit den Soldaten, die nach Lemberg fahren; auch ich hätte nach Lemberg fahren sollen, aber das ist schon fast die Front geworden, inzwischen; und ich erinnere mich an das düstere Kriegslazarett, in dem ich las, an blutige Verbände, an Betten ohne Wäsche, an stumpfe, noch im Eis der Schlachten erstarrte Männer: die qualvollste, unseligste Lesung unter den hundert, die ich vor Soldaten gehalten habe. Und ich denke an die unbegreifliche Zuversicht, mit der die Deutschen gelebt haben im eroberten Land, damals noch, vielleicht jetzt noch, schier unterm Kanonendonner der nahen, wankenden Front, Männer und Frauen, durchaus nicht lauter Bösewichter und Ausbeuter, helfende, pflichttreue Beamte unter ihnen und tüchtige, gemütvolle Zeitungsleute und Künstler: und alle doch dem Dämon verfallen und, für die Polen, Teufel – und wenn sie Engel gewesen wären. Der wunderliche Wirt aus Zakopane fällt mir ein, der gebürtige Schweizer, der zehn Jahre auf Rügen und fünfzehn Jahre in China gewesen ist und der allen Ernstes davon geträumt hat, sich nun zur Ruhe zu setzen, ein Jahr vielleicht nur vor der größten Unruhe, die je über die Welt kommen sollte. Und ich sehe mich am Fenster meines Schlafwagens stehen, heimfahrend aus dem schönen und gespenstischen Lande Polen, aufatmend, wie einem schrecklichen Unheil entronnen und das Herz heiß von Mitleid mit all denen, die da bleiben und bleiben müssen bis zur Stunde des Zornes.

Und aus diesem Land ist nun Józefa Chrobak gekommen, ein junges, unschuldiges Mädchen, aber vielleicht schwelt auch in ihrem Herzen der Haß gegen uns alle – und ich soll ihr den Säugling anvertrauen und arglos ihr des Hauses und der Herzen Kammer auftun. Und doch, sage ich, schon im Einschlafen innig zu mir selber, will ich ihr vertrauen und sie soll es gut bei uns haben.

2.

Ein neuer, sonniger Tag nach dem Regen läßt alles in schönerem Lichte scheinen. Mit dem Frühesten bin ich aufgestanden und an die Bahn gegangen. Józefa ist schon da, sie ist über Nacht wie verwandelt. Aus des Weinens Ermattung steigt ein Leuchten und Lächeln, sie hat gut geschlafen, sie hat gegessen. Ein neues Hemd hat ihr die Schwester geschenkt, blütenweiß glänzt es über ihrer runden Brust. Das große Tuch hat sie nur mehr lose umgehängt, der bunte Kopfbund sitzt lustig auf ihrem Scheitel. Nur ungern läßt uns die gute Schwester ziehen, sie gibt mir ihre Anschrift, für den Fall, daß wir uns doch nicht entschließen könnten. Aber wie sie Józefa so stehen sieht, glaubt sie wohl selber nicht mehr, daß ein Mensch so viel Glück noch einmal auslassen möchte.

Wie soll ich ihr erklären, was ich nun vorhabe? Ich suche nach den Urlauten der Menschheit, ich nehme alle Gebärden zu Hilfe, ich spiele ihr mit Eindringlichkeit vor, was ich ihr sagen möchte: »Mama krank, kleines Kind ...« Ich schaukle ein Wikkelkissen, ich quäke wie ein Säugling, »Ich – du – hingehen!« Sie lächelt und nickt. Wir gehen auf die Straße hinaus. Wir mögen ein wunderliches Paar sein, ein alter Unteroffizier und eine blutjunge Ausländerin. »Straße!« »Ja.« »Straßenbahn!« »Krakau« nickt sie. Ohne Scheu steigt sie ein. Ich zeige ihr die einfachsten Dinge: »Auto!« Natürlich Auto, auf der ganzen Welt. »Mann!« »Frau!« »Baum.« »Haus!« Sie blickt erschrocken auf die Ruinen. »Flieger«, sagte ich, surre wie ein Propeller und mache »Bum, bum!« »Kapuutt!« Sie schüttelt den Kopf vor Entsetzen. Sie kauderwelscht, daß in Krakau nix Fliegi sei. Wir steigen aus, sie folgt mir wie ein Hündchen.

Ich gehe ins Krankenhaus, ich führe das Mädchen zu meiner Frau ins Zimmer. Auf den ersten Blick ist sie entschlossen, das Kind zu behalten. In acht Tagen soll sie entlassen werden; sie blüht jetzt schon auf bei dem Gedanken an das Haus in Grünwald, mit Józefa zusammen will sie es schon schaffen. Aber vorerst gibt es lauter Schwierigkeiten. Wo soll Józefa inzwischen untergebracht werden? Wie soll man sich mit ihr verständigen? Und, mein Gott, woher sollen wir die Sachen nehmen, um das Mädchen neu einzukleiden? Sie hat das wollene Tuch abgenommen und nun sehen wir, daß wir sie von Kopf bis Fuß ausstaffieren müssen. Ihre zerrissenen Tuchschuhe halten kaum noch an den Füßen, ein fadenscheiniges Röckchen droht jeden Augenblick seinen Halt zu verlieren. Nur das geschenkte Hemd glänzt weiß und frisch. Die Hoffnung, daß in dem Bündel, das Józefa mitschleppt, noch brauchbare Sachen sind, erweist sich als eitel. Lange wehrt sie sich, es auszupacken; sie schämt sich ihrer Armut. Zeitungen, ein großes, aber schon schimmelndes Stück Brot, ein paar Lumpen und Habseligkeiten sind alles, was sie vor uns auskramen kann. –

Inzwischen ist, fernmündlich gerufen, der Vater meiner Frau gekommen und hat auch Eugenia mitgebracht, die Russin, die seit einem Jahr bei ihm dient. Die soll uns als Dolmetscherin helfen, aber nach ein paar Anläufen stockt auch dieses Gespräch und es ist unschwer zu spüren, wie eine innere Ablehnung mehr als ein wirkliches Sich-nicht-verstehen-können unserem scheuen Gast die Lippen schließt. Immerhin gelingt es, Józefa begreiflich zu machen, daß sie für einige Zeit zu meinen Schwiegereltern gehen muß; es mag ihr wunderlich genug vorgekommen sein, daß sie nun abermals in so kurzer Zeit andern Menschen überantwortet werden soll, aber bescheiden macht sie sich auf den Weg in die neue, unbegreifliche Welt.

3.

Der Doktor hat diesmal Wort gehalten, kein Rückfall mehr hat die Entlassung aus dem Krankenhaus verzögert, das Haus in Grünwald, von Freunden überlassen, die aufs Land gezogen sind, ist soweit eingerichtet, die Qual und Mühsal schwerster Wochen und Monate scheint endlich einem glücklicheren Stern weichen zu wollen. Ein paar Tage vor Pfingsten kommt meine Frau mit Józefa, die sie bei den Eltern abgeholt hat, im Auto an. Józefa ist noch nie im Kraftwagen gefahren, aber sie ist mit der Grandezza und Selbstverständlichkeit einer Fürstin in das fremde Gefährt gestiegen, meine Frau muß wieder lachen, wie sies mir erzählt. Es ist doch spaßig, wie ein bestimmtes Zeitgefühl auch noch die Menschen durchdringt, die eigentlich gar nicht davon berührt scheinen. Die Kinder drehen den Rundfunk auf wie den Brunnenhahn, und auch Józefa hat sich nach kurzer Zeit nicht einen Augenblick besonnen, die elektrischen Geräte anzustecken und den Hörer vom Fernsprecher abzunehmen, obwohl sie nichts anderes hat stammeln können als: »Nix daheim!« Und wir haben ein Menschenalter gebraucht, um uns mühsam an all die technischen Teufel zu gewöhnen, die man uns ins Haus gesetzt hat.

Józefa genießt es in vollen Zügen, daß sie jetzt zuhause ist. Sie strahlt übers ganze Gesicht, sie bringt den Mund kaum mehr zu vor Lachen. Sie ist bei ihrer Herrschaft, in ihrem Haus, in ihren Zimmern. Aber ihr Leuchten ist nicht das der Sonne, es ist das des Mondes, ein ruhiges, bedächtiges Glänzen, in der slawischen Breite ihres Gesichts, in der langsamen, erdnahen Festigkeit ihrer Formen, in der stillen Heiterkeit ihres ganzen Wesens.

Noch ist die Sonne nicht im Haus, das Kind, der kleine Thomas, auf den wir warten, für den all der Aufwand bereitet worden ist. Wir wollen ihn holen, aus dem Kinderheim, wenn das Haus in Ordnung, wenn die Pflegeschwester eingetroffen ist.

Józefa ist über nichts verwundert. Sie bezieht ihr Zimmer, sie steckt mit einem Reißnagel ein grellbuntes Heiligenbild an die Wand, sie nimmt Kleider und Wäsche, die ihr meine Frau gibt, mit der natürlichen Selbstverständlichkeit, die nichts von Undank hat; sie erstaunt nicht über die Tausende von Büchern, die, von meinem Freunde zurückgelassen, an allen Wänden und in allen Gängen stehen; und wie ich ihr, am ersten Abend, im großen Atlas Polen zeige, das kleine Ochotnica in den Beskiden, wo sie zuhause ist, Krakau, den Reiseweg über Breslau und Dresden, da ist es ihr kein Wunder, sondern nur eine schöne Gewißheit, daß dergleichen in Büchern zu finden ist und sie fährt mit dem Finger den ganzen, langen Weg noch einmal entlang, den sie, eine völlig andere, ein hilfloses, ängstliches Ding, vor wenig Tagen zurückgelegt hat. Es ist, als ob das alles schon eine tiefe Vergangenheit für sie wäre.

Am andern Tag nehme ich Józefa mit in die Stadt. Ich muß sie auf dem Arbeitsamt und auf der Polizei anmelden. Die Altstadt ist schon bös getroffen, aber noch stehen die Kirchen und Plätze. Ich zeige ihr das mächtige Gewölbe von Sankt Michael, ich schaue mit ihr die mächtigen Türme des Domes hinauf. Noch hat das Mädchen keinen wirklichen Fliegerangriff mitgemacht. Sie sieht wohl die Trümmer mit Staunen an, aber wie soll sie die höllischen Stunden begreifen – und wie soll ich ihr, ohne Sprache, begreiflich machen, welches Verhängnis über dieser Stadt steht und wie es, jeden Augenblick von neuem, über uns hereinbrechen kann. Es hat etwas Gespenstisches, dieses kindische »Fliegi bum bum!«, mit dem wir uns über den Zusammenbruch der Welt verständigen.

Ich habe einiges zu besorgen, ich führe sie deshalb in die Frauenkirche, in die kühle dämmerbunte Säulenhalle; dort soll sie auf mich warten. Sie kniet sich in eine Bank und ich denke an die schwüle Inbrunst der Blumen und Kerzen, die mich in Polen so erstaunt hat, jene schier wilde Andacht der Frauen, die mit weiten Armen, den Boden küssend, sich niederwarfen. Eine Stunde mag ich sie so allein gelassen haben; beim Wiederkommen kniet sie noch unverrückt im Gestühl. Sie hat, so neugierig sie sonst ist, der Fülle der Bilder nicht bedurft, die unsereins so bald in Anspruch genommen hätte. Im Hause Gottes ist sie gewesen, nicht in einer Kunstkammer der Stadt.

Auf dem Arbeitsamt, das halb in Trümmern liegt, wandern wir von Treppe zu Treppe, von Zimmer zu Zimmer; geduldig tappt sie hinter mir drein. Endlich haben wir die rechte Tür gefunden. Eine freundliche Dame nimmt sich ihrer an, die alle Sprachen des Ostens zu sprechen scheint. Wie neigen wir doch dazu, einen Menschen zu verkennen, der sich nicht auszudrücken vermag! Wie demütigend empfinden wir selber es im fremden Land, wenn wir mit ungelöster Zunge und taubem Ohr stumm und dumm dabei stehen müssen, während über uns und unser Schicksal verhandelt wird. Józefa ist mit einem Schlag vom bösen Zauber losgesprochen. Sie hört die Stimme ihrer Heimat, sie spricht die Sprache ihrer Mutter, sie plaudert unbefangen und der Narr, der ohnmächtig und unteilhaftig dabei steht, bin ich. Hier und da erzählt mir die Dame ein Stück von dem, was das Mädchen ihr mitgeteilt hat: daß es aus einem gar nicht so armen Bauernhaus stammt, daß aber die Männer, die sie einfingen, sie gezwungen haben, mitzugehen, wie sie ging und stand, ohne ihre guten Kleider, ohne Gepäck. Daß ihr Vater im ersten Weltkrieg Soldat der österreichischen Armee gewesen ist; daß ein jüngerer Bruder, noch keine vierzehn Jahre alt, noch vor ihr in ein Rüstungswerk nach Sachsen gebracht worden ist. Einige Schwierigkeiten macht noch das Verbot, polnische Staatsangehörige im Haushalt zu beschäftigen. Aber zum Glück gilt der Landstrich der Goralen als eine Ausnahme: an Stelle der Staats- wird die Volkszugehörigkeit in die Papiere eingetragen: Westukrainerin!

Wieder gehen wir, unter ständigem Sprach- und Anschauungsunterricht, durch die Stadt; und wieder lasse ich sie allein; diesmal im Hofgarten, der, im Frühling vierundvierzig, noch unzerstört und in voller Blüte steht. Auch die Frau ist noch da, die für fünf Pfennige Stühle an die sonnendurstigen Großstädter vermietet. Ihrer Obhut vertraue ich das Mädchen an. Józefa setzt sich unter die Bäume und Blumen, sie schaut mir angstvoll nach, wie ein Hündchen seinem Herrn. Ich bin der einzige Halt für sie in der fremden Stadt, in der weiten Welt – und ich gehe fort, ich verschwinde aus ihren Augen. Sie hat nichts in der Hand als ihre Kennkarte. Ich selbst mache mir Vorwürfe, sie so zurückzulassen: Jeden Augenblick können die Sirenen losheulen, die Bomben niederfallen – was dann? Aber der Frühlingstag bleibt still und zärtlich, und still und zärtlich erwartet mich Józefa, von weitem schon mit den Augen winkend, bei meiner Rückkehr.

Wir müssen jetzt auf die Polizei; und ich gehe schon zur Tür hinein, gewiß, daß mir das Mädchen auf dem Fuße folgen würde. Aber sie kommt nicht; ich muß noch einmal auf die Straße zurück. Und da steht sie, schüttelt den Kopf, schaut abwechselnd bittend auf mich und ängstlich auf den Eingang: sie hat das verdächtige Wort »Polizei« gelesen und fleht mich nun mit allen Worten und Zeichen an, ihr den gefährlichen Gang zu ersparen. Fast mit Gewalt muß ich sie in das Zimmer schieben. Da sitzt ein gemütlicher Münchner Beamter, schaut sich die Papiere an, aha, sagt er, Westukrainerin, und zwinkert lustig mit den Augen. Józefa ist schüchtern und mißtrauisch wie am ersten Tage. Ein nettes Mädel, sagt der Wachtmeister, da haben Sie einen guten Fang gemacht. Und deutsch lernen die, Sie werden es sehen, so schnell wie unsereins das Radfahren!

Ich denke mit Schaudern, daß der gleiche Mann, nach Polen versetzt, unter dem Druck eines Befehls, in dem ermüdenden Zwang der Gewohnheit, das gleiche nette Mädel mit einem Federstrich dem Elend der Arbeitslager überantworten würde, ja, daß vielleicht mancher von denen, die dort ein grausames und blutiges Regiment führen, keine schlechten Menschen sind. Ich sehe im Geist schon die Untersuchungen und Prozesse, die das schreckliche Geheimnis lüften sollen, wer es denn eigentlich ist, der die Schuld trägt für alle die Schandtaten, die jedes menschliche Begreifen weit hinter sich lassen – aber ich mache mir wenig Hoffnung, daß die wahren Verbrecher gefunden werden. Die ersten und die letzten Glieder der ungeheuerlichen Verkettung von Wahnsinn, Roheit und Bürokratie wird man vielleicht feststellen; aber bin ich nicht selber einmal in den Fängen der Gestapo gewesen und habe nur sachliche Beamte kennengelernt und Butterbrot essende, muntere Schreiber und Tippmamsellen, die unter Urlaubsgesprächen Listen mit Todesurteilen ausfüllten, ohne sich weiter was zu denken? Auch der gemütliche Mann da füllt nur ein paar Listen aus, trägt den Namen Józefa Chrobak da und dort auf Karteiblättern und in Büchern ein, verlangt fröhlich seine Schreibgebühr und fordert mich auf, binnen einer Woche zwei Paßbilder zu bringen.

Photographieren – das ist ein Wort, das der Kongoneger und der Südseeinsulaner kennt: und auch auf Józefa wirkt es wie bare Zauberei. Noch nie ist ein Bild von ihr gemacht worden, aber die ganze Eitelkeit des Weibes hat sich ihrer bemächtigt, wie sie jetzt vor dem Spiegel steht und sich dreht und wendet, ihr Haar kämmt und das bunte Tuch bald so und bald so über den Scheitel wirft. Sie ist ordentlich enttäuscht, daß alles so rasch und ohne Feierlichkeit geht und daß schon der nächste Kunde vor den schwarzen Kasten gerückt wird, noch ehe sie das Vergnügen voll ausgekostet hat. Übrigens ist auch späterhin, so oft uns ein Freund besucht, ihre erste Frage, ob es ein Fotografista sei und zückt er wirklich einen blanken Bildfänger, so hat sie sich gewiß schon in aller Eile schön gemacht und fordert, ohne der Hinweise auf die immer rarer werdenden Filme zu achten, ihren Tribut von ihm. Sie kann sich dann nicht hübsch genug sein und eine Reihe von Aufnahmen, die ihr nicht gefallen haben mochten, haben wir zerrissen im Kohleneimer gefunden. Der Sprachunterricht wird während all dieser Zeit fortgesetzt. Die Hauptwörter sind ja leicht zu lernen, das Sinnliche zu erklären, fällt nicht schwer. Aber Begriffe, wie heute, morgen, hier oder dort – das ist ihr nicht so einfach beizubringen. Wir haben ein polnisches Wörterbuch ergattert und wenn wir Józefa diesen oder jenen Ausdruck übersetzen wollen, versuchen auch wir uns in der fremden, zungenbrecherischen Sprache. Das sind dann die Augenblicke ihres Triumphes und sie will sich ausschütten vor Lachen über unsere kläglichen Bemühungen. Im übrigen gewöhnen auch wir, meine Frau und ich, uns eine läppische Ursprache an, dergestalt, daß wir beim Aufheulen der Sirenen sagen: Fliegi nix gut! oder, nach vergeblichem Anstehen beim Bäcker, »Brot – nein!« Eine wunderliche Fröhlichkeit hilft uns oft über schwere Stunden hinweg.

Gleich zu Anfang scheint es, als sollten wir unsrer neuen Magd nicht lange froh werden. Ein Gerücht geht um, alle Ausländer müßten an die Rüstung abgegeben werden. Wir verschweigen Józefa diese Sorge, aber sie hat die bedenkliche

Nachricht doch irgendwo aufgeschnappt; ihre ganze Munterkeit ist verflogen, ihre Augen sind rot von heimlichen Tränen. Das arme Kind meint, ihr Schicksal stehe in unserer Hand, schluchzend sinkt sie meiner Frau an die Brust, wir sollten sie nicht in die Fabrik schicken.

Aber auch das geht vorüber und nun ist mit einem Mal das Haus »voller Weiber«, wie ich, der alte Junggeselle, mit lachendem Grimm feststellen muß: Auch Schwester Olga ist noch gekommen, mitten zwischen Alarmen und schweren Angriffen; und wenige Tage später ziehen die drei Frauen aus, um den Sohn Thomas aus seinem Versteck im Gebirge heimzuholen. Kaum sind sie abgefahren, tönen die Sirenen und ein schwerer Angriff lärmt über die Stadt. Der Wettersturm zieht näher, das Haus zittert und klirrt, ich sitze allein in den leeren Räumen. Wer weiß, ob die Wände noch stehen, die heute nacht das Kind willkommen heißen sollen. Harfenhell klingen die Lüfte, über dem Walde weht der Rauch, hoch in den Himmel steigt die Röte hundertfachen Brandes. Die Gefahr geht vorüber; vielleicht ist das Haus in München getroffen: aber mag es niederbrennen mit all seiner Habe und den Erinnerungen eines ganzen Lebens – ich wandre still durch den Abend, über die hochgeschwungene Brücke, von der aus der Blick in die schweren Schwaden schweift, die über München liegen: Mein Söhnlein wird kommen, seiner glücklichen Fahrt gelten alle meine Gebete.

Endlich, in tiefer Nacht, fährt der Zug ein ... wird er die Ersehnten bringen? Niemand steigt aus ... doch! Aus dem letzten Wagen, in der Finsternis, lösen sich Gestalten: Sie sind es! Józefas Gesicht leuchtet wie ein Mond aus der Dunkelheit, in freudiger Ruhe kommt sie daher. Hinter ihr die Schwester trägt das Kind, in Decken gehüllt. Im matten Dämmern des ausgelöschten Bahnhofs schaue ich, der Vater, in die stillen, traurigen Augen meines Sohnes. »Er ist sehr krank!« sagt meine Frau und ihre Stimme zittert von Tränen.

Wir wandern durch die tiefe Sommernacht, die Luft ist wie ein Bad, die Sterne stehen hoch, die Grillen zirpen, das Leiterwägelchen, darin das Kind liegt, knarrt und holpert. Józefa zieht voraus, meine Frau erzählt von der Reise und wie sie in dem Landheim das Kind angetroffen hat, verwahrlost und über und über mit Eiterbeulen bedeckt ... Und da liegt der kleine Dulder und lächelt, als wüßte auch er, daß er jetzt heimgekommen ist. »Armer Kerl, wir werden dich schon wieder hochbringen!« Und ich mache meiner Frau Mut, sie ist ja nicht mehr allein, die Schwester ist da und Józefa, und ich will auch, als Nährvater, keine Mühe scheuen und keine Demütigung, um ein bißchen was herzubringen für den armen Erdengast, der in so schreckliche Zeiten geraten ist. Ach, wie werden alle Ängste und Schrecken klein vor der Sorge um das Leben eines Kindes ... In schweren Düften atmen die Gärten, in stiller, hoffender Freude führe ich die Meinen ins Haus.

Kaum haben wir, um Mitternacht, das qualvoll schreiende Schmerzensmännchen frisch verbunden und zu seinem ersten Schlummer in der neuen Heimat gebettet, kaum haben wir, mit Brot und Wein, ein inniges Wiedersehen gefeiert, da heulen auch die Sirenen schon los, mit jenem unvergleichlichen, herzpackenden Ton des fahlgellenden Auf- und Niedersteigens, der längst mehr hilflose Angst und lähmendes Entsetzen bedeutet, als mutige Warnung: Vollalarm! sagen wir, nach kurzem, atemleerem Lauschen und rüsten uns, wie so oft schon, ach und wie oft noch, für den Gang in den Keller.

Es schießt heftig; fern rauschendes Dröhnen wechselt mit nahem, heisrem Bellen, dann braust die Musik der Flugzeuge, der Bombenwürfe und der Abwehr in einem einzigen Lärm zusammen.

Das Kind quäkt unruhig in seinen Decken, wir sitzen mit starren Augen und mit einem würgenden Griff am Hals; aber wir lächeln und reden belanglose Dinge. Die Seele flackert wie das Kerzenlicht auf dem Tisch, dem Druck der Luft gehorsam weicht es zurück, seufzt bläulich, unter schweren, nahen Stößen, am Docht, blüht still und golden wieder auf. Józefa, in ihr braunes Tuch gehüllt, daß kaum ihr stumpfes Näschen herausschaut, vergeht vor Angst; sie betet, den Rosenkranz um die Finger geschlungen. Kaum aber hat das Schießen nachgelassen, läßt sie ihre Augen umherwandern; sie schaut wie ein Igel aus, der aus einer Stachelkugel spitzt. Sie will hinauf, vor die Türe, auf die Straße. »Neugierig wie eine tote Ente!« ruft meine Frau, halb noch warnend; und nun möchte Józefa erklärt haben, was das heißt. Unter Gelächter, noch mitten im Angriff, erfolgt eine mimische Szene, Schwester Olga grinst mit ihrem großen Mund, der ausschaut, als habe ihr wer noch eine Hand voll Zähne eigens hineingeworfen und während das Grollen des Ungewitters sich verzieht, ist schon wieder heiterer Friede in unserer Gruft, das Licht flammt wieder auf, wir tragen das Kind in sein Bett. Still stehen die Sterne.

Die Tage gehen dahin, mitten durch die Not, mitten durch den Verfall. Angst und Sorge sitzen wie Geier auf allen Baumwipfeln und im Giebel des Daches, aber wenn man in die Hände klatscht und laut lacht, erheben sie sich schwerfällig und fliegen ein Stückchen fort. Doch mit jeder Zeitungsnachricht, mit jedem Bericht kommen sie wieder, mit jedem Besuch und jedem Brief und jedem Ferngespräch. Grau und stumm hockt die Verzweiflung herum, die Zeitung weiß nichts wie Unglück, so dreist sie sich gebärdet. Wir scheuchen, wir kämpfen, wir lachen, wir tun, als sähen und hörten wir nichts. Und doch haben wir Angst; Angst vor den Fliegern, vor der Partei und ihren Spitzeln und Häschern, aber auch vor ihrer finsteren Freundlichkeit; Angst vor dem Krieg und dem Militär, jede Stunde kann ich von meinem erträglichen Posten versetzt werden, in irgendeine Wüste hinaus, fern von den Meinigen. Angst vor dem Hunger. Angst um das kranke Kind.

Schwester Olga macht ihre Sache gut, noch ist sie nur in den kleinen Mann verliebt, noch läuft sie nicht den großen Männern nach, wie sies bald tun wird, unbekümmert um die peinliche Deutlichkeit ihres Spiels. Thomas, der winzige Dulder, da schaut er mit fremden, fragenden Augen in die Welt und weiß nicht, was er von ihr denken soll. Jeden Tag bekommt er seine eiternden Wunden ausgedrückt, die eine Schwäre vergeht, die andere bildet sich neu. Er jammert, daß es einem das Herz zusammenzieht. Und dann liegt er wieder friedlich in seinem Körbchen in der Sonne, die Fichtenwipfel schauen herein und hoch wächst der lichtblaue Rittersporn, die Rose und die Lilie.

Ich tue meinen Dienst, ich fahre mit dem Rad in die Stadt, die immer grauer in Trümmer sinkt, ich bin wochenlang auf Brandwache, mit den Kameraden im Finstern durch die weiten Räume und verzwickten Fuchsbauten des alten Kriegsministeriums pirschend, oder einsam, im Kasernendumpfen, auf Pritschen liegend, ich wohne bald allein in dem halbzerstörten Nest über der Isar, bald fahre ich wieder hinaus zu den Meinigen und schreibe draußen in der grünen Stille. Die Welt geht unter, es ist kein Ausweg und keine Hoffnung mehr; aber fast friedlich naht das große Grauenhafte, von den brennenden Rändern her einbrechend, immer näher kommend und näher, oder aus der Mitte greifend, im grünen, im strotzend blühenden Juni das Land überbrausend mit den Schwärmen blinkender Silberfische. Ich stehe auf dem Dach des Kriegsministeriums, schon zwischen klaffenden Trümmern, und schaue in den blanken Himmel hinauf; vom Dienst dazu gezwungen, von innerster Angst gewürgt, von Neugier gebannt, betrachte ich das tödliche Spiel in den Lüften. Meine Frau ist in der Stadtwohnung, Józefa, die Schwester und das Kind sind in Grünwald. Der Angriff scheint gnädig vorübergegangen zu sein, mittags treffe ich mich mit meiner Frau im Künstlerhaus, wir sind leidlich vergnügt, wir gehen, nach Monaten, ins Kino. Am Abend erfahren wir, daß viele Bomben gefallen sind, die Prinzregentenbrücke, keine hundert Schritte von unserer Wohnung, ist zerschmettert worden, ohne daß meine Frau etwas davon bemerkt hatte.

Wunderlich leben Gefahr und Friede nebeneinander, von der Mühsal des täglichen Lebens rätselhaft zusammengehalten, auf die rasende Scheibe der Zeit gesetzt, die, feucht von Blut und Tränen, dieses entsetzliche Jahr in seinen Untergang treibt. Wir hetzen uns ab, ich fahre auf dem Rad mit zentnerschweren Rucksäcken, manchmal stürzen mir die Tränen der Verzweiflung aus den Augen, ich meine, ich kann nicht mehr und dann denke ich an die Frau und an das Kind und es geht wieder. Wir ducken uns vor der Gefahr, wir atmen wieder auf, wir lachen, wir tanzen, ich schreibe meine heitersten Verse, es ist ein Idyll da draußen im Wald.

Meine Frau ist noch sehr schwach von ihrer Krankheit, aber sie leistet tapfer das ihrige. Józefa arbeitet fleißig im Haus, im Garten. Unendlich langsam ist alles, was sie tut, aber sie tut es gründlich. Sie hat sich völlig eingewöhnt. Oft freilich tut sie uns leid, an Sonntagen gar; sie ist so ganz allein mit ihrem bißchen Deutsch. Sie schaut sich Zeitschriften an, baut sich aus bunten Bildern eine Welt. Sie singt schwermütige Lieder ihrer Heimat; und wenn ich Klavier spiele, horcht sie nicht etwa diesen Klängen, sondern fühlt sich nur um so lebhafter zu eignem Gesang angeregt.

Jeden Tag lernt sie mehr sprechen. Es ist, als könnte man, unterm Zeitraffer, die Entwicklung eines Kindes mitmachen. Dabei hat sie ja soviel zu lernen, nicht nur zu reden, auch ihre neue Umwelt zu begreifen, zu kochen, zu bügeln. Vieles tut sie mit erstaunlicher Selbstverständlichkeit, so daß es uns kaum zum Bewußtsein kommt, daß sie es zum ersten Male tut. Sie geht zum weit entfernten Krämer einkaufen, mit einem Zettel ausgerüstet. Brot und Milch kennt sie natürlich schon selber. Eines Tages bringt sie, strahlend übers ganze Gesicht, Backpulver; es war ihr nicht angeschafft worden. »Alle Leute sagen:

Backpulver. Ich sagen auch Backpulver!« Jeden Abend, den ich dienstfrei zuhause bin, holt sie mich zu Tisch mit der gleichen unerschütterlichen Redensart, die einem Kammerdiener des ancien régime Ehre gemacht hätte: »Herrrn Doktorr bitte Suppe essen!« Und wenn sie abgeräumt hat, bleibt sie stehen und fragt schalkhaft: Schachi? Sie weiß, daß wir abends eine Partie Schach spielen und schaut ein Weilchen zu, wie sich, ihr völlig rätselhaft, die Figuren bewegen.

Ich bringe ihr das Radfahren bei; der Weg zum Krämer ist weit, sie soll ihn mit dem Rade machen. Lachend steigt sie auf, lachend fällt sie herunter. Sie legt ihr ganzes Gewicht auf mich, die feste, bäurische Fülle ihres jungen Leibes, aber es bleibt ein unschuldiges Vergnügen und eine heitere Mühsal, bei der ich selbst wieder munter werde, die finstere Welt vergessend in Gelächter und Sonnenschein.

Wir dürfen nicht klagen. Noch steht unsere Welt, täglich bedroht, jeden Augenblick preisgegeben. Aber noch steht sie und das Kind wird wieder gesünder. Auch das Haus an der Isar steht noch; es ist wie ein Bergwerk, aus dem wir, was nur geht, herausschaffen; es ist wenig genug, was wir bergen können. So fahren wir mit Leiterwagen in die Stadt, Józefa und ich; es ist, in der glühenden Sonne, ein mühseliges Unternehmen. Ein Angriff überrascht uns; drei Stunden sitzen wir im Keller, unter den dröhnenden Schlägen der Bomben. Erschöpft kommen wir am Abend in Grünwald an, mit Küchengerät und Geschirr, mit allerlei Hausrat, der jubelnd begrüßt wird, als wäre er neu erworben.

Der Wald beginnt, seine Gaben zu spenden. Wir gehen in die Beeren und in die Pilze. Ein verlassenes, aber wohlumzäuntes Nachbargrundstück ist besonders ergiebig. Ich steige als erster über den Zaun, Józefa und meine Frau sollen folgen. Aber die sonst so Mutige zaudert. Sie steht auf den Latten und will meine Hilfe nicht. Ist sie feige? Nein, meine Frau erräts: Józefa, hast du keine Hose an? Sie ist an dieses Kleidungsstück nur schwer zu gewöhnen. Sie wird über und über rot, sie lächelt, hält ihren Rock fest um die Beine und springt. Sie bleibt an einem Draht hängen, fällt kopfunter in meine Arme, ich will sie halten, sie strampelt und liegt auf dem Boden. Ein ähnlich drolliges Gemisch von Schrecken, Sinnenlust und Verdutztheit habe ich kaum je erlebt, freilich, nur in dem Blitzen, in dem Sternschnuppigen lag der ganze Reiz, es war vorbei, ehe es recht begriffen war und ließ einem wilden und süßen Nachstrom der

Fantasie alle Freiheit des Traumes – ein Augenblick mehr und es wäre eine allzuderbe Wirklichkeit gewesen.

Ich bin von Kind auf ein flinker Beerensucher, aber die Schnelligkeit, mit der Józefa ihr Krüglein vollbrockt, grenzt an Zauberei. Ich bin berühmt als Schwammerlsucher, und wo keiner meiner Freunde mehr etwas findet, da sehe ich noch einen Steinpilz im Dickicht. Aber neben diesem Naturkind geh ich wie ein Blinder dahin, sie schlüpft wie ein Tier durch das Unterholz und holt die prächtigsten Kerle heraus. Oft geht sie jetzt auch allein in den Wald, vor Sonnenaufgang, und bis wir aufwachen, steht ein ganzer Korb voller Herrenpilze da. Über das Zeug, das ich mitbringe, Täublinge, Habichtspilze und Fleischschwämme, lacht sie zuerst, dann aber, wenn sie sieht, daß ich ernsthaft dabei bleibe, dergleichen essen zu wollen, rennt sie aufgeregt herum und beschwört uns, auf deutsch und polnisch, uns nicht dem sicheren Tod auszuliefern.

Das Leben geht weiter oder soll ich sagen, der Tod? Es kommen die fürchterlichen Angriffe des Hochsommers, drei hintereinander an drei Tagen. Gewiß, wir leben vor der Stadt, weit vom Schuß, wie sich später herausgestellt hat, aber die augenblickliche Gefahr ist groß genug. Die riesigen Wälder werden mit schwerem Eisen beworfen, im Norden stehen Säulen von Rauch und nachts schimmert es rosenrot über den Wipfeln. Schreckliche Botschaften kommen aus der Stadt, viel zu grauenvoll, als daß man klage, ja, daß man überhaupt begreife. Und Józefa, wer wollte es ihr verübeln, nimmt nicht teil an dem Unglück, die ehrwürdigen Namen der Städte und ihrer Bauten, die wir uns schaudernd zuflüstern, bedeuten ihr nichts, sie ist weit trauriger darüber, daß ihre Post als unbestellbar zurückkommt, daß der Briefträger keinen Gruß aus der Heimat mehr bringt, in der nun lange schon die Russen hausen, die vor den Toren Krakaus stehen.

Am 13. Juli, kaum daß der letzte Schuß gefallen ist, radeln wir in die Stadt, meine Frau und ich. Ganz München brennt. Das Feuer steht zwischen grünen Bäumen und blühenden Gärten, Häuserzeilen rauchen und lodern. Straßenschluchten stehen voller Hitze und Qualm. Wir fahren in eine Hölle von Trümmern und Splittern, an Trichtern vorbei, über Glasscherben und Schläuche der Feuerwehr. Das Gebälk ächzt und stöhnt, das Blech bäumt sich knatternd, die rasenden Flammen singen, schier klingt es süß in seiner verzehrenden Sehnsucht. Aber die

Menschen widerstehen erbittert der lockenden Verzweiflung, sie löschen und bergen, wo schon nichts mehr zu retten scheint; andere treibt eine irre Sucht nach dem Entsetzen durch die brennenden Gassen, andere hocken stumpf, nach drei durchkämpften Tagen und Nächten, auf den verrußten, schmutzigen Resten ihrer Habe.

In dem Gewühl verlieren wir uns, das Feuer schlägt über uns zusammen. Vor den Trümmern meines Elternhauses treffen wir uns wieder. Ich heiße meine Frau bei den Rädern bleiben und steige in den Keller. Aus geborstenen Röhren braust das Wasser in der Finsternis. Plötzlich gibt der Boden nach, ich falle mit stürzenden Steinen bis an die Brust ins Ungewisse. Drunten rauscht laut der Stadtbach. Ich komme wieder hoch, ich tappe mich ans Tageslicht zurück. Ich möchte nichts sagen, aber die triefende Nässe und der Schrecken in meinen Augen verraten mich.

Unser Haus steht noch: braves Häuschen. Wir streicheln die Mauer. Wir steigen die Treppen hinauf, wir schauen die Möbel an, die Bücher. Ich schlage ein paar Töne auf dem Flügel an. Mit gewaltigen Rucksäcken, die uns mehr als einmal vom Rad werfen, fahren wir durch die zerstörten Straßen in unsern Wald zurück.

So ist das Leben: drei Wochen später, an einem stillen, warmen Augustsonntag, feiern wir die Taufe unseres Thomas. Die Freunde kommen zum festlichen Mahl, es ist ein reiner, ungestörter Friedenstag. Józefa strahlt. Sie hat ihr buntes Tuch malerisch über den Kopf gelegt, sie hat die farbigen Opanken an, die ich vor Jahren aus Bosnien mitgebracht und die ich ihr geschenkt habe. »Fotografista?« fragt sie neugierig, so oft Besuch zu uns kommt. Heute kann sie in der Wonne schwelgen, sich von allen Seiten aufnehmen zu lassen. In ihrer Eitelkeit liegt noch eine bezwingende Unschuld. »Józefa, nicht immer die Männer anschauen!« warnt meine Frau. »Ich alle Menschen anschauen!« lacht sie dagegen. So oft sie im Dorf ist oder in der Stadt, bringt sie etwas mit, jedermann schenkt ihr was, so reizend und zugleich bemitleidenswert sieht sie aus, ein fremdes Bauernmädel.

Sie ist jetzt ein halbes Jahr bei uns, sie kann schon so viel deutsch, daß sie meiner Frau lange Geschichten erzählt, vom Teufel, der in einem verwunschenen Wirtshaus spukt, in dem zu frech getanzt und gezecht worden ist. Hahaha, lacht der Teufel im Kamin. Ein Märchen? Aber nein, nur fünfzig Jahre ist es schon her. Sie weiß Prophezeiungen, sie stärkt unsern arg ins Wanken geratenen Glauben an den Endsieg durch den Bericht heimatlicher Weissagungen: »Michalda sprechs!« sagt sie ernsthaft. Einmal hat sie arg Zahnweh. Sie nimmt ein brennendes Scheit aus dem Ofen, rennt damit ums Haus und vergräbt laut singend den Span in der Erde.

Józefa will nicht nur Dienerin sein, sondern auch Herrin; dazu hat sie sich den von unsern Freunden zurückgelassenen Mohr erkoren, einen gutmütigen Riesenschnauzer, der kaum durchzufüttern ist. Das arme, ewig hungrige Ungeheuer muß sich bequemen, polnisch auf seine alten Tage zu lernen. Er folgt ihr aufs Wort. Und ihr: »Mohr raus!« ist von weitaus durchdringenderer Wirkung als unsre erzieherische Bemühung.

So geht der Sommer in den Herbst, der Herbst in den Winter. Die schrecklich geballte Zukunft löst sich auf in eine Reihe von bitteren und süßen Tagen, die in einem unbegreiflichen Gang der Zeiten sich abwechseln. Das große Grauen kommt immer näher, wir wissen, daß es unentrinnbar ist, wir leben nur noch der Stunde und ihren Notwendigkeiten. Ich bin, wider meinen Willen, von meinem leichten Militärdienst entlassen worden, um das weit schwerere Amt eines Zeitungsschreibers auf mich zu nehmen, der trösten soll im Trostlosen, der schaudernd spürt, wie jedes gute Wort, das er hinschreibt, zwangsläufig dem Bösen dient, das fallen muß.

Ich lebe nach wie vor bald in dem Haus im Walde, bald in der halbzerstörten Wohnung überm Fluß, ich fahre weit herum, mit dem Rad und in bombenbedrohten, überfüllten, ungewissen Zügen, um für mich und die Meinen in oft beschämenden Bettelreisen Nahrung herbeizuschleppen. Immer endloser werden die Alarme, mehr als einmal stehe ich verzweifelt mit schwerem Gepäck in dem giftig brodelnden Haufen verstörter Menschen, die auf die Straßenbahn warten, oder ich gehe, wankend unter meiner Last, den ganzen Weg zu Fuß. Daheim aber ist das Glück, ist der Friede.

Von Józefa ist aus dieser Zeit nicht mehr viel zu berichten. Sie fängt an, eine Magd zu werden wie jede andere. Sie ist nicht gerade faul, aber träge, sie kommt uns vor wie ein Steppentier, das eine zu gute Behandlung nicht erträgt. Es fehlt nicht an Leuten, die uns warnen, eine Polin zu beschäftigen, gar ein Kind ihr anzuvertrauen. Man munkelt von Verschwörung der Ausländer, man erzählt sich die Geschichten von den Dienerinnen, die zum Dank für gute Pflege versprechen, ihre Herrin nicht lang zu quälen, sondern bloß kurzerhand umzubringen.

Natürlich lächeln wir über dergleichen Ammenmärchen; Józefa, das harmlose Kind, ist über jeden Verdacht erhaben. Und doch müssen wir bemerken, daß sie anfängt, störrisch zu werden. Es ist die alte Geschichte, von der schlechten Gesellschaft, die gute Sitten verdirbt. Daß ein Mädchen, das so allein unter fremd sprechenden Menschen lebt, bei seinesgleichen Anschluß sucht, ist so natürlich, wie daß sie, unter so viel Männern, ihn findet. Die Ostarbeiter, die ukrainischen Mägde, die polnischen Verschleppten spüren die Freiheit. Eine Welle von heimlichem Widerstand geht durch die Lager, wächst mit jedem Tag unserer Niederlage. In Józefas Verhalten ist, wie mit einem Meßgerät, das Schwanken der Weltgeschichte festzustellen, auch wenn sie selber nichts davon weiß. So war es vor zwei Jahren schon in Siebenbürgen, so war es voriges Jahr in Krakau. Und Józefa liest nicht nur die Zeitung, sie weiß auch sonst alles, und manches erfahren wir zuerst durch sie.

Eines Tages steht, von Bekannten empfohlen, ein Italiener am Gartentor. Er ist aus einem nahen Lager, er will bei uns arbeiten, er hat gehört, wir wollten Bäume fällen. Ja, wir haben die Absicht. Viel zu dicht stehen die Fichten ums Haus, sollen wir frieren, wenn uns das herrlichste Holz vor der Nase wächst? Der Mann heißt Giovanni, ein Abglanz des Don liegt noch auf seinem muntern Gesicht, wenn er auch längst ein abgerackerter Bauer geworden ist; er verfügt über den ganzen Reichtum an Herzenshöflichkeit, der seinem Volke eigentümlich ist. Pantalone, Hosen sind seine eigentliche Hoffnung und er zeigt uns die kläglichen Fetzen, die um seine Beine hängen. Ich bezweifle, ob ich ihm seinen Wunsch erfüllen kann. Un poco mangiare, darüber läßt sich reden. Wir nähren uns zwar seit geraumer Zeit selber fast nur noch von Kartoffeln, aber wer für uns arbeitet, soll auch von uns essen. Giovanni verspricht, fleißig zu sein und er ist verblüffend fleißig. Freilich bringt er auch noch einen Kameraden mit, Ludovico, einen stillen Burschen mit Samtaugen, den wir nun durchfüttern müssen. Aber die Bäume fallen rauschend und rasch füllt sich der Schuppen mit genauen Scheitern. Hunger haben die zwei und Heimweh. Mit wenig Gaben sind sie zufrieden. Eine Tasse Kaffee, ein Stück weißes Brot und ein Hauch von Heimat, in der warmen Küche, macht sie glücklich und vergnügt. Was sollen sie mit Geld? Giovanni blättert seine zerrissene Brieftasche auf, die voller Banknoten steckt.

Aber er zeigt sie nicht verächtlich, er zeigt sie wehmütig, ein armer reicher Mann aus dem Märchen. Der eigentliche Lohn besteht in Tabak, ein paar Fingerspitzen voll. Sie warten darauf, aber sie fordern ihn nie; und teilen ihn redlich.

Unser Italienisch haben wir überschätzt. Ist es nicht vor Jahren noch leidlich gegangen, hat es nicht genügt, sich durchs ganze Land zu schlagen, Züge und Wirtschaften auszukundschaften und dem feurigen Ansturm der Worte sogar ein wenig Stand zu halten? Ach, die Sprache scheint so vergessen, wie das Glück jener schweifenden Jahre hinabgesunken ist in die Winternacht dieses schweren Lebens. Ludovico ist stumm, er lächelt nur, aber Giovanni sprüht vor Eifer des Erzählens. Unermüdlich wiederholt er, was wir nicht verstehen, mit großen Gebärden hilft er seinen Worten nach, holt die Begriffe mit Händen aus der Luft, schüttelt die Schultern, rollt die Augen.

Józefa ist vom ersten Tag an die Betreuerin. Wenn es auch schon alte Männer sind, Männer sind sie doch und Genossen ihres Schicksals. Und Giovanni ist es gleich, ob er auf deutsch oder auf polnisch schlecht verstanden wird; das Wesentliche berichtet er unverdrossen: Mia cara Rosa, none piccoli, bella casa in Montecassino, Tedesci, Inglesi ... Und er vermag das Hin- und Herwogen der Kämpfe mit den Fingern zu gestalten, als wäre man mit dabei. Ob sein Haus noch steht, weiß er nicht, bei Nacht und Nebel ist er fortgeschleppt worden, wie Józefa, ah, du auch, Poveretta, er ist voller ehrlicher Rührung. Daheim ist er nicht arm, dreihundert Ölbäume hat er und Obst und Wein so viel, daß ers in Hülle und Fülle vor uns hinzaubert, aus leeren Händen, versteht sich: bitte, bedient euch! Er hofft, daß sie alle bald nach Hause kommen; aber er vermeidet mit Zartsinn, sich näher auszulassen; er will uns nicht kränken.

Józefa bleibt nicht lange müßig erstaunt, daß da schon wieder in einer andern fremden Sprache geredet wird. Sie hat dieselbe Begeisterung für Landkarten wie ich, und sie ist immer wieder ganz baff darüber, daß diese Länder und Orte, von denen man spricht, genau aufgezeichnet sind, so, daß man mit dem Finger drauf deuten kann. Sie zeigt auch den beiden, wo sie zuhause ist, weit weg vom Land, wo die Zitronen blühn. Und ich stehe dabei und denke der Millionen Menschen, die der Krieg verstreut hat, dergestalt, daß jetzt die schlitzäugigen Mongolen auf dem Marienplatz um die kleinen Feuerchen sich setzen und Münchner Bürger im fernen Sibirien vielleicht auch an ein paar brennenden Scheitern sich wärmen: und daß der Tag nicht fern ist, wo abermals eine Welt aufbricht zu schrecklichen Wanderungen einer unabsehbaren Verwirrung.

Józefa aber lernt allen Ernstes italienisch, sie lernt es so spielerisch leicht, wie sie Deutsch gelernt hat und Radfahren und sie wird es ebenso rasch wieder vergessen. »Domani, giovedo matino, Holz sägi«, so kauderwelschen sie zusammen und lachen. »Segare, segare!« ruft Giovanni und schneidet mächtig durch die Luft. »Buon giorni, Signora Crotilda!« ruft er und schwingt seinen schäbigen Filz, aber da versteht Józefa keinen Spaß: »Nix Crotilda, Frau Doktor!« Und im dampfenden, schwarzsilbernen November gehen die Söhne des Südens an die Arbeit.

Der Winter beginnt, es wird Dezember, der gefährliche Angriff des siebzehnten geht vorüber, Freunde sind tot, die gemarterte Stadt versinkt in ihr Sterben. Aber es kommt auch Weihnachten, Glanz und Gnade des Lichterbaumes, unsre beiden Freunde schwelgen in Spaghetti und rotem Wein, Józefa hat eine wunderschöne lederne Umhängetasche bekommen, meine Frau hat sie gemacht, jede deutsche Frau würde drum neidisch sein. Kleine Geschenke erhalten die Freundschaft: Józefa ist stolz und glücklich, sie dreht und wendet sich vor dem Spiegel, sie nimmt sich für eine Weile auch im Dienst wieder zusammen und alles scheint gut, wie es früher war. Aber der Anlauf bleibt kurz, sie verfällt wieder in ihre unangreifbare, muffige Lässigkeit, sie verschlampt ihre schönen Sachen, sie schlampt schließlich auch ihr Herz herunter. Längst hat sie nicht mehr ihre stille, muntere Heiterkeit, der Zauber ihrer siebzehn Jahre geht dahin, das Mädchen aus der Fremde beginnt, ein fremdes Mädchen zu werden.

Ein Unglück kommt selten allein; Thomas ist wieder kränker, ich selbst bin heftig erkältet und vom Dienst im Volkssturm bedrückt, von überall her stößt das Unheil, der Boden scheint hohl unter unsern Füßen. Da wimmern, am siebten Januar, die Sirenen, wir sind am Ende unserer Kraft, aber wahrhaftig, wir haben keine Zeit, müde zu sein. Taghell ist der Himmel, durch die klirrende Winternacht fallen blinkende Lichter, dann, kaum noch sich wehrend, sinkt die unglückliche Stadt in ihr Schicksal. Rosenrot steigt der feurige Rauch in die Lüfte, München brennt, die zertrümmerten Trümmer von München.

Schon wollen wir alle aus dem eisigen Keller steigen; Józefa, vor Schrecken noch blaß, trocknet ihre Tränen und läuft in den Schnee hinaus; da rauscht es abermals über unseren Köpfen, sirrend tönt es wie von tausend Sensen und in wuchtigen, grausamen Schlägen fallen die schweren Bomben. Eigentlich hatte ich diese Nacht in der Stadt verbringen wollen. Wir warten und schweigen. Unruhig und fiebernd schläft das Kind.

Endlich, nach Stunden, tief in der Nacht, sitzen wir im Warmen. Ist es ein Fest, das es zu feiern gilt? Ich hole eine unsrer letzten Flaschen, rot blinkt der Wein, wir schauen uns traurig in die Augen und ich sage: Diesmal hat es unser Haus getroffen, mir ist, ich sähe es in Flammen stehen. Und ich sage: Schau, es ist bestimmt der letzte große Angriff gewesen.

Es gibt Dinge, die wir im Innersten wissen, und die wir doch nicht glauben können. Eine winzige Hoffnung nährt noch das Herz. Am andern Tag nimmt mich ein Nachbar im Wagen mit in die Stadt. Weit kommen wir nicht, über Berge von heißem Schutt müssen wir klettern, die Toten liegen darunter und, wer weiß, wie viele Lebendige. Qualm hängt in den zerfetzten Straßen, still sausen die Flammen. Die Straße am Fluß ist leicht gebogen. Noch sehe ich nichts. Aber da, im Widerschein eines Spiegelschranks, der unter den Bäumen steht, erblicke ich das tanzende Spiel des Feuers. Und jetzt starre ich zu den leeren Fenstern hinauf, unser Stockwerk ist längst ausgebrannt, leere Mauern ragen, wo ein süßes Menschennest war, voller Bücher und Bilder, Kästen und Schränke, wo der Flügel tönte, wo das Lachen der Freunde klang; ein Funkenschwarm stiebt empor, stumm wie eine Fackel brennt das Haus herunter, von Stock zu Stock.

So schwer es ist, das Herz schlägt weiter. Wir stehen und schauen, wir gehen durch die zermalmten Straßen zurück, wir fahren aus der brennenden Stadt hinaus. Alle Gedanken fallen in einen Abgrund. Aber plötzlich bleibt einer hängen, klammert sich an eine kleine Hoffnung: Der Keller! Ist nicht der Keller unversehrt? Der Nachbar ist bereit zurückzufahren, ein Weg bis zum Haus wird sich finden lassen. Meine Frau, die mit dumpfer Fassung die Hiobsbotschaft hört, ist rasch entschlossen. Eine Stunde später stehen wir vor dem Keller, brechen die Luke auf und steigen, unter der glostenden und qualmenden Schuttdecke, in die finstere Schlucht hinunter. Die Leitungsrohre sind geborsten, knöcheltief steht das Wasser, plätschernd, zu Eis gefrierend, rinnt es von den Wänden. Wir bergen, wir retten, was wir können. Heiß vor Anstrengung, durchnäßt, mit klammen Händen, blutend, zerschunden, holen wir Körbe und Kisten, Vorräte über schwanke Leitern herauf, verstauen alles in dem Wagen. Der Nachbar von draußen wird zum Freund, er arbeitet, als gälte es dem eigenen Besitz. Nacht ist es geworden, Funken fahren wie wilde Wespen aus dem knackenden Haus, ächzend unter seiner Last zieht der Wagen an, wir fahren, noch taumelnd, klappernd in nassen, vereisten Kleidern ...

Ein Unglück kommt selten allein, ich sagte es schon. Ein Plätschern weckt uns in der Nacht, das Wohnzimmer schwimmt in Wasser: Die Heizung ist geplatzt. Es ist ein kleines Malheur, gemessen am großen Schicksal, aber es ist wahrlich mehr als ein Tropfen, um unsere Verzweiflung zum Überlaufen zu bringen. Wir wischen und schöpfen, einen Tag lang renne ich um einen Handwerker, um Verschlußstücke; ach, wir kommen überhaupt nicht mehr zu Atem vor Laufereien und Besorgungen, Behördengängen und Schereien aller Art. Vielleicht will uns das Schicksal helfen, die Wucht seines schwersten Schlages zu zerstreuen.

Józefa nimmt an all dem kaum teil, sie sitzt warm und bequem daheim, zu jeder Arbeit muß man sie erst holen, in ihrem Zimmer trödelt sie oder beschaut sich im Spiegel. Sie legt sich schlafen, sie streunt draußen herum. Wir sind empört über sie, wir erwägen, ob es nicht doch besser sei, sie fortzuschicken. Endlich stellt meine Frau sie zur Rede. Noch einmal bricht ihre bessere Natur durch, weinend wirft sie sich ihrer Herrin an die Brust und gelobt, wieder gut sein zu wollen.

Aber die schönen Zeiten sind vorbei, das Mädchen entgleitet uns, rätselhaft, keine Beschwörung hilft. Zu stark ist der Zug jener unsichtbaren Gegenkräfte, immer schwerer fällt das Gewicht unsrer Niederlage in die Waagschale. Der fürchterliche Stoß im Osten zittert bis zu dem stillen Haus am Wald.

Und doch ist noch unbegreiflicher, daß das Gefüge des wankenden Reiches hält, daß immer noch, zum unwiderruflich letzten Mal, wie wir glauben, Tage der Sammlung, ja, der Heiterkeit kommen: mitten im Verfall begehe ich meinen fünfzigsten Geburtstag, mit Gästen, mit Blumen, mit Geschenken. Ist es nicht so, als spielte auf einem untergehenden Schiff krampfhaft noch die Kapelle? Längst ist der Volkssturm aufgerufen, jeden Tag können selbst wir Alten in einen sichern Tod geschickt werden für eine verlorne Sache. Da werde ich, fast ist es eine Erlösung, abermals der Wehrmacht überstellt.

Je dürftiger wir, bei magerster Kost, in unsern Kleidern schlottern, desto üppiger geht Józefa auf; sie wird breiter und breiter, sie wird eitler, ohne schöner, fülliger, ohne eigentlich blühender zu werden. Ihre Stupsnase bekommt etwas Freches, ihre Augen werden kleiner, uns deucht, sie werden tückisch. Ist es Einbildung, daß wir den Dämon darin leuchten sehen? Immer wieder mühen wir uns um die alte Unbefangenheit; aber schon lügt sie uns dreist an, wenn wir sie fragen, wo sie sich den ganzen Nachmittag herumgetrieben hat.

Auch das Märchendrollige ihres Deutsch-Sprechens ist vorüber; nur selten noch sagt sie etwas dergleichen: Was ein Ochse sei? Vielleicht Mann von Kuh, aber nicht ganz. Warum wohl – es ist ein paar Wochen stiller gewesen – keine Flieger mehr kämen? Vielleicht (vielleicht ist ihr Lieblingswort) sie sind traurig, daß Roosevelt tot ist. Oft aber redet sie polnisch zu uns und lacht uns aus, weil wir sie nicht verstehen.

Auch in diesem Jahr wird es Frühling. Ist es der alte Frühling noch, rührt er mächtig verwandelnd ans Herz? Tränen tropfen auf die Veilchen, der Lerchenjubel wird übertdröhnt vom Brummen der Tiefflieger, die mörderisch aus den Wolken stoßen. Der März schüttelt den Schnee ab, herrlich grünt das Land.

Die Rheinfront bricht zusammen, ich stehe über die Landkarte gebeugt und schmiere mit schwarzem Stift Deutschland zu, wie es hinschmilzt unterm Vormarsch der Feinde. Sind es Feinde? Sind es Befreier? Das zerrissene Herz weiß keine Antwort. Józefa steht dabei und schaut neugierig-ungerührt zu.

Ostern! Ist es möglich, daß so warme, stille Tage noch wie Edelsteine leuchten im niederstürzenden Schutt der Zeit? Thomas steht, er tut den ersten Schritt: es läuft eine geheime Geschichte des Alltags wunderlich unter der großen Weltgeschichte hindurch, das Menschenherz mißt das Leben nach anderen Gesetzen. Noch Mitte April gehe ich mit Freund Georg ins Dampfbad, wie seit zehn Jahren. Es hat etwas Gespenstisches, daß es das noch gibt, unangerührt unter Trümmern, in einer Zeit, da wir längst nur noch mit halber Stimme reden, wie in einem Sterbezimmer, wartend auf das Ende.

Die zwei Italiener, Giovanni und Ludovico, dürfen heim. Sie kommen noch einmal, um sich zu verabschieden. Sie sind voller Schwung und Freude. Sie haben Tränen in den Augen; sie gehen als gute Kameraden, als ehrliche Männer; sie sind keine Plünderer und Strolche geworden. Noch einmal Tobacco, noch einmal vino zum Anstoßen: braver Ludovico, unvergeßlicher Giovanni! Seine muntern Hände flattern ihm schon voraus zu seiner Rosa, zu seinen neun Kindern, zu seinem weißen Haus unterm blauen Himmel seiner Heimat. Addio, addio, a reviderci! Wir müssen ihnen fest versprechen, sie zu besuchen, auch Józefa wird eingeladen und lachend verspricht sie, zu kommen.

Nicht alle fremden Männer sind so arglos. Längst haben sie das Täubchen ausgekundschaftet und unerwünschte Besucher stellen sich ein. Selbst im Dunkeln tönt es von heimlichen Rufen und Pfiffen. Und wenn Józefa jetzt einen Mann sieht, ist sie nicht mehr zu halten. Ich nehme sie ins Gebet. Ich sage ihr, daß sie jetzt frei ist, daß wir keine Gewalt mehr über sie haben. Sie kann gehen, sie kann bleiben. Aber wenn sie bleibt, muß sie sich für uns entscheiden. Ich warne sie vor der falschen Freiheit, die im Augenblick so verlockend scheint. Sie schwankt, sieht es wohl ein, aber zu bewachen ist sie nicht mehr.

Wir haben Angst um das Haus: wer weiß, wen sie herbeizieht. Wir haben Sorge um das Kind: wer kann prüfen, mit wem allen sie sich herumtreibt. Es wird unheimlich lebhaft hier außen am Rande der Stadt.

Ich selber kann nicht zu Hause sein. Im April, während die Welt schon zusammenbricht, bekomme ich Befehl, in den Lazaretten von Oberbayern Heiterkeit zu verbreiten. Die Amerikaner rücken näher und näher, wer weiß, ob ich noch heimkomme, ehe sie in München sind. Zum Glück zerschlagen sich die letzten Vereinbarungen, ich breche die Fahrt ab und komme zuhause an, als schon überall Bäume die Straßen sperren und an den Brücken bösartige Narren mit der Lunte in der Hand stehen.

Am vierundzwanzigsten, in der Nacht, werden wir geweckt: Mit Kisten und Kasten, mit Kind und Kegel ist unser Freund, der eigentliche Hausherr, aus dem Salzkammergut angekommen. Nun wissen wir, daß unseres Bleibens nicht lang mehr sein wird, denn mit List und Gewalt erobert die böse alte Hausgehilfin ihre Rechte zurück, vertreibt uns mit gleisnerischer Zähigkeit vom Herd, aus Küche und Keller. Noch gelingt es uns, einen Teil unserer Sachen nach Nymphenburg zu den Eltern meiner Frau zu schaffen, mit dem Rest bleiben wir, wie in der Luft hängend, mit halbem Herzen.

Auf der Dienststelle feiern wir Abschied. Was heißt feiern? Ein paar Männer schweigen und trinken. Um drei Uhr früh, beim weißen Mondenlicht, rase ich mit dem Rad zurück. Es ist die letzte Fahrt. Am andern Tag, ich sitze und schreibe, ruft mich meine Frau an: das Rad ist ihr in Grünwald gestohlen worden, trotz der Absperrung. Wunderliches Menschenherz: der nahe persönliche Verlust erregt uns tiefer, als der Zerfall der

Welt. Schönes, treues Rad! Lieb wie ein lebendes Wesen bist du mir geworden, Freund aus frohen Tagen, Helfer in härtester Mühsal. In allen Scheunen und Höfen suche ich, der Ort steckt voller marodierender Soldaten, Ungarn und Deutschen, es ist, durch die Technik kaum versachlicht, ein Bild aus dem dreißigjährigen Krieg: Das sind auf einmal ganz andere Menschen – so, wie sich immer zu bösen Zeiten das Angesicht der Welt wandelt und Züge zeigt, die man nie gesehen hat. Armer Wahn, aus diesem Dickicht von fahrendem Kriegsvolk und lauerndem Gesindel ein Fahrrad wieder herauszubringen. In den nächsten Tagen und Wochen sollten sie zu Tausenden gestohlen und zu Schanden gefahren werden.

Was nur Bericht und Gerücht war, Jahre lang, wird bunte Wirklichkeit. Wirds und wird es nicht: Schattenhaft, wie Spuk und Traum bleibt der Durchzug der Truppen, der große Wald verschluckt Mann und Roß und Wagen, auf Scheiterhaufen lodert Heeresgut, Waffen und Gerät und blanke Fahrzeuge bleiben auf der Straße stehen, als stünde das Herz des Krieges still.

Plünderer und Ausschlächter erleben ihre große Stunde, es lösen sich wirklich alle Bande frommer Scheu, was gestern noch wertvoll war, gilt einen Dreck und angesichts solchen Verschleuderns fällt mir der Kamerad vom Jahre vierzehn ein, der auf dem Vormarsch gegen Ypern beim Anblick des ersten zusammengefahrenen Kraftwagens erschüttert in die Worte ausbrach: Welche Werte doch so ein Krieg vernichtet!

Gerüchte schwirren. Wird München verteidigt? Ist Hitler tot? Wir haben all die Jahre kein Radio gehabt und auch hier heraußen, sehr zu Józefas Leidwesen, die Wellen des Äthers nur selten bemüht. Jetzt aber hängen unsere Freunde den ganzen Tag an dem braunen Kasten, dem die ungeheuerlichsten Nachrichten entströmen, die je die Welt vernommen hat. Tanzmusik und Zitherklänge mischen sich kraß in die letzten gurgelnden Schreie der stürzenden Machthaber, in die harten Vernichtungsbefehle der Sieger. Die Widerstandsbewegung ruft auf und verstummt wieder, dann ist die große Stille, wie wenn ein mächtiger Eichbaum im Wipfel schwankt, um krachend zu fallen. Was wir seit zwölf Jahren gespürt, seit fünf Jahren gewußt haben, nun endlich geschieht es in schrecklichster Leibhaftigkeit: ein Heer löst sich auf, ein Krieg geht verloren, eine Welt sinkt in den Tod.

Sind wir vom Unmaß dessen, was wir erleben, überreizt, sind wir dumpf von den Schlägen, die auf uns niedergegangen sind?

Wir wundern uns über uns selber, daß wir nicht aufgeregter sind. Selbst die Granaten, die von jenseits des Flusses kommen und dicht vor uns in den Wald fahren, machen wenig Eindruck auf uns. Ein letzter Wehrmachtswagen saust heran, wir stehen auf der Straße im warmen Abendlicht. Ein junger Hauptmann, noch schneidig, als gelte es kühne Unternehmung, frägt nach dem Weg durch den Wald nach Süden, ich weise ihn auf der hergehaltenen Karte, der Fahrer stößt zurück, rennt mich um, ich stürze, der schwere Wagen geht mir über die Beine. Und daß ich mich unverletzt erhebe, ergreift mich wunderbarer als das zermalmende Schicksal, das im gleichen Atemzug über Deutschland rollt.

Es gibt Dinge, die genau so kommen, wie wir sie uns vorgestellt haben, und es gibt Ereignisse, für die wir kein Vorgefühl haben; sie sehen völlig anders aus, wenn sie da sind. In der Nacht hat das Wetter umgeschlagen, es regnet und schneit am ersten Mai; ein dumpfes mahlendes Rauschen weckt uns; aus den Fenstern spähend, sehen wir die Amerikaner unsere stille Waldstraße entlang rollen. Panzer um Panzer zerpflügt den Boden. Mächtig und kläglich zugleich ist der Anblick, denn die Soldaten sitzen, in bunte Betten, Decken und Zeltbahnen gehüllt, vom Regen überschüttet, verdrossen auf den eisernen Ungeheuern. Dann wird der Wald lebendig, Zäune werden eingerissen, Feuer angezündet. Und jetzt stiefeln, schlacksig und langbeinig, die ersten beiden Amis durch den Garten auf das Haus zu, stecken unsere Pistolen in ihre tiefen Taschen und spähen nach Photoapparaten und Schnaps. Alles geht viel rascher und glatter, als wir es uns gedacht hatten, wir wechseln sogar noch ein paar leidlich freundliche Worte über das schlechte Wetter. Ich muß an einen andern ersten Mai denken, an einen andern Truppeneinmarsch in München: als im Jahre neunzehn die weißen Garden blutig die Stadt einnahmen. Damals wie heute Befreier ...

Noch einmal ziehen stillere Tage herauf, klare, heitere Frühlingstage: Trügerische Hoffnung, es wäre nun alles vorüber! Wahrhaftig, es schaut so aus, als bräche ein goldenes Zeitalter an. Ich sitze am offenen Fenster und schreibe. Was kümmert mich der Schwall von Gesetzen und Verordnungen, der über uns ausgeschüttet wird? Alle Wände kleben voller Zettel. Der Hunger ist ärger denn je, aber fast jedermann erwartet sich, angesichts des Überflusses, in dem die Amerikaner schwelgen, in naher Zeit schlaraffische Zustände. Alle liebäugeln schon mit der Taube, was sag ich, mit der Gans auf dem Dach, während ihnen der Sperling aus den Händen schlüpft: Die Geschäfte sind geplündert, die Ausländer holen sich, vor den Nasen der dastehenden Hausfrauen, Fleisch und Brot, ohne Geld und ohne Marken.

Józefa – sieh da, beinahe hätten wir sie vergessen in dem Trubel der Ereignisse; je nun, sie hat ihr eignes Leben gelebt, fremd neben uns her. Jetzt aber bringt sie sich durch eine wunderliche Tat wieder nachdrücklich ins Bewußtsein: Auch sie ist um Brot angestanden, ohne Aussicht, welches zu kriegen. Plötzlich besinnt sie sich ihrer Doppelrolle, läuft aus der wartenden Schlange der Frauen heraus und holt als Polin ohne weiteres, was ihr als deutscher Hausgehilfin vorenthalten wird: Verschmitzt lächelnd legt sie uns zwei Wecken nebst Geld und Marken auf den Tisch.

Wir lachen wohl auch, bitten sie aber doch, es bei diesem einmaligen Versuch bewenden zu lassen. Zwiespältig, wie solcher Spaß es zeigt, ist auch im Ernst des Mädchens Stellung zu uns. Kein Zwang hält sie, keine Freiheit löst sie: unsre Dienerin muß sie nicht mehr sein, aber wo hätte sies besser? Ein Franzose verspricht ihr, sie zu heiraten; in ihrer Heimat hausen die Russen. Wenn wir umziehen, haben wir kein Bett für sie, geschweige denn ein Zimmer. Wenn wir bleiben, ist ihr das Zusammenarbeiten mit der immer herrschsüchtiger werdenden Köchin nicht zuzumuten. Und schließlich, sie leistet kaum mehr so viel, daß es die Anstrengung lohnt, sie mit durchzufüttern. Sie selber weiß nicht, was sie will, verspricht bald uns, zu ihrer Mutter heimzugehen, bald wieder erliegt sie den Lockungen ihrer Freunde.

Da tut das Schicksal selbst den Hieb in den gordischen Knoten. Ein Gerücht läuft durch die stillen Waldstraßen, gleich darauf kommen wirklich die Amerikaner angefahren: alle Häuser müssen geräumt werden, bis zum nächsten Morgen schon. Die Möbel haben an Ort und Stelle zu bleiben, nur die Dinge des täglichen Bedarfs dürfen wir mitnehmen.

Zu Rückfragen an den lieben Gott haben wir keine Zeit. Es ist sechs Uhr abends. Wir nehmen, was uns trifft, in die innerste Seele gar nicht auf. Die Wirklichkeit, allzu unvermittelt, wird leicht das Unwirklichste; und wie man einen lebensbedrohenden Schuß oft nur als einen dumpfen, kaum schmerzenden Schlag verspürt, so verbirgt auch eine ungeheuerliche Nachricht ihre tiefere Bedeutung im Nur-Aufregenden. Und selbst diese

Erregung wird gemeistert: die Zeit vergeht, wir müssen packen, wir brauchen die letzte Kraft, um zu bergen und zu verbergen, was uns gehört, Reste nur noch des einstigen Besitzes, wie wenig, wenn man seiner bedarf, wie viel, wenn er in Bewegung gesetzt werden muß. Schweiß ist besser als Tränen: um Mitternacht sind wir völlig erschöpft, im Garten trinken wir aus letzten Gläsern den letzten Wein. Die Luft ist warm, die Blumen duften, hoch über schwarzen Wipfeln steht der Mond.

Größeres Unglück geschieht zu dieser Stunde, uns ist das unsre groß genug. Mit Finsternis ist die Welt verhängt, wer einmal aufbricht, weiß nicht, wohin es ihn treibt, ob er wieder heimkehrt und wann.

Józefa ist nur unnütz herumgestanden, wir haben sie ins Bett geschickt. Gegen Morgen ist auch die Männerarbeit getan, aber lang noch rumpeln und rascheln die Frauen durch das verstörte Haus.

Mit dem ersten Tageslicht sind wir wieder am Räumen; ich versuche, Bilder und Sessel, Teppiche und Bücher auf dem Leiterwagen durch die leere Straße aus dem Sperrgebiet zu schaffen, aber schon springen Soldaten aus dem Versteck, herzlos treiben sie mich zurück, mit geladenem Gewehr auf mich zielend. Um acht Uhr steht der Lastwagen vor der Tür. Unsre Freunde brauchen ihn nicht, sie haben in der Nähe Unterschlupf gefunden. Der Offizier drängt zur Eile, nur um uns zu hetzen, wir schleppen, meine Frau und ich, mit jagendem Herzen und schmerzenden Armen, wir halten aus, weil wir einander die Treue halten und weil in Minuten alles auf dem Spiel steht: was wir nicht wegbringen, ist abermals verloren. Der Fahrer, ein breiter, blonder Mann, hilft uns, das Gepäck in den Wagen zu heben, er tuts aus freien Stücken, ja, aus Menschengüte tut ers.

Es verlautet, wir würden am andern Isarufer, in Solln, ausgeladen und einquartiert werden. Der dumme alte Münchner Spruch: »Was solln wir in Solln?« geht mir nicht aus dem Kopf, er hängt sich mit der ärgerlichen Zähigkeit einer Klette ins Gehirn. Meine Frau, die das Englische leidlich beherrscht, unterhandelt heimlich mit dem Fahrer, verspricht ihm eine Flasche Schnaps, wenn er uns zu ihren Eltern nach Nymphenburg bringt. Er wills tun, er muß ohnehin in die Gegend, zu seiner Tankstelle.

Was aber tun wir mit Józefa? Gestern abend hat sie noch

gesagt, sie will hier bleiben und zu ihrem Franzosen nach Grünwald gehen. Ich habe ihr den Lohn ausbezahlt, meine Frau hat ihr einen schönen dreiteiligen Klappspiegel geschenkt, Józefa ist ganz närrisch gewesen vor Freude und hat, noch einmal ein zutrauliches, dankbares Kind, meine Frau unter Tränen umarmt. Jetzt aber ist sie schon wieder weit weg, mit nichts als ihrem Kram beschäftigt, unschlüssig hin und her laufend, während wir uns mit den schweren Stücken abschleppen, und das noch verschlafene Kind aus dem Bett holen, das auch noch zerlegt und verpackt werden muß, während der Transportleiter schon die sofortige Abfahrt befiehlt.

Von der Eile bedrängt, will sie jetzt doch mit uns fahren, sie steigt mit meiner Frau zu dem blonden Riesen auf den Führersitz, ich selber klettere hinten aufs Gepäck, der kleine Thomas wird auf ein Federbett in einem Waschzuber gesetzt, und fort gehts ins Ungewisse.

Ich mag mir noch so oft vorsagen, daß wir ja nicht aus der Welt fallen: gerade das, daß wir heimatlos sein sollen mitten in der Heimat, die friedlich ihrem Alltag nachgeht und auf vertrauten Straßen lärmt und bimmelt, stimmt mich so wehmütig. Thomas in seinem Schaff schaukelt, von der scharfen Fahrt geworfen, halb ängstlich und halb vergnügt, er kann nicht wissen, daß es nicht ausgemacht ist, wo er heut nacht schlafen wird und warum es seinem Vater so schwer ums Herz ist.

Die Brücken sind gesprengt, wir müssen auf jeden Fall über München fahren. Wir überqueren die Isar: jetzt wird es sich entscheiden, ob der Fahrer sein Wort hält, ob er uns, nach Westen, oh nach Westen hin, zu den Eltern bringt. Aber was ist das? Er biegt nach Süden ab, der Wagen rattert wieder isaraufwärts. Was ist geschehen? Ich kann mich ja mit meiner Frau nicht verständigen; aber es ist kein Zweifel mehr, wir fahren nach Solln. Und halten auch schon vor dem Rathaus.

Ich springe vom Wagen herunter, ich frage verstört meine Frau, was los ist. Józefa hat sich plötzlich doch wieder geweigert, mit uns zu kommen, sie will in Solln ausgeladen werden und von da nach Grünwald zurück. Meine Frau hat nachgegeben, der Fahrer in seiner Gutmütigkeit auch. Aber schon braust der Jeep des Transportoffiziers an, jede Weiterfahrt wird verboten, wir sitzen in der Falle.

Der Tag wird heiß, die Stunden dehnen sich, wir sind mißmutig, das Kind fängt zu quengeln an. Auf der Straße stehen wir, und auf der Straße soll unser Gepäck abgeladen werden. Niemand will uns haben. Ich zanke mit meiner Frau, sie fängt zu weinen an, Józefa steht verstockt da und weiß wieder nicht, wohin sie will. Denn nach Grünwald, das hätte ich ihr gleich sagen können, kann sie von hier aus nicht, weil ja die Brücke im Wasser liegt.

Endlich erwischen wir einen Mann vom Bürgermeisteramt. Er hat keinen Platz für uns, er weiß von nichts. Ein Zimmerchen, besten Falles. Und was ist mit dem Fräulein? Wir erklären ihm alles, er wäre froh, uns anzubringen. Was solln wir in Solln? das ist auch seine Meinung. Ja, und wenn das Fräulein polnische Staatsangehörige wäre, dann gäbe es eine ganz einfache Lösung, mehr noch, eine amtliche Vorschrift: sie muß in das Ausländerlager in der Tegernseer Landstraße.

Der Wagen steht immer noch in der prallen Sonne, das Zifferblatt der Kirchturmuhr weist die Mittagsstunde. Halbwüchsige Deutsche streunen um uns herum und neugierige Ausländer gaffen uns an. Ein Bursche schreit wild auf uns ein, jetzt setzen wir das Mädel auf die Straße, nachdem es uns lang genug den Pudel gemacht habe. Es droht, eine unerquickliche Szene zu werden. Da preschen Amerikaner an auf ihren plumpen Käferwagen. Sie horchen in das Sprachgewirr, sehen das Mädchen stehen, natürlich muß es ins Lager. Sie machen sich, wie der Münchner sagt, eine Gaudi draus, sie dort oder weiß Gott wohin zu entführen. Neue, lustige Freunde umgeben Józefa, lauter junge Männer. Wir sind schon vergessen. Aber jetzt, da sie schon den Jeep besteigen will, ergreift sie doch die Wehmut des Abschieds. Das Gedächtnis schöner Zeiten zerstreut die Wolke des Ärgers. »Thomasch!« ruft sie und streichelt zärtlich das Kind. Sie umarmt meine Frau, sie gibt mir die Hand. Ich stecke ihr rasch noch einmal Geld zu und eine Karte mit unsrer neuen Anschrift. Wenn sie uns besuchen will, wenn sie etwas braucht, sie soll uns immer willkommen sein, sage ich und meine Frau ruft ihr nach, sie solle nach Ochodnica fahren, heim, zu ihrer Mutter.

Ich denke einen Augenblick an das herrliche Land der Goralen, an die stahlblauen Berge, an den schimmernden Dunajec, an die bunten Trachten. Und sehe Józefa, halb verstädtert, halb noch das Bauernkind, in den Wagen steigen. Sie hat das farbige Tuch malerisch wie immer um den Kopf gelegt, die noble, helle Ledertasche umgehängt. Den wollenen braunen Schal, aus dem sie damals so ängstlich wie ein Igelschnäuzchen geschaut hat, trägt sie leicht überm Arm. Ein Köfferchen ist immer noch ihre ganze Habe, wenn es auch zehnmal so viel ist als das Bündel, das sie mitgebracht hat.

Sie winkt noch einmal, wir winken zurück, Thomas jauchzt ihr nach. Die Umstehenden sind gerührt, die Feindseligkeit löst sich, mit Gelächter braust der Wagen, das erdbraune Insekt, in die maigrüne, lerchenwirbelnde Landschaft hinaus.

Um uns wird es still. Man hat uns vergessen. Der Fahrer sitzt rauchend und mit Gräsern spielend am Straßenrand. Einmal kommt ein Mann, befiehlt uns barsch, wir wissen nicht in wessen Auftrag, unsre Siebensachen auszuladen. Aber ich weigre mich, noch scheint mir der Wagen die letzte Hoffnung. Und der Unhold entfernt sich brummend. Der Fahrer ist aufgestanden, er horcht und späht um sich: nichts rührt sich. Hällo! ruft er fröhlich, wirft den Motor an, wir klettern auf unsre Plätze und der Wagen rast los, daß ich den Thomas mit beiden Händen in seinem tanzenden Schaff halten muß. Staub und Laub wirbelt herein. Wir sind in der Stadt, wir fahren durch die langen, zerstörten Straßen, wir biegen in die kleine, von Blütensträuchern fast zugewachsene Fuststraße, wir sind zuhause.

Sind wir zuhause? Das Erdgeschoß steckt voller Amerikaner, im Schuppen haben sie ihre Küche. Unterm Dach hausen Russen; die schnippische Eugenie, sie ist über Nacht aus der Magd zur Herrin geworden und hat ihren ganzen Anhang mitgebracht. Aber ein notdürftiger Unterschlupf bleibt uns doch, wenn wir zusammenrücken. Der Fahrer hilft uns, die Kisten und Kasten, die Kübel und Bündel auf die Straße zu stellen, wir stecken ihm mit herzlichem Dank seine Flasche zu. Er allein ists ja, der uns gerettet hat, Gott mag wissen, wo wir sonst geblieben wären.

Am Abend sitze ich noch spät allein, golden leuchten überall die Lichter aus dem Maiengrün. Wunderlicherweise, erst heute und hier, in der neuen Umgebung, wird es mir bewußt, daß der Krieg vorüber ist, daß keine Sirene mehr tönen, keine Bombe mehr fallen wird. Lang sinne ich dem Geheimnis nach, wie wir alle dieses Jahr haben erleben können, dessen dunkel drohende Wucht sich in lauter tätige Tage aufgelöst hat, süße und bittre. Ich schreibe in mein Taschenbuch, in dem ich nüchtern die wichtigsten Ereignisse festhalte. Seit geraumer Zeit gibt es dergleichen nicht mehr zu kaufen und so dient mir das meine schon seit manchem Jahr. Und da bin ich doch betroffen, wie ich unmittelbar über den Zeilen, die das heutige Abenteuer vermerken, den Eintrag lese: 16. Mai: Nachts in der halbzerstörten

Wohnung, völlig erschöpft in der Uniform aufs Bett geworfen. Rätselhafter Ruf durch den seit Wochen lahmgelegten Fernsprecher: Ein Mädchen aus Polen ist für uns angekommen, Józefa Chrobak. Die hat uns der Himmel geschickt ...

*Nachschrift:* Zum Glück ist Józefa der besseren Einsicht gefolgt, sie ist, trotz der russischen Besetzung, nach Polen zurückgekehrt und hat geheiratet. Wenn sie auch ihr Deutsch so schnell wieder vergessen hat, wie es ihr angeflogen ist, sie schreibt uns seit dem Vierteljahrhundert manchen polnischen Brief – es sei die schönste Zeit ihres Lebens gewesen. Und wir haben ihr ab und zu Pakete geschickt: so bleibt Erinnerung lebendig an eine Zeit, deren großes Unglück und kleines Glück sonst längst im Alltag verschollen ist.


## *Einen Herzschlag lang*

Zu Silvester wurde, das war nun schon ein Herkommen seit fünf, sechs Jahren, der Junggeselle Peter Amrain von der Familie Boerner zu Tisch geladen. Es kamen dann wohl auch andere Bekannte dazu, Freunde des Hauses oder, gelegentlich, durchreisende Landsleute aus dem Norden des Reichs, und so wurde, zu sechsen oder sieben, mehr waren es selten, das neue Jahr begrüßt, auf eine heitere und gesellige Art, mit reichem Essen und guten Weinen; denn der Großkaufmann Max Boerner ließ sich's, ohne grade aufzutrumpfen, was kosten, und die Gäste rechneten sich's hinterher, auf dem Heimweg, nicht ohne Hochachtung einander vor und stellten anerkennend fest, daß es üppiger nicht gut hätte sein können.

Aber, was nicht auszurechnen war, weder im voraus noch nachträglich, das war der eigentliche Wert des Abends, der hing von der Stimmung ab, die jeder vorfand und selber mitbrachte; und wenn es sich auch versteht, daß unter gescheiten und wohlerzogenen Menschen ein solches Fest, im erlesenen Rahmen, immer ein gutes Bild abgeben muß, manchmal blieb es doch bei matteren Farben, deren keine leuchten wollte im Zauberglanz des Einmaligen und Unvergeßlichen, weder die Heiterkeit noch die Schwermut gaben ihr Gold, mit lahmen Späßen ward das Blei gegossen oder das prasselnde Feuerwerk abgebrannt, ohne Rührung ward der weihnachtliche Lichterbaum entzündet, nichts sprach mächtig und hold aus Zweigen und Kerzen, und ratlos, womit sie noch aufwarten sollten, gaben der Hausherr und die Seinen dem vorzeitigen, höflichen Aufbruch der Gäste nach, die selbst nicht wußten, warum ihnen diesmal, bei gleicher, ja formelhafter Beschwörung, das Geheimnis nicht sich hatte enthüllen wollen.– –

Nun also war es wieder so weit, naß und föhnig klatschte der letzte Dezembertag über die Stadt, zwischen Regen und Schnee war das Geriesel, das niederfuhr im goldnen, schaukelnden Licht der Laternen, und dann hörte es ganz auf und nur das Glockenläuten war mächtig in den Lüften, als Peter Amrain des Wegs kam, zu seinen Gastgebern, viel zu früh noch, wie er jetzt sah, auf die Uhr blickend im letzten Zwielicht, unter der Bogenlampe an der Brücke, darunter dunkel und mattglänzend der Fluß hinrauschte, leise klirrend von Eis, leicht und winterschmal.

Er hatte Zeit, zu verweilen, es ist nicht erwünscht, als Gast vorzeitig zu kommen, der warmgekleidete Mann mit dem Blumenstrauß unterm Arm ging also hin und her auf der Brücke oder spähte ins Wasser, wo zwischen goldenen Schlangen von Licht die Finsternis trieb und Scholle an Scholle.

Das Läuten klang schön in die Stille, und dem Wartenden fiel es ein, daß dies nun der letzte Tag des Jahres war, wieder ein Jahr dieses wachen und fordernden Lebens, wer weiß, wohin es noch floß, von den Wellen dort unten konnte man's wissen, aber nicht von den Jahren, die noch kommen würden, wenige vielleicht, oder viele, denn das mochte so sein oder so bei einem, der zwischen vierzig und fünfzig stand.

Die rührende Geschichte aus dem Schullesebuch fiel ihm ein, die »Neujahrsnacht eines Unglücklichen«, so hatte sie wohl geheißen, und halb lächelnd, halb in Schwermut überdachte er sein Leben und erstaunte fast, daß er noch da war, ein wenig müde und enttäuscht, aber noch unerschüttert in seinen Grundfesten, da es doch so viele, die mit ihm angetreten waren, hinabgeschwemmt hatte in Tod und Verderben, schaudervoll zu denken, wo sie sein mochten, die lautlos Verschollenen. Das waren noch Silvesterfeiern, fiel ihm ein, im Kreis der Freunde, Feste der Jugend, die Götter zu bannen wußte, Gelage der Heiterkeit und eines schönen Weltschmerzes, traurig belächelt jetzt von dem Nüchternen, der zu fremden Leuten ging im Grunde, in Gesellschaft, wie man so sagte, nette, liebe Leute gewiß, die ehrlich bemühten Gastgeber; und der Doktor Urban mit seiner Frau, die noch zu erwarten waren, wie mochten sie sein?

Die Hausfrau würde wieder davon reden, daß er doch heiraten sollte, endlich, seit sieben Jahren war das ihr Lieblingsgespräch; aber er hatte nun einmal kein gutes Frauchen bekommen, wie sie's ihm wünschte, und nun würde er es wohl auch nicht mehr versuchen. Die Frauen waren nicht allein dran schuld, so gerecht war er, das zuzugeben, viele hatten ihr Bestes versucht, und er war dankbar für schöne, unnennbare Zeiten. Ja, so schmal war hier die Grenze, darauf des Lebens Gesetze aneinanderstießen, wer konnte sagen, auf welcher Seite die Schuld stand, anders gesehen von dem, der Unrecht tut, und anders von dem, der es leidet. Aber damals, das große Erlebnis mit Laura, das einzige, wie ihm seitdem schien, das um den vollen Einsatz des Herzens ging, da war schmählich an ihm gehandelt worden, an ihm, der wehrlos war vor Liebe. Laura, wunderbar war sie zu ihm gekommen, ein Engel des Glücks, ungläubig hatte er sich losgelassen in so viel Seligkeit hinein, angefleht hatte er sie, ihn nicht ungewarnt an den Rand des Abgrunds zu führen, und lachend, mit süßer Lockung, hatte sie mit ihm gespielt, hatte ihn ausgespielt gegen einen andern, den er nicht sah, den er immer spürte; und als er, nicht länger gewappnet, sein Herz auftat in holdem Vertrauen, da war jener Brief gekommen, schnöder Worte voll, daß sie für den andern sich entschieden habe, so schwer es ihr geworden sei; selber habe sie es ihm sagen wollen, aber krank, so schrieb sie, liege sie zu Hause, erdrückt vom Schmerze solchen Entschlusses. Und er, der Tölpel, zerschmettert von diesem Schlag, hatte sich gleichwohl unverzüglich auf den Weg gemacht, sie zu besuchen, zu trösten, die Last von ihr zu nehmen, unter Tränen war er gegangen, Blumen in Händen, wie im Traum.

Und war ihr in den Weg gelaufen, wie sie gar, gar nicht krank und von Schmerz erdrückt, wie sie lachend an der Seite eines vierschrötigen, finstern Gecken im Wagen saß, der eben im Begriff war, abzurollen. Und er, der Narr, hatte den Hut gezogen, war, unter dem höhnisch gelangweilten Blick jenes Herrn, an den Schlag getreten und hatte, von Qual verzaubert und keiner Worte mächtig, ihr die Blumen gegeben; fortgewankt war er, ohne länger in ihr erschrocknes Gesicht schauen zu können, das sich schon wieder zu einem Lächeln geschürzt hatte, bereit, neue Entschuldigungen zu erfinden. Und dann erst hatte er seine Schmach völlig begriffen und gewütet gegen sich selber, gegen sein törichtes Herz.

Laura hatte ihm Briefe geschrieben, er hatte sie ohne Antwort gelassen. Er war ihr begegnet, im Fasching, des Schicksals Laune hatte sie zusammengeweht am Rande des wirbelnden Festes, sie hatte ihn mit Namen gerufen, er hatte durch sie hindurchgesehen, mit kaltem Blick und heißem, quellendem Qualm in der Brust. Und die Zeit, die allmächtige Zeit, hatte dann dies alles fortgetragen, es war jetzt schon lange her, sieben Jahre; aber wenn er sie sähe, Laura, die Geliebte, die Gehaßte, alles würde wieder sein, wie es war, ungesühnt, aus alter Wunde frisch blutend.

Peter Amrain blickte nicht länger auf das ziehende Wasser. Zu früh war er daran gewesen, nun hatte er die Zeit vertan mit verschollnen Erinnerungen; reichlich spät war es nun und eilig ging er dem Hause zu, dessen Gast er sein sollte.

Gleichwohl war er noch der erste, freudig in der Diele begrüßt vom Hausherrn, der freilich zugleich bedauern mußte, daß sowohl ein älteres Ehepaar als auch eine junge Dame, die man eigens, dem Junggesellen zuliebe, geladen habe, wegen der leidigen Grippe hätten absagen müssen, so daß man mit einem kleinen Kreis sich zu bescheiden habe.

Inzwischen waren bereits die Stimmen der Neuangekommenen zu vernehmen, und Doktor Urban betrat den Raum. Er war ein massiger, sicherer Mann, ausgesucht gekleidet, und auch die Höflichkeit, mit der er sich vorstellte, vermochte nicht die fahle Düsternis zu verscheuchen, die auf seinem festen Gesicht lag; mit Unbehagen spürte Peter, während die ersten Worte eines belanglosen Geplauders fielen, daß er diesem Herrn schon einmal begegnet sein müsse, aber da der andre keine Miene des Erkennens machte, konnte es wohl auch eine Täuschung sein.

Unter heiterm Schwatzen traten die Damen näher, und Peter, der, ein Glas Südwein in der Hand, mit dem Rücken zur Tür stand, mußte sich umwenden, sie zu begrüßen.

Voll und unausweichbar sah er Laura ins Gesicht. Beiden schoß das Blut in die Wangen, die Frau stieß den Atem von sich wie einen Schrei. Das Glas in Peters Hand zitterte; blind tappend, in der brausenden Verfinsterung seiner Brust, stellte er es ab, verfehlte den Tisch, an dessen Kante es knackend zersprang.

Einen Herzschlag lang sah er sich stehen, mit gezogenem Hut, windzerflatternden Haars und quellender Tränen, am Wagenschlag, dieser Frau die Blumen reichen verwirrten Gefühls, liebend noch und schon hassend, unterm herausfordernden Blick dieses Mannes, den er nun jäh wieder erkannte und der auch jetzt, das spürte er durch die geschlossenen Augen, verächtlich auf ihn, den Mißgeschickten, sah.

Niemals, schrie eine Stimme in ihm, nie und nimmer dürfte er jetzt sich beugen, an ihr, der schonungslosen, sei es jetzt, die Demütigung einzustecken, nun könne sie, ja, und mit besserm Grund als damals Krankheit vorheucheln und die Flucht ergreifen, was, zum Teufel, liege an einem verpfuschten Abend, was an der glatten Höflichkeit, bei solchem Angebot des Schicksals.

Da sah er, und all das noch im Augenblick der Verwirrung, die um das zerbrochene Glas entstand, in Lauras Augen die Qual, in der noch die Bitte um Gnade war, in der aber schon der Haß auswegloser Gefangenschaft aufglomm, er sah, wie ihr Mund, zwischen einem Weinenwollen und dem mühsamen Formen von Worten zuckte; und da sagte er, seine Stimme klang ihm selber fremd und wie von weither, mit gutem Lächeln sagte er in ihr nun schmelzendes Gesicht hinein, die gnädige Frau lerne da gleich einen rechten Tolpatsch kennen, und nannte ihr seinen Namen, so verbindlich und beiläufig, wie er ihn tausendmal genannt hatte, und beugte sich flüchtig über ihre Hand.

Sie begriff ihn, mit süßer Gewalt stürmte sie in sich selbst zurück, und mit neugewonnener Sicherheit, einen Blick des Einverständnisses von ihrem kalt schauenden Gatten holend, scherzte sie, und es klang nicht plump im holden Atem ihrer Erlöstheit, das alte Wort, daß Scherben Glück brächten und niemand wisse, welch unbekanntem Gotte hier habe ein Trankopfer geweiht werden sollen.

Gleich darauf baten die Hauswirte zu Tisch und da nichts anregender ist als kleine Unglücksfälle, die jeden zu doppelter Herzlichkeit verpflichten, so gediehen bald heitere Gespräche hin und her, und auch der Doktor Urban, der wuchtige, mischte sich darein, unter kräftigem Essen und erstaunlichem Trinken.

Peter Amrain sah ihn mehr als einmal verstohlen an und dachte, das also sei der Mann, der ihm vorgezogen worden sei und um dessen willen er so gelitten habe. Er vermochte aber nicht, ihn zu hassen, nur fremd schien er ihm, unsagbar fremd, nicht anders zu betrachten als ein fernländisches Tier, wohlverwahrt hinter den Gitterstäben guter Kinderstube, aber gewiß nicht zahm, von innen her, sondern tückisch und gewalttätig, wenn einer es reizte oder gar ihm etwas nehmen wollte, was es, gutwillig herzugeben, nicht gesonnen war. Nun blickte er auch zu Laura hinüber, und es war ihm, als müsse er jetzt auch ihre Schuld milder beurteilen, und die flüchtige Regung, er habe sie allzu leichten Kaufes davonkommen lassen, wich wieder einem tiefen und freudigen Frieden seines Herzens. In jenem Augenblick, da er sich bezwungen und den lang aufgehobenen, in wilden Träumen ausgespielten Trumpf preisgegeben hatte, war dieser Friede über ihn gekommen und hatte die Leidenschaft in ihm stillgemacht, den Haß und auch die Liebe, in einer verwandelnden Kraft des Schicksals; er horchte tief in sich hinein, ob er die Frau noch begehre, die dort saß, noch unverwelkt; aber keine glühende Antwort kam mehr aus seiner Brust; in seines Herzens Feuern war sie verbrannt, in ihm und für ihn verbrannt zu Asche, und im Sturm jenes Augenblickes, vorhin, in dieser rasenden Entscheidung war sie noch einmal aufgelodert und dann zu Staub zerfallen.

Währenddem war das festliche Mahl weitergegangen, die Gespräche wandten sich hierhin und dorthin, dann wurde die Tafel aufgehoben, der Hausherr hatte dem Doktor etwas zu zeigen, worauf sie bereits eindringlich zu reden gekommen waren, die Hausfrau hatte in der Küche nach dem Rechten zu sehen, und Peter und Laura standen sich, sie hatten es erwartet, gefürchtet vielleicht, unter vier Augen gegenüber.

Die ungesprochenen, die unendlich schwer zu sprechenden Worte bedrängten sie, stumm sahen sie einander ins Gesicht. Endlich sagte er, und er vermied es, sie mit Namen anzusprechen, nun sei, unvermutet genug, gekommen, was habe kommen müssen, und es sei in der Tat, mit dem zerbrochenen Glase, etwas wieder heil geworden und, wie er hoffe, für immer. Und er gab ihr noch einmal die Hand. Diese Hand in beiden Händen pressend, holte sie seinen Namen aus der süßesten Verborgenheit des Erinnerns auf ihre Lippen, alles, flüsterte sie, sei anders gewesen, schlecht, gewiß, unverzeihlich schlimm habe sie sich benommen, aber so nicht, wie es hätte scheinen müssen in seinen Augen. Und, fügte sie dunkel und traurig hinzu, glücklich sei sie ja auch nicht geworden. Davon, sagte er, abweisend, solle die Rede nicht sein, das Böse sei aus der Welt geschafft in diesem Augenblick, der Willkomm und Abschied in einem bedeute. Ob er denn, fragte sie erschrocken und ließ seine Hand los, ihr nicht so wahrhaft vergeben habe, daß sie hoffen dürfe, ihn von nun an wiederzusehen, aber er wehrte ab: das Schicksal, sagte er, habe sie ein gutes Ende erleben lassen wollen, nicht einen schlechten Anfang; denn so gnädig komme es nur einmal.

So wisse sie denn, sagte sie, und sie müsse es hinnehmen, daß er sie nicht mehr liebe. Einen Herzschlag lang, sagte er, habe er sie heute wahrhaftiger geliebt denn jemals in all seiner Leidenschaft; aber noch zu verweilen, nach solcher Höhe des Gefühls, sei Frevel gegen das innerste Gesetz dieser Stunde. Und schon wollte er es aussprechen mit bitterer Deutlichkeit, ob sie denn von ihm erwarte, daß er den Dritten spiele, so oder so, da hatte auch Laura begriffen, was zu begreifen war. So möge er denn, sagte sie schwimmenden Blicks, diese Höhe des Gefühls auch ihr erlauben, einen Herzschlag lang. Und sie nahm seinen Kopf mit beiden Händen und küßte ihn.

Laura, rief er, glücklich zugleich und erschrocken und, daß es zu spät sei, wollte er sagen, aber da hatte sie ihn schon losgelassen, und sie standen in leuchtender Verwirrung, als der Hausherr mit dem Doktor aus dem Dämmern herantrat und einen Augenblick beklommene Stille herrschte.

Hohe Zeit sei es, lachte Herr Boerner mit großer, mit übertrieben großer Munterkeit, nun an die Arbeit zu gehen, das alte Jahr neige sich zur Rüste und noch sei nicht Blei gegossen, Punsch gebraut und Feuerwerk vorbereitet. Er machte sich denn auch gleich ans Werk, in der Küche wurde das blinkende Metall geschmolzen und das Wasserschiff bereitgestellt. Doktor Urban hatte als erster zu gießen, und ein rätselhaftes Zackengebilde zog er aus dem wallenden Wasser, niemand vermochte es zu deuten. Und da sagte der Doktor selber, und er sagte es mit bösem Lachen und drohend sah er Peter Amrain dabei an, ob es vielleicht ein Geweih habe werden sollen, das Zackending. Aber er blieb ohne Antwort, vorerst, neuer Jubel scholl um frischen Guß, Frau Laura fischte eine blanke Träne aus der Flut, und wie heiter sich auch alle gebärden mochten, sie sah traurig darauf und feuchten Auges. Die Reihe kam an Peter, rasch stülpte er das schwankende Blei ins zischende Naß und hob fragenden Blicks das Glänzende ans Licht und, leicht sei das zu erraten, frohlockte die Hausfrau, eine Flasche sei es, ein Tränenkrüglein; und so kühn die Deutung war, man ließ sie gerne gelten, und Peter meinte nur, umgekehrt hätte es sein sollen, aber Frau Laura sagte, das sei noch nicht ausgemacht. Sie sahen sich dabei innig an, niemand sonst maß diesen Worten etwas bei.

Die Mitternacht rückte heran, der Punsch wurde gebraut, und die Männer rüsteten, eifrig hin- und herlaufend, im Garten das Feuerwerk, wenige Schritte vom Haus, wo im goldenen

Licht einer Kerze, die am Boden stand, die Raketen aus den Flaschenhälsen in das Dunkel des Himmels zielten, der jetzt voller Sterne stand.

Nun, sagte Peter Amrain mit Festigkeit zu dem Doktor, der neben ihm in der halben Finsternis stand, wolle er ihm antworten auf eine Frage, die er wohl verstanden habe. Er könne nur so viel erklären, daß er an diesem Abend, einer Fügung gehorsam, mit aller Herzenskraft etwas in Ordnung gebracht habe; er zweifle nicht, daß Frau Laura ihm ein mehreres davon berichten werde; wenn er freilich die Absicht haben sollte, dies alles wieder in Unordnung zu bringen, so stehe er ihm zur Verfügung.

Der Doktor funkelte ihn zweifelnd an und war im Begriffe zu reden, wohl kaum im Guten. Doch ging im selben Augenblick in allen Gärten ein wildes Schießen los, mit hellem Knattern und dumpfen Schlägen; Feuerschlangen zischten in die Luft. Auch der Hausherr lief nun herbei, die Hände voller Schießeisen. Er bot den beiden Männern ein Pistolenpaar, sie nahmen die Waffen ernster, als der, der sie übergab, es sich erklären konnte. Der Hausherr, aus seinem Rohr, schoß zuerst, auf die Kerze, wie er, die Richtung weisend, hinzufügte; gleich darauf drückte der Doktor los. Die Flamme blieb unbewegt. Dann schoß Peter. Im Spritzen des getroffenen Wachses erlosch das Licht. Ob er immer so schieße, fragte der Doktor in einer Mischung von Spott und Unbehagen. Nicht immer, aber meistens, rief statt des Gefragten der Hausherr, ein alter Soldat behalte eben doch seine sichere Hand.

Ein neues Licht wurde gebracht, die Raketen wurden unterm lachenden Zuruf der Frauen, in die Lüfte geschickt, dann ließ ringsum der Lärm des Schießens nach, nur die Glocken klangen, weither und feierlich.

Man ging wieder ins Haus zurück, der Punsch wurde herumgereicht, alle stießen miteinander an auf ein gutes, auf ein friedliches neues Jahr. Doktor Urban, der kein Auge von seiner Frau gelassen hatte, sah ihr erfülltes Gesicht, von einer furchtlosen Freude überglänzt, und da ging auch er zu Peter Amrain hinüber und hob sein Glas gegen das seine; er glaube, sagte er, ihm auch seinerseits, ohne es freilich recht zu wissen, zum Danke verpflichtet zu sein.

Als die Gesellschaft, in der zweiten Morgenstunde, aufbrach, hatte es geschneit; der neue Tag, das neue Jahr lag weiß vor ihrem Weg, ein unbeschriebenes Blatt, und da erzählte ungefragt Frau Laura ihrem Mann die Geschichte dieser Begegnung, da stand Peter Amrain auf der Brücke am Fluß, wie er dagestanden hatte vor vielen Stunden, und er gedachte, dem ziehenden, kristallen klirrenden Wasser nachhorchend, der wunderlichen Strömung seines inneren Lebens.

Herr Boerner aber, der Gastgeber, ging noch durch das Haus, die Kühle der Nacht floß durch die offenen Fenster in den Dunst des Rauches und der Reste, und gähnend sagte er zu seiner Frau, die das Nötigste ordnete und räumte; er sei nicht klug geworden aus seinen Gästen, ungreifbar sei hinter allem etwas gestanden, wie ein Geheimnis.

Die Hausfrau aber lächelte, man müsse zufrieden sein, wenn nur die Gäste selber klug geworden seien aus diesem Abend; und ihr habe es geschienen, als sei da insgeheim ein Spiel zum guten Ende gespielt worden, dessen Trümpfe alle Herr Peter Amrain in der Hand gehabt habe.

*Die beiden Sammler*

> Sammler sind glückliche Menschen.
> *Goethe*

Bald nach dem Großen Kriege konnten die Münchner einen jungen Mann beobachten, wie er, mitten im Winter etwa, dahinging, einen breiten Hut auf dem langbeschopften Geierkopf, in einem gestutzten Soldatenmantel und an den Füßen Schaftstiefel, dieselben, die er vordem in Flandern getragen hatte und die er nun weiter trug, obwohl er längst verwundet aus dem Feld heimgekommen war und aus dem Dienst entlassen. Er trug eine gewaltige, vor Alter brüchige Mappe unterm Arm; sie war notdürftig verschnürt, die Stricke schnitten ihm in die ungeschützte Hand, aber keuchend schleppte er sie weiter, der Wind drohte sie aufzustoßen, es war ein mühseliger Gang, wie ihn nur ein Sammler auf sich nehmen konnte, einer wie dieser, der Blätter heimtrug, die ihm Herr Korbinian Zitzelsberger, der kleine Antiquar aus der Türkenstraße, zur Ansicht mitgegeben, ungesiebt, wie er sie selber soeben erst vom Speicher einer Witwe geholt hatte. Der Eifrige trug seine Beute durch die langen, eisdurchklirrten Straßen nach Hause, bei den Eltern wohnte er, und vor ihnen galt es nun, die Mappe zu verbergen, vor der Mutter besonders, die in solch unseliger Neigung des Sohnes, in so drangvollen Zeiten gar, schon Untergang und Verderben der ganzen Familie sah. Der Großvater bereits, ihr eigener Vater, war der Leidenschaft des Sammelns verfallen gewesen, übereilt, zu ungünstiger Stunde, war der ganze Plunder von Münzen, Waffen und Stoffen abgestoßen worden und nichts war geblieben als ein wenig Geld, das jetzt rettungslos dahinschmolz, und ein Klebeband mit Zeichnungen und Wassermalereien, der dem Sohn in die Hände gefallen war und der nun den gefährlichen Funken neu entzündet hatte.

Als der junge Mann, ungesehen diesmal, in sein Zimmer entwischt war, stellte er seine Last auf den Boden; und nicht sehnsüchtiger kann ein Liebhaber seine Geliebte entkleiden, als er nun, mit noch klammen Fingern, die Verschnürung von seiner Mappe zu nesteln begann, um nach dem flüchtigen und abschätzenden Blick, den er, Aug in Auge mit dem Händler, auf die Blätter geworfen hatte, jetzt in vollen Zügen ihren Reiz auszukosten, bis er zuletzt, hüpfend und wunderliche Worte murmelnd, sich dem Glücksrausch seines Fundes hingab.

Eine Welt erschloß sich ihm, eines Zaubers schien er mächtig, aus dem Dunkeln die strahlendsten Dinge zu ziehen, mit beharrlicher Liebe einzudringen in den strömenden Kreis höchster deutscher Kunst. Denn die Romantiker hatte er sich, nach einigem Schwanken, zum Ziel seines Sammelns erkoren, Namen, heute von jedermann genannt, damals erst scheu und edel erblühend, Werke, für wenig Geld noch zu erwerben in jenen Jahren, wenn man nur unverdrossen suchte, mit geschärftem Blick, und sein Wissen mehrte, das hier Macht war wie selten sonst.

Was freilich diese Kennerschaft anbelangt, so dachte Herr Zitzelsberger in der Türkenstraße wesentlich geringer von ihr und auch Herr Füchsl in der Theresienstraße fand, daß der Anfänger ein Segen sei für das Geschäft, ein williger Abnehmer von Ladenhütern, die, schon von vielen Kunden beäugt, achtlos liegen gelassen worden waren. Bald erfuhren sie auch, vertrauter mit ihm werdend, daß er Eigenbrot heiße, und der Name schien ihnen wie gespitzt zu passen für einen, der sich anschickte, in die Reihe der Käuze und Abseitigen zu treten, von denen sie die närrischsten Abarten zu betreuen hatten.

So vergingen einige Jahre, der junge Rechtsstudent hatte seinen Doktor gemacht und war ein gutbezahlter Anwalt geworden, er hatte eine wohlabgestimmte Wohnung am Fluß, keine wirre und wüste Sammlerhöhle, wie man hätte glauben können, und längst trug er nicht mehr den feldgrauen Flauschrock und die schweren Stiefel. Niemand hätte ihn für einen leidenschaftlichen, ja schrulligen Sammler gehalten, wie ja auch die Zauberkünstler, Zahnbrecher und Kunstmaler heutzutage wohlgekleidet einhergehen, ohne Aufhebens von sich zu machen. Nur wer ihn in dem weitläufigen, von Mappen und Büchern verstellten Bau des düsterfröhlichen Herrn Füchsl zu sehen bekam oder in dem lichtlosen, engen Verlies des Herrn Kinderlein, des leichenfahlen, feuchtbärtigen Flüsterers, stehend, als einen völlig Verwandelten, grabend mit staubschwarzen Händen im Wust des Papiers und den Händen noch voraus den pfeilschnellen Blick des heißen, gierigen Auges, der spürte jenes zweiten Lebens Gewalt, die in ihm war und ihn als seinen eigenen Doppelgänger erscheinen ließ. Längst hatten die Händler verlernt, ihn zu belächeln, sie liebten vielmehr seine rasche Entscheidung und seine Art, zu zahlen, ohne zu schachern.

Dieses Sammeln war bei Doktor Eigenbrot wie der jähe Anfall einer Krankheit, er stand dann von der Arbeit auf und durchstreifte die Altstadt oder die Straßen Schwabings, obwohl er sich eben erst geschworen hatte, sie eine Woche und länger nicht mehr zu betreten. Dann wieder fluchte er diesem Dämon, der ihn in solche Bereiche des Moders und der abgelebten Zeiten zwang, um gleich darauf, von einer Postkarte gerufen, mit einem Durste ohnegleichen, den lockenden Abenteuern und erregenden Geistesfreuden neuer Entdeckungen entgegenzueilen.

Woran es ihm aber fehlte, das waren die Sammlerfreunde, mit denen er sich hätte besprechen, von denen er hätte lernen können. Was half aller Erwerb und Besitz, wenn keines verständigen Menschen Auge darauf ruhte, wenn er nicht das eigene Gut am fremden messen konnte. Die Freunde des Sammlers aber, das muß hier gesagt werden, können niemals die Sammlerfreunde ersetzen. Doktor Eigenbrot bewirtete manch guten Kameraden, manch kluger Kopf zählte zu den Seinen. Nie aber wollten sie seiner Sammlung die gebührende Ehre antun, mit flüchtigen, unverstehenden Blicken oder gar mit schlimmen Scherzen wurden die besten Mappen abgetan, und fast immer endeten solche Versuche, seine Schätze zu zeigen, mit dem spottenden Rat, dergleichen kostspielige Späße sein zu lassen, Zeichnungen in den öffentlichen Sammlungen nach Herzenslust zu betrachten und das Geld für Dinge auszugeben, von denen auch sie, die guten Freunde, etwas hätten, als da sind Wein,

Weib und Gesang, und mehr als einmal trieben sie ihn, der leicht zu hänseln war, in hundert Höllen des Schreckens und Ärgers, wenn sie in gut gespielter Unachtsamkeit ein kostbares Blatt zu zerreißen drohten, oder ihm weismachten, erst neulich irgendwo – und der genauen Umstände konnten sie sich natürlich nicht mehr erinnern – Zeichnungen von einem gewissen Flor oder Fohr, bei Verwandten vielleicht, ziemlich gering geschätzt, liegen gesehen zu haben.

Wohl hatte unser Sammler da und dort auf seinen Streifzügen ein paar alte Herren kennengelernt, mit denen sich über dies und das plaudern ließ, leichte Gespräche waren es geblieben, denen er längst entwachsen war. Noch nie aber war er dem berühmten Herrn Stöber begegnet, aus dessen Sammlung bereits der wunderbare Glanz der Legende floß. Und Doktor Eigenbrot wußte, traurig genug, daß mehr als ein Blatt, das er hatte fahren lassen müssen, in dieser sagenhaften Sammlung prangte; denn Herr Wilhelm Stöber war reich.

Er war im Kriege Offizier gewesen, und, spät aus russischer Gefangenschaft zurückgekehrt, mußte er sich, statt die Kunstwissenschaft zu ergreifen, dem väterlichen Bankhause widmen, dem er nun seit mehreren Jahren vorstand. Der innerste Drang aber war so mächtig in ihm, daß er alsbald begann, wenige, aber erlesene Blätter der Romantiker, Nazarener und Deutschrömer zu sammeln. An Geldmitteln und Kenntnissen war er seinen Mitstrebenden weit überlegen, und Doktor Eigenbrot hatte nur den einen Vorteil, mehr Zeit aufwenden zu können, die ja Geld ist, wie die Weltkinder sagen, und, die wirklich mehr sein kann als Geld, gar wenn es gilt, unermüdlich umherzuschweifen und auf der Lauer zu liegen in solch weiten und immer noch glückhaften Jagdgründen; oft genug gelang es dem Doktor, den kleinen Treibern und Jägern ihre Beute abzulisten, noch ehe die großen Wind bekommen hatten, ja, noch ehe die kleinen selbst recht wußten, was in ihren Netzen und Schlingen sich gefangen hatte.

Schaudervoll freilich war oft an solchen Dingen noch der Hauch des Todes zu spüren, denn vielleicht war die Leiche noch nicht aus dem Hause, als schon die Fledderer anrückten, in Kisten und Kasten zu graben, im Einverständnis häufig genug mit den Erben, die schon lange gewartet hatten, den unnützen Trödel in klingende Münze zu wandeln.

Herr Stöber kam nur selten in die Bereiche der kleinen Trödler, er liebte sie nicht, diese Todesverwandtschaft, er nahm diese schicksalhaften Stücke Papiers, wenn sie wieder sachlicher geworden waren, freilich auch teurer; und da andrerseits der Doktor nur sehr gelegentlich in die vornehmen Kreise des großen Handels sich wagte, währte es Jahre, bis die beiden einander begegneten, zumal ja die Verkäufer ihre Kunden, wie auch die rätselvollen Wege der Ware so geheim als möglich zu halten suchten und jedem Sammler die Blätter anboten, als wären sie jungfräulich und er, der Bevorzugte, sähe sie als der erste, gewiß und wahrhaftig. – –

Ein bedeutendes Versteigerungshaus legte seine Schätze zur Besichtigung aus, und da Anschauen nichts kostet, ging auch der Doktor hin; und was jahrelang nicht hatte gelingen wollen, ergab sich hier wie spielend, daß er nämlich Herrn Stöber kennenlernte, gar nicht flüchtig, sondern gleich gründlich, im Streitgespräch um eine bezweifelte Federzeichnung. Rascher und herzlicher, als es sonst die herrische Schüchternheit Stöbers erlaubte, war das Einvernehmen hergestellt, und wider Erwarten sagte er sogar zu, als der Doktor, bescheiden genug, die Bitte aussprach, der geschätzte Kenner möchte doch einmal auch seine Sammlung, sowenig sie im Ganzen bedeuten wolle, um einiger beachtlicher Stücke willen, gelegentlich eines Blickes für wert halten.

Glühend wie eine Braut erharrte er den hochwillkommenen Gast; der erschien pünktlich und forderte unverzüglich die Mappen zu sehen, als wollte er damit deutlich machen, wie ausschließlich der Besuch der Sache und nicht der Person gelte. Stoß um Stoß wurde herbeigeschleppt, und als der Doktor des mächtigen Gegners Erstaunen spürte über die Fülle und den Wert dessen, was er ihm zu bieten vermochte, da wuchs ihm in Freuden das Herz. Endlich floß nun, ach, zum erstenmal und als ein holder Lohn der Mühen, der langgehemmte Strom der Rede, und jetzt erst, so schien es ihm, im gemeinsamen Anschauen, gewannen die Werke der verschollenen Künstler ihren Wert, diese Bleistift- und Pinselstriche, die ohne den Blick der Liebe heimatlos sind auf dieser Welt.

Eine der Zeichnungen, farbig getönt, hätte Herr Stöber gerne gehabt, wenn er sie auch nur sparsam lobte und vorgab, ihn reize bloß die Darstellung, Winzer nämlich waren es, bei der Lese am Rebenhügel, recht hübsch, wie er sich vorsichtig ausdrückte. Die Meinung des Eigentümers, das Blatt könnte von Schwind sein, wies er mit wiegendem Kopf als wenig zusagend von sich. Und doch wußte er es so gut wie sicher, daß es ein

Schwind war, und zwar das Blatt Oktober aus einer Folge der zwölf Monate, und in den neunziger Jahren, das hatte er in einer alten Versteigerungsliste erschnüffelt, war eine solche Folge in Wien versteigert und seitdem vielleicht in alle Welt verstreut worden. Es konnte aber auch sein, daß die übrigen elf Monate eines Tages geschlossen im Kunsthandel auftauchten, und dann war es von unschätzbarem Wert, diesen einen Ausreißer sichergestellt zu haben.

Herr Stöber, so schlau er es anfing, hatte seinen Mann doch kopfscheu gemacht, der erklärte, sich von so einem guten Blatte nicht trennen zu wollen, ehe er nicht wisse, wessen Handschrift es sei. Ziemlich schroff und durch die Weigerung, auf einen Tausch einzugehen, sichtlich verstimmt, zog der Beschauer die Uhr, schien aufs höchste überrascht, daß Mitternacht schon vorüber sei, und erhob sich, um aufzubrechen.

Doktor Eigenbrot, der gern noch volle Stunden gesäumt hätte, geleitete den Gast über die Treppe, als er plötzlich, am Haustor, mit Schrecken bemerkte, daß er den Schlüsselbund am Mappenschrank hatte stecken lassen. Wohl ließ sich das Haustor durch einen geschickten Griff in die Feder des Schlosses öffnen; aber ihm selbst, der die Wohnungstür hinter sich zugeschlagen hatte, blieb der Rückweg versperrt, und er wußte nicht, wo er die Nacht verbringen sollte.

Dieser Sorge enthob ihn Herr Stöber, der ihm vorschlug, mit ihm nach Hause zu fahren und dort zu übernachten, ein Angebot, das in solch peinlicher Lage nur schwer auszuschlagen war. So fuhr er denn, in einem weit zwingenderen Maße Gast seines Gastes, durch die stille Stadt gegen Süden, wo der Bankherr, am Rande des Waldes, in einem vornehmen Landhaus wohnte, in das er gewiß noch keinen geladen hatte, den er zum erstenmal gesehen.

Einen Haken freilich, so mußte Herr Stöber unterwegs zaudernd gestehen, hatte diese wunderliche Beherbergung noch, den nämlich, daß seine Frau, so lieb und verständig sie sonst auch sein mochte, wenig übrighatte für die künstlerischen Neigungen ihres Gatten. Nie und nimmer durfte sie erfahren, wieviel Zeit und Geld Herr Stöber an diese Spielerei verwende.

Dort erwies sich diese lächerlich-ernste Sorge als unbegründet, Frau Stöber war früh zu Bett gegangen, und während in dem weitläufigen und prächtigen Haus die Dienerschaft dem Fremden das Zimmer rüstete, konnte der Hausherr, bei einem Glase Schnaps, den Gast noch einen flüchtigen Blick auf seine

Mappen tun lassen; noch einmal und dringlicher kam er auf den Tausch zu sprechen, bot auch gleich einige Blätter an, und der Doktor, unter solch wunderlichen Umständen dem andern mehr verpflichtet, als ihm lieb war, zögerte nun nicht länger, einzuschlagen, wie sehr ihn auch eine innere Stimme warnen mochte, gerade solcher, an Nötigung grenzenden Hartnäckigkeit nachzugeben.

So schlief er denn auch schlecht genug in dem herrlichen Bette und empfahl sich, unrasiert und ungefrühstückt, beim ersten Sonnenstrahl. Eine leichte Verstimmung blieb, die noch wuchs, als ihm Zwischenträger berichteten, Herr Stöber tue sich viel zugute auf seinen jüngsten Fang, wo er einen hervorragenden Schwind einem Gimpel abgejagt hätte.

Gleichwohl begegneten sich die beiden Sammler im Lauf der nächsten Jahre öfter, die Wunde vernarbte, Herr Stöber war von gleichmäßiger Freundlichkeit und lud ihn sogar, als seine Frau in der Sommerfrische war, zu einer ausgiebigen Betrachtung seiner Sammlung ein, wobei Doktor Eigenbrot allerdings mit Ingrimm feststellen mußte, daß sein Blatt als Schwind in der besten Mappe lag. – Das Schicksal wollte der Freundschaft der beiden Sammler nicht wohl und es hatte sich in den Sinn gesetzt, diese Monatsbilder des Meisters Schwind schlimmlaunisch zwischen sie zu werfen. Doktor Eigenbrot war wieder einmal zu Herrn Füchsl gegangen, und weiß Gott, er hatte eine glückliche Hand, als er einen Schwung vergessener Blätter aus einer staubigen Schublade zog. Er traute, wie man so sagt, seinen Augen nicht, als er darunter vier der Bilder fand, wie er eins an seinen großen Gegner verloren hatte. Unverzüglich wollte er sie erwerben, nicht nur sie allein, es war noch manch edle Hand unter den Zeichnungen zu entdecken. Allein, Herr Füchsl selbst, der die Preise noch nicht gemacht hatte, war nicht zugegen, die Tochter war nur im Geschäft und der Sohn, ein Lateinschüler noch, sie getrauten sich nicht, einen gültigen Kauf abzuschließen. Aber neue Sachen wären gestern hereingekommen, sagte die Tochter, hinten lägen sie noch, in der Kammer, und bis der Vater zurück sei, und er müsse jeden Augenblick kommen, könnte ja der Herr Doktor schauen, ob auch für ihn etwas Geeignetes darunter wäre.

Doktor Eigenbrot übergab, mit der ausdrücklichen Bemerkung daß er sie als gekauft betrachte, dem Fräulein die herausgesuchten Blätter und drang darauf, daß sie entsprechend verwahrt wurden; dann erst ging er, seinem Stern vertrauend, mit der Tochter ins rückwärtige Lager, während der Sohn den Laden hüten und, falls ein Kunde erschiene, die Bedienung rufen sollte.

Als die beiden nach längerer Zeit, staubstarrend vom ergebnislosen Wühlen, wieder im Laden erschienen, trafen sie dort Herrn Füchsl an, und stracks forderte der Doktor seine Blätter, um sie, die er in Bausch und Bogen, um jeden Preis gewissermaßen, schon erworben hatte, jetzt einzeln auszuhandeln. Aber als die Tochter, ganz selbstverständlich, nach ihnen griff, waren sie nicht mehr da. Der verwirrte Herr Füchsl mußte zugeben, daß er sie soeben dem Herrn Stöber, der mit ihm zugleich den Laden betreten hatte, verkauft habe – in traumwandlerischer Sicherheit habe dieser das Versteck aufgefunden, einen Blick darauf geworfen, ohne Feilschen den gar nicht geringen, ja, wie Herr Füchsl beteuerte, abschreckend hohen Preis bezahlt und fort sei er gewesen, mit einer verdächtigen Schnelligkeit.

Doktor Eigenbrot tobte, das Mädchen weinte, Herr Füchsl beteuerte seine Unschuld und erklärte sich immer wieder bereit, den Schaden durch hundert Bemühungen zu ersetzen. Er sah die Gefahr, von seinen beiden besten Kunden unweigerlich den einen zu verlieren. Doktor Eigenbrot blieb unerbittlich, er verlangte vom Herrn Füchsl, daß er sogleich Herrn Stöber davon verständigen müsse, die Ware sei bereits rechtsverbindlich verkauft gewesen, der Käufer, dessen Namen er unter keinen Umständen nennen sollte, erwarte die Rückgabe der Blätter. Der verängstigte Herr Füchsl griff, widerwillig genug, zum Fernsprecher und rief, gegen alle Vereinbarung, den Bankherrn in der Wohnung an; er war jedoch noch nicht zu Hause. Frau Stöber nahm die beweglichen Klagen des Händlers entgegen, erfuhr auf solche Weise mit zornigem Staunen, was ihr jahrelang verschwiegen worden war. Herr Stöber, der kurz darauf in bester Laune, den glücklichen Fang unter Geschäftspapieren verborgen, hereintrat, ward mit Tränen und Vorwürfen übel genug empfangen; er ließ, kaum daß er seine Frau notdürftig und unter beschämenden Ausflüchten beschwichtigt hatte, in der ersten Wut Herrn Füchsl einen eingeschriebenen Brief zugehen des Inhalts, daß er dessen Laden nie wieder betreten werde, im übrigen aber eine gerichtliche Entscheidung in Ruhe erwarte.

Doktor Eigenbrot, der Anwalt, hatte nicht übel Lust, sich in eigner Sache gegen seinen großen Nebenbuhler die Sporen zu verdienen, aber bei ruhiger Überlegung fand er, daß das, was einzig zu erfechten sich lohnte, der Besitz der vier Zeichnungen vom Schwind, nicht zu erzwingen war. Alles andere aber, Genugtuung und Ersatz, kam einer Niederlage gleich. So bezwang er seinen Groll und nahm wenigstens insofern seinen Vorteil wahr, als Herr Füchsl in der Tat sich erbötig zeigte, ihm mit verdoppeltem Eifer bei seinen Erwerbungen zu dienen.

Gewiß hatte der Bankherr längst erfahren, wem er die köstlichen Blätter weggekauft hatte. Aber er sprach kein Wort davon und auch der Doktor schwieg sich aus; es blieb eine schwelende Feindlichkeit, ihre Begegnungen blieben selten und frostig, sie gingen einander aus dem Wege und keiner lud den andern mehr ein, seine Neuerwerbungen zu besichtigen. Und wenn auch beide inzwischen andere Sammelfreunde hatten, es waren doch Stümper oder dürre Schwätzer, und im tiefsten Herzen ließ weder der eine noch der andere sich darüber täuschen, daß nichts den ebenbürtigen Gegner ersetzt und daß sie mit schmachtender Entbehrung büßen mußten für ihren Trotz. Wie im Märchen war es, wo zwei Zauberer sich verfeinden, wo eine vergiftete Liebe das Böse tut mit wehem Herzen. Der Doktor entbehrte die tiefen Gespräche mit Herrn Stöber schmerzlich, und auch dieser mußte sich gestehen, daß er öfter als einmal schon den Hörer von der Gabel genommen hatte, den Widersacher anzurufen, und ihn dann doch wieder zurücklegte, als wäre das Hindernis zu groß für seinen Stolz.

So verging die Zeit wieder so einsam, wie sie vordem gewesen war, ehe sie sich kennengelernt hatten. Die Männer, die damals noch nicht Dreißigjährige gewesen waren, mehr als Vierzigjährige waren sie jetzt, vieles war lebendig herübergeglitten mit ihnen, anderes war abgestorben im ständigen Wechsel und Wandel, die Süßigkeit des Auf-der-Welt-Seins war gewiß nicht größer geworden, und nur das Glück der Stille, die mächtige Sehnsucht nach der Dauer war gewachsen mit ihren Jahren. Die Schicksale der Welt hatten sich inzwischen verändert in einem Umsturz ohnegleichen, und auch rings um die beiden Sammler hatte Großes sich erhoben, sicher Scheinendes war gestürzt. Aber jene Gewohnheit, die den Menschen nährt und wiegt von Tag zu Tag, bis zum Grabe ihn begleitet, in das sie ihn dann stößt, diese trägtückische Gewohnheit war stärker geblieben, und gar der Besitzende, in unfreier Angst vor der Veränderung, redet sich leicht ein, nichts wäre geschehen, das ihn erschüttern müßte.

Immerhin, es galt wacher zu leben, und wie die beiden Sammler sonst lebten, müßten wir ausführlich schildern, denn sie waren ja nicht Sammler nur, abwegige, wunderliche Käuze, aus allen Wurzeln des Seins nährten sie sich, und dieses Begehren nach Schönheit, dieses Drängen nach kostbarem Besitz war nur einer ihrer Triebe, ein wuchernder zwar, aber er hatte ihr Leben nicht erstickt, dieses lustige und traurige Leben, das tausendfältige, in schwere Jahre gestellte Leben; und doch, dieses stille und tröstliche, oft auch wilde und leidenschaftliche Wirken im Reich der Kunst, es baute einen hohen Raum um sie, und wie von Engelshänden waren sie geführt durch verworrene Jahre.

Manches also war anders geworden als früher, vieles, ja alles war von Grund auf verwandelt, aber das gehört nicht in unsere Geschichte. Daß man aber eines Tages nicht mehr wie sonst nach Österreich reisen konnte, ins Nachbarland, das gehört hierher.

Doktor Eigenbrot fuhr nämlich doch nach Österreich, nach Wien, eine Genehmigung der Behörden war dazu erforderlich, nur für wichtige Geschäfte wurde sie erteilt, und der Anwalt, der dort mit der Gegenpartei verhandeln mußte, hatte ein wichtiges Geschäft.

Das hatten auch andere, Bankleute etwa, und so kam es, daß der erste, dem er an der Bahn begegnete, Herr Stöber war, der ebenfalls beruflich in Wien zu tun hatte. Einen Herzschlag lang hatten sie beide wegzuschauen versucht, aber zu überraschend waren sie aufeinandergeprallt und mußten sich nun wohl begrüßen, verlegen begannen sie eine stockende Unterhaltung von ausgesuchter Artigkeit.

Der Monatsbilder von Schwind ward keine Erwähnung getan, und doch blätterten sie unaufhörlich zwischen ihnen, die unvergeßlichen, dem Gewinner, der sie zwar recht und billig, aber nicht ganz einwandfrei erworben, und dem Verlierer, der sie eingebüßt, nicht ganz ohne eigenes Versagen, aber mehr durch Fügung des Schicksals, das ihm noch eine Genugtuung schuldig schien. Dann wurde das Gespräch ohnehin einsilbig, wie das so zu gehen pflegt auf Reisen, dies und das fragten sie sich noch aus Höflichkeit, wie lange man zu bleiben gedenke, und Herr Stöber bedauerte, morgen schon zurück zu müssen, mit dem Mittagszuge, und zum Herumschnurren bleibe ihm keine Zeit, diesmal, aber er hoffe, das nächste Mal, und bald, Muße zu finden, die Geschäfte nach Bildern abzuklopfen. Allzulange, erwiderte der Doktor, werde auch er nicht bleiben, schon wegen der knapp bemessenen Schillinge nicht. Der Bankherr, gern zu Diensten, bot, nach der Brieftasche greifend, seine Hilfe an, aber der Doktor winkte ab, er wollte sich nicht gerne verpflichtet sehen. In Wien aber, wo sie am Nachmittag ankamen, trennten sie sich mit kurzem Gruß und tauchten unter in der großen, wintergrauen Stadt.

Doktor Eigenbrot holte sich auf seinen Auszahlbrief zweihundert Schillinge, mehr hatte er nicht zu erwarten. An Einkäufe war bei so magerem Beutel nicht zu denken, gleichwohl schlenderte er durch die Gassen und ward wie von Geisterhänden in die entlegensten Winkel geführt, wo in halbblinden Auslagen und rumpeligen Gewölben der Trödelkram der alten Kaiserstadt feilgeboten ward. Dies und jenes hätte ihn gereizt, aber die wunderliche Armut, die ihm hier aufgezwungen war, verbot ihm, auch nur nach dem Preise zu fragen. Es dämmerte schon, da und dort wurden Läden geschlossen, da trat er noch bei einem Glaser und Rahmenmacher ein, der unter scheußlichen neuen Kitschbildern auch ein paar ältere Stiche und Handzeichnungen ins Fenster gehängt hatte. Er ließ sich einiges vorlegen, es war schwer genug, dem unverständig-freundlichen Mann begreiflich zu machen, was er eigentlich suche. Endlich, zögernd, als wüßte er noch immer nicht, ob er das Rechte getroffen, sagte der Meister, vorgestern hätte er von einem alten Hofrat, der verarmt gestorben sei, und ob er ihn nicht gekannt hätte, den Hofrat Patschlizek, einen großen Sammler – aber nein, der Herr sei ja nicht von hier, so, aus München sei der Herr, eine schöne Stadt, und im Reich draußen sei es ja doch viel besser zu leben, also von dem Hofrat habe er ein paar Bilder gekauft, keine Ölbilder, Zeichnungen eigentlich, aber doch farbig, und leider seien die Bilder, wenigstens glaube er das, nicht vollständig, es sähe so her, als ob es die zwölf Monate sein sollten, aber es seien bloß sieben Bilder, und ob er sie holen gehen solle oder ob der Herr nicht besser morgen vormittag vorbeischauen wollte, da seien sie bestimmt da, denn vergessen, nein, da könnte er sich darauf verlassen, vergessen würde er das nicht.

Himmel und Hölle stürzten bei dieser weitläufigen Rede auf den Sammler ein. Hoffnungen stiegen in ihm auf mit feurigen und süßen Qualen, Abgründe des Mißtrauens verschlangen sie, eiskalt. Wer weiß, welchen Bafel ihm der Schwätzer hier vorlegen würde, ein Teufel, ohne es zu wissen – ein Engel, ohne es zu wissen, ja, auch ein Engel konnte er sein, ein himmlischer Bote unaussprechlicher Seligkeit. Aber unmöglich durfte die Entscheidung auch nur eine Stunde hinausgeschoben werden. Die oft geübte Klugheit, nur eine gedämpfte, beiläufige Anteilnahme zu zeigen, der Fiebernde ließ sie fahren, er beschwor den Glaser, unverzüglich die Bilder herbeizuschaffen, oder, noch besser, er selbst wollte, nach Ladenschluß, mit in die Wohnung gehen. Jedenfalls war er entschlossen, nicht vom Platze zu weichen, den Mann nicht aus den Augen zu lassen. War denn nicht der große Zauberer, der Unhold in den Mauern dieser Stadt, konnte nicht jeden Augenblick Herr Stöber zur Türe hereintreten, ja, in die Wohnung war er vielleicht schon geschlichen, vom Teufel selbst auf die Spur gesetzt und hatte der ahnungslosen Meisterin die Bilder abgeschwatzt.

Die Wege der Menschen sind wunderbar, aber auch die Dinge, die sie geschaffen, sind lebendige Wesen und haben ihre Schicksale: Als der Glaser, in der düsteren, schlimm riechenden Wohnung, zu der sie über holprige Treppen heraufgestiegen waren, dem Doktor die Bilder, noch gerahmt, wie sie waren, vorwies, genügte ein Blick, um ihn zu überzeugen, daß das Unwahrscheinliche Ereignis geworden war. Er hielt die Monatsbilder von Schwind in bebenden Händen, und so übel es roch nach versottenem Kraut und schmurgelndem Fett, er mußte tief Atem schöpfen, und der Aufforderung der Meisterin, die mit der Schürze den Stuhl abwischte und ihn bat, Platz zu nehmen, hätte es nicht bedurft, er saß schon, klopfenden Herzens, in Schauern von Entzückung.

Noch stand ihm freilich bevor, daß die Bilder unerschwinglich waren, hier und für ihn, denn auch der Alte mochte gewittert haben, daß es nichts Alltägliches sei, was seinen Kunden so in Wallung versetzt hatte. Stockend fragte der, was sie wohl kosten würden. Der Meister begann abermals eine umständliche Rede, um endlich erst, als der Wartende schier bersten wollte, vor kribbelnder Unrast, sich zu der schlichten Aussage zu sammeln, er dächte, dreißig Schilling sei gewiß nicht zu viel für das Stück, oder zweihundert Schilling für alle zusammen.

Doktor Eigenbrot, der vor Erregung nur stumm mit dem Kopf nickte, zählte dem Mann in vier Fünfzigschillingnoten den Kaufpreis hin, so wie er sie selber bekommen hatte, vor nicht zwei Stunden, um vier Tage zu leben in Wien. Und nun waren sie fort, am ersten Abend.

Unter vielen Empfehlungen und Segenswünschen stolperte der Fremde die Stiegen hinunter.

Draußen hatte es inzwischen angefangen zu schneien. Wallend und wirbelnd flossen die dichten Flocken nieder, tanzend um die goldenen Lichter. Doktor Eigenbrot ging dahin, als schwebe er, leicht wie der flatternde Flaum. Und als er aus den engen, naßzertretenen Gassen hinaustrat auf einen freien Platz, darauf unberührt der Schnee lag, eine weiße, glitzernde Fläche, da schlitterte und tanzte er, eine wilde Weise summend und vielverschlungene, seltsame Zeichen schliff und stapfte er in den lautlosen Teppich, seinen ungeheuern Fund an sich gepreßt in der Brusttasche des Mantels, betrunken vor Glück hinschaukelnd durch die fremde, nachttiefe, schneevermummte Stadt Wien.

Dann freilich ernüchterten ihn Hunger und Müdigkeit, und er war wieder in dieser Welt, schlecht genug gerüstet, wie er sich gestehen mußte, es mit ihr aufzunehmen. In einem Torgang suchte er seine Taschen aus; er hatte, bei Licht besehen, noch etwas reichsdeutsche Münze, fünf Mark und etliche dreißig Pfennige brachte er zusammen.

Plötzlich fiel ihm Herr Stöber ein, der ja morgen mittag zurückfuhr. An der Bahn würde er ihn abfangen und ihm sagen, daß er nun doch von dem liebenswürdigen Anerbieten Gebrauch machen wolle. Und nun, da er doch im reinen Glücksgefühl nicht einen Augenblick an seinen Gegner gedacht hatte und an den ungeheuerlichen Trumpf, den er in Händen hielt gegen ihn, ja, nun überkam ihn das Bewußtsein der tollsten Laune, deren Fortuna fähig war: Mit seinem eignen Geld sollte jener den Kauf erst ermöglichen, mit der eignen Waffe blindlings den Hieb tun, der saß.

Doktor Eigenbrot ging vergnügt in das nächste Weinhaus, bescheiden genug, wie er meinte, aber das Sparen will gelernt sein; als er in seinen Gasthof kam, besaß er noch zwei Schillinge, die ihm der Pförtner, wer weiß mit welcher Begründung, mit hurtiger Höflichkeit abnahm. Doch was hatte all dies zu bedeuten, gemessen an dem Märchenschatz, den er jetzt hervorzog, mit Augen verschlang, mit Händen herzte, bis er ihn endlich und endgültig in die Tiefe seiner Reisetasche verschloß.

Andern Tags, bei nassem und stürmischem Wetter, mußte er ungefrühstückt seine Tätigkeit aufnehmen und die Gegenpartei besuchen, einen mürrischen Herrn, von dem er sich weder in seiner Sache noch, wie er vielleicht gehofft hatte, in seiner Person irgendeines Wohlwollens versehen durfte. Rasch brach er mittags die Verhandlung ab, zu Fuß mußte er den weiten Weg machen zum Westbahnhof, bitter bereute er, sich gestern nicht mit einem Kipfel begnügt oder wenigstens dem Pförtner seine

Verlegenheit entdeckt zu haben. Erhitzt und atemlos, im dicken Wintermantel laufend, kam er an, reichlich spät. Und wie, das fiel ihm jäh und siedend ein, sollte er durch die Sperre kommen? Aber wie oft dem großen Glück noch ein winziges nachläuft, wie eine Schnuppe am Sternenhimmel – vor ihm, im nassen Schmutz, lag ein verlorenes Nickelstück, eifrig hob er es auf, der feine Herr, löste eine Karte und eilte durch die Sperre. Zug auf, Zug ab, nirgends war Herr Stöber zu entdecken. Da, als er schon die Hoffnung aufgab, sah er ihn, der sich noch mehr verspätet hatte, herbeitraben, zappelig und wenig geneigt, sich aufhalten zu lassen. Er verstand auch zuerst gar nicht, was der Doktor wollte: verwirrt und keuchend sich nachdrängend im übervollen Zug, mußte dieser seine Bitte vorbringen, und was gestern noch eine einfache, verbindliche Sache gewesen wäre, sah jetzt verdammt nach einer peinlichen Schnorrerei aus. Denn es zeigte sich, daß Herr Stöber, nicht darauf gefaßt, noch um einen größeren Betrag angegangen zu werden, sein Geld verbraucht hatte, und was er, selbst ungemein betreten von dem Schauspiel, das sie beide boten, an österreichischer Währung aus den Taschen fingerte, waren sechsundvierzig Schillinge und etliche Groschen, und der Doktor nahm sie, feuerrot vor Scham und einen verlegenen Dank stotternd, und gerade hatte er noch Zeit, aus dem Zug zu springen, der schon anfuhr.

Noch am selben Nachmittag verließ er, unter dem Vorwand, zu Verwandten zu ziehen, das Hotel; und keine dreißig Schillinge hatte er nunmehr und zu Verwandten zog er in der Tat, zu kleinen Leuten nämlich, armen Schluckern, in einen geringen Gasthof in der Vorstadt. Spaßig genug war nun sein Leben, märchenverzaubert, zwei Tage lang, ein Doppelleben war es, eines Menschen, der wohlgekleidet durch die Straßen ging, Bettlern scheu auswich oder sie mit einem Achselzucken abwies, der in Klubsesseln mit gewichtigen Herren verhandelte, vorgab, schon gespeist zu haben, und verdutzte Diener ohne Trinkgeld verließ – und das in Wien! Äußerstenfalls hätte er seine Uhr verpfänden müssen; aber es gelang ihm, die Besprechungen am dritten Tag notdürftig abzuschließen, und in der Nacht noch, verflucht von dem Hausmeister, der leer ausgegangen war und doch unendlich gesegnet, verließ er Wien und reiste nach München zurück.

Eines der sieben Bilder, und es muß nicht gesagt werden, daß es das schwächste war, übersandte er unverzüglich Herrn Stöber, mit höflichem Dank für die erwiesene Hilfe; es entspreche, die Spesen nicht eingerechnet, ungefähr dem, was auf ihn treffe von dem unerhört glücklichen Kauf, den er gemacht habe. Daß er die andern sechs Blätter, die übrigens hinreißend schön und einer Besichtigung, zu der er ihn einlade, sehr würdig wären, nun ein für allemal selbst behalten wolle, das werde er wohl begreifen.

Nun hätte Herr Stöber vor so zauberhaftem Glück die Waffen strecken und, für den immerhin zwanzigfachen Segen, den ihm seine Gefälligkeit gebracht, dankbar, die Gelegenheit ergreifen können, den alten, vertrauten Umgang wieder aufzunehmen. Allein, der stolze Bankherr liebte es nicht, glühende Kohlen auf sein Haupt gesammelt zu sehen und sich auf so herausfordernde Art beschenken zu lassen. Der Neid übermannte sein Herz, und Neid sollte ja auch, das war des Doktors unverblümte Absicht und ist aller Sammler Ziel schlechthin, gelber Neid sollte in ihm erweckt werden, und wie leicht ist er zu wecken, denn er schläft ja kaum je in eines Sammlers Brust. Herr Stöber also auf so empfindliche Art von dem Haupttreffer des beispiellosen Glückspilzes in Kenntnis gesetzt, schickte das angebotene Bild, jede andere Regung niederkämpfend, postwendend zurück, mit dem Bemerken, die paar Schillinge seien ja nur ein Bettel gewesen, kaum der Rede wert, und es stehe ihm nicht zu, eine solche Gegengabe dafür anzunehmen. Für den Fall aber, daß er, Eigenbrot, doch einmal tauschen wolle, sei er zu erheblichen Opfern bereit, er könne vielleicht manche schmerzliche Lücke der Sammlung schließen.

Der Doktor, der das schneidende, das zweischneidige Wort »Bettel« gewiß noch übler auslegte, als es gemeint war, und der das Ansinnen, jetzt noch zu tauschen, als eine bare Unverfrorenheit empfand, schickte den Gegenwert von siebenundvierzig Schillingen, nämlich dreiundzwanzig Mark und fünfzig Pfennige, mittels Postanweisung, kurz dankend, an Herrn Stöber, und damit waren offensichtlich die Brücken zwischen den beiden Sammlern abgebrochen.

Es bekommt dem Menschen nicht gut, wenn er als Trumpf ausspielen will, was ihm als Gnade das Schicksal geschenkt hat. So wertvoll, so bezaubernd die nun auf so erstaunliche Art zwischen den beiden geteilten Schwind-Zeichnungen sein mochten, den Riß, den sie in ihr Leben gebracht hatten, konnten sie nicht aufwiegen. Sie waren jeweils nur ein Teil, ein Bruchteil ihrer großen und bedeutenden Sammlungen, und, da ja nicht ihr unsterblicher, dem gesamten Volk, ja der Menschheit gehörender Kunstwert, sondern nur das sterbliche, durch Schicksal und Tod, ach, so leicht aufzuhebende Besitzrecht in Frage stand, waren sie geringer einzuschätzen als die lebendige Freundschaft von Männern, die seltener ist und erlesener als alles irdische Gut.

Die beiden grollenden, vereinsamten Sammler legten wohl noch Blatt zu Blatt, wiewohl es immer mühsamer und kostspieliger wurde, bedeutende Stücke, auf die sie ja einzig Wert legten, noch zu erwerben. Im Kleinhandel waren sie nicht mehr aufzutreiben. Nun mußte sich auch Doktor Eigenbrot bequemen, tief in den Beutel zu greifen, Zeit brauchte er nicht mehr so viel, aber Geld; und er legte es hin, oft genug, übers Maß dessen hinaus, was er sich leisten konnte, nur damit der andere, der reiche, nicht die Kunde vernehme, er habe ihn abgehängt; dann wieder, zornig, verschwor er sich, die Sammlerei ganz aufzugeben, eine Last nur war das alles, Papier über Papier, daran er sein Herz gehängt hatte, vom Teufel in die Irre und Dürre verführt.

Und auch der andre, Herr Stöber, hatte grillenhafte Stunden genug, da er über das Schicksal seiner Schätze nachsann, die er verbergen mußte vor seiner Frau, die er einsam hütete und mehrte, ungewiß, für wessen Hände und welches Herz, wenn einmal das seine nicht mehr schlug. Er war dann nicht mehr der Meinung, daß Sammler glückliche Menschen sind, und seinem kleinen Sohn, der gerade anfing, Briefmarken zu ertäuscheln und zu erbetteln, zerriß er zornig das Album, als könnte er das Feuer austreten, das übergesprungen schien auf das Kind. Es kämen andre Zeiten, sagte er, in denen nicht mehr Herz Trumpf sei, sondern Schellen, und Wochen vergingen oft, bis wieder ein stiller Abend kam der Einkehr und des seligen Schauens. Allerdings, wenn dann eine große Versteigerung war, ließen sie auf die entscheidenden Blätter bieten, oder wenn auch nur Herr Füchsl eine Karte schrieb, daß nun doch, endlich, wieder etwas hereingekommen sei, fuhren sie eilig hin, und ihre erste Frage war, ob der andre schon dagewesen sei, was Herr Füchsl auf jeden Fall verneinte, denn er wußte ja, daß jeder ein Cäsar war, der lieber im kleinsten Nest der erste sein wollte als in München der zweite. Und wenn sie sich dann doch trafen, treffen mußten, es war gar nicht anders möglich, dann spürten sie jenen Stich im Herzen, der untrüglich sagt, daß die Liebe nicht gestorben ist, daß sie, gefesselt vom Stolz, im kalten Kerker der Vernunft, mächtiger rüttelt denn je. Viel gäben sie darum, dachten sie, und meinten es sogar ehrlich, wenn sie wieder ihre Freundschaft knüpfen könnten, ohne daß ein Knoten zurückblieb, und hatten doch das wenige nicht gegeben, ein paar Blätter Papiers nicht getauscht, die ihnen das Schicksal in den Weg geworfen, um zu prüfen, wie hoch ihre Herzen wären.

Und dann rollte, im Sommer des Jahres 1939, dieses gleiche Schicksal – denn es gibt nur eines, das mächtig waltet über uns allen und jedem von uns – herauf über den Völkern, und auch diesmal, um zu erproben, was sie wert seien, die Völker und die einzelnen Menschen, in der letzten Entscheidung. Und jetzt wurden auch die beiden Sammler unausweichlich angerührt, denn Krieg und Kriegsgeschrei scholl durch das Land, und nichts ruft so laut in der Welt, als die Trommel in dem Feld mit dem Ruf der Ehre ruft. Und sie rief auch den Anwalt und den Bankherrn, die Männer rief sie, und beide, alte Soldaten, wie sie waren, hatten zur nämlichen Stunde ein Stück Papier erhalten, das alles Papier aufwog, das sie in ihren Schränken bargen, eine Karte, die sie für den andern Morgen schon zu ihrer Truppe befahl. Sie waren nicht von ungefähr gekommen, diese jetzt eilig ausgetragenen Karten, seit Tagen hatte man sie erwartet, in dumpfer Stille, fröstelnd unterm heißen, strahlenden Augusthimmel, und doch, als sie nun kamen und auf dem Tisch lagen, war es gut, wie alles zuletzt gut ist, was so sein muß.

Doktor Eigenbrot, der Junggeselle, hatte, was ihn anging, alles in Ordnung gebracht, denn es war ja nun, in dieser Handvoll Zeit, allzuviel in Ordnung zu bringen oder fast nichts, er saß also, wie im Windschatten des ungeheuern Sturmes, der über die Welt fuhr, an diesem Nachmittag bei offenen Fenstern in der Stille seines Zimmers, bei seinen Blättern saß er, und lange hatte er sie nicht mit solcher Rührung und Innigkeit betrachtet wie jetzt, die Einberufung in der Tasche, und es war ihm, als riefen auch diese edlen Zeugnisse deutschen Wesens ihn auf, das Seine zu tun, und da konnte er, heute, nichts anderes tun, als was er nun wirklich tat: er packte die sieben Blätter ein, die Monatsbilder von Schwind, und fuhr, durch den leuchtenden Sommertag, hinaus vor die Stadt, zu dem vornehmen Haus am Waldrand, zu Herrn Stöber, seinem großen Widerspieler.

Dieser, schon im feldgrauen Kleid, denn als Hauptmann der Landwehr mußte er unverzüglich fort, mit dem Abendzug noch gedachte er wegzufahren, hatte genug zu tun mit Ferngesprächen, Kofferpacken und beruflichen Anweisungen, in der Diele auf- und niederschreitend, von der stillen Frau, von der Dienerschaft wie von Schatten begleitet. Bei offen stehenden Türen, unangemeldet, denn wer wäre zu dieser Stunde erwartet worden, war der unverhoffte Gast hereingetreten, stand er vor dem erstaunten Herrn Stöber, der beinahe schon ganz Soldat, jedenfalls Sammler in diesem Augenblick mit keinem Zoll mehr war, stand also vor ihm wie ein Bote aus einer abgesunkenen Welt. Und flammend rot, unterm süßen Schwall dieses Aufbruchs, die Augen fest auf jenen gerichtet, der ihn starken und liebenden Blickes ansah, hielt er ihm den Umschlag hin, von dem, unbesehen, Herr Stöber wußte, was er barg, und sagte, daß er nun doch tauschen wolle.

Der Hauptmann nahm die Blätter, er mußte sie ja nehmen, wie sie ihm hingestreckt wurden, und sagte »gerne!« und nichts sonst, denn was hätte er sprechen sollen, wo alles strömte in einer mächtigen und holden Wallung, die heraufquoll bis in die Kehle, und wo alles in eine Musik einmündete, vor deren heiligem Klingen die Zeit den Atem anzuhalten schien, einen Herzschlag lang, diese Sternstunde der Völker, denn, wir sagten es schon, es ist ein Schicksal, das die Welten lenkt und jede einzelne Brust.

Die Wandlung war geschehen, der wesentliche Tausch mit Geheimniskraft vollzogen, nun gaben sie sich die Hand, das Gespräch begann, der Doktor ward der Hausfrau vorgestellt, während Herr Stöber die Umhüllung zu lösen begann, um einen Blick auf die Blätter zu werfen. Das habe, meinte der Besucher und wollte sich eilig entfernen, noch später Zeit, aber das ließ Herr Stöber nicht gelten. Mit wenigen Schritten war er an seinem Schrank, nicht allzulange wählte er unter seinen Mappen, und ohne diesmal der Frau zu achten, die ihn streng an seine knappe Frist mahnte, breitete er Blatt um Blatt vor dem Gaste aus. Nicht ohne Bedacht, was ihm selbst unentbehrlich schien, aber doch mit großem und freudigem Herzen, schlug er dem Zögernden die Tauschstücke vor, und als dieser mit sieben Blättern es genug sein zu lassen bat, drängte er dies noch und jenes ihm auf, und der Doktor mußte verwundert erkennen, daß Herr Stöber, wie lange er auch seine Sammlung nicht mehr gesehen, noch allzugut ihre Lücken kannte und seine alten, unerfüllten Wünsche. Als der Beschenkte ging er zuletzt, der nur als Schenkender hatte kommen wollen. Und, nach dem Kriege, so lachte der Hauptmann, und es war ihm froh und jung zumute, nach dem Kriege wollten sie wieder ihre Sammlungen anschauen und, fügte er scherzend hinzu, er wolle dann sehen, was er, der Zauberlehrling, gelernt habe ohne den Meister.

Bis tief in die Nacht saß Doktor Eigenbrot über seinen neuen Blättern, und ihre Schönheit ward von innen her noch überglänzt von der Freude, daß er den Freund sich zurückgewonnen und daß nun, wer weiß wie bald, glückliche Tage kommen würden.

Andern Morgens aber, um acht Uhr, stand er im Kasernenhof, alte Kameraden begrüßten sich, eine männliche Welt tat sich auf, rasch vertraut, als wäre sie nie anders gewesen, mit Einkleiden und Antreten und Bettenbauen, wenn man nur nicht zimperlich war, sondern herzhaft gesonnen, mitzuschwimmen in diesem breiten und mächtigen Strom des Volkes. Freilich, Doktor Eigenbrot war nur bedingt tauglich, einer Verwundung wegen, die er vor Ypern davongetragen, 1914 schon, und deshalb war er ja auch nicht Hauptmann und nicht Leutnant, ein Gefreiter war er nur, und als Schreiber mußte er alsbald in der Heimat Dienst tun und auf der Karte nur verfolgte er, wie das wütende Gewitter hinbrauste über Polen.

Hauptmann Stöber aber war dabei, er marschierte und kämpfte und auch um ihn schloß sich der eiserne Ring der Zeiten, dergestalt, als läge nicht zwischen den ersten Kugeln, die jetzt pfiffen, und den letzten, die er damals hatte pfeifen hören, das breite, das tausendfältige Leben von zwanzig übervollen Jahren, sondern als schmölze das alles zusammen zu einem feurigen Kern. Seiner Kunstschätze, seiner Sammlung gedachte er nicht in diesen atemlosen Tagen, oder es wirbelten höchstens die Blätter, die sorgsam gehüteten, flüchtig durch seinen Sinn, welker im Anhauch der Zeit als die, die der Herbst jetzt trieb über die polnischen Landstraßen. Aber diese letzte Begegnung holte er manchmal zärtlich aus seiner Brust; und auch er träumte davon, daß es die erste gewesen wäre von vielen.

Es war aber die letzte. Denn sowenige auch fielen in diesem polnischen Feldzug, so erstaunlich wenige, gemessen an dem ausgedehnten und erbitterten Kampf, der Hauptmann Stöber fiel, vor Lemberg, er fiel nicht als Bankherr, nicht als Bürger und schon gar nicht als Sammler, sondern als ein ganzer Soldat, als ein rundum fester und entschlossener Führer seiner Leute, von mehreren Kugeln getroffen, beim Sturm auf ein vom Feind besetztes Waldstück, wie er schon viele Stürme mitgemacht hatte in den Tagen vorher und ein Vierteljahrhundert früher, und dazwischen hatte er gelebt und einen Sohn gezeugt und bedeutende Pläne verwirklicht und eine Romantikersammlung angelegt, die berühmt war unter den Kennern. Dort, wo er fiel, oder nicht weit davon, wurde er begraben.

Der Krieg in Polen war zu Ende, es kam der strenge, zähe Winter, es kam der ungeheure Durchbruch im Westen, aber daheim, in Deutschland, war Frieden, und auch Doktor Eigenbrot war entlassen worden, er ging wieder seinem Beruf nach, und Herr Füchsl schrieb ihm wieder eine Karte, ab und zu, daß neue Ware hereingekommen sei und er um geehrten Besuch bitte.

Die Sammlung von Herrn Stöber wird im Frühjahr versteigert; die Frau löst den ganzen Haushalt auf, und von nichts trennt sie sich leichter als von den kostbaren Blättern. Als ein Hauptstück werden die zwölf Monatsbilder von Schwind bezeichnet, und es steht zu erwarten, daß Liebhaber den Preis hoch hinauftreiben werden.

Doktor Eigenbrot weiß noch nicht, ob er, mit allen Mitteln und, genau genommen, weit über seine Verhältnisse, in diesen Kampf eingreifen und auf die Folge bieten oder ob er sie dahin gehen lassen soll, wohin sie es treibt. Denn er ist sich noch nicht klar darüber, ob ihm das Schicksal diese Blätter dreimal aufdrängen oder dreimal hat entreißen wollen, um ihn zu prüfen, ob sein Herz stärker sei als die Dinge. Er weiß nicht, ob es ein Frevel ist, noch einmal nach ihnen zu greifen, oder ob der Geist des Toten ihm zürnt, wenn er sie fremden Händen überantwortet. Es lächle aber niemand solcher Ratlosigkeit; denn es kann hier keiner mitreden, der nicht die Höllen und Seligkeiten solcher Leidenschaft an sich selber gespürt hat.

# Eugen Roth und Hans Traxler – eine treffsichere Kombination.

jeweils 112 Seiten. Gebunden

Mit röntgengleichem Blick rückt Eugen Roth den vielfältigsten Leiden seiner Mitmenschen auf den Leib. Hans Traxler gelingt es auf unnachahmliche Weise, Wort und Bild farbenfroh und treffsicher miteinander zu verbinden. Mit Witz und Menschenkenntnis führt er den Leser durch die Welt der Ärzte und Patienten, der Leiden und der Zipperlein. Bei Risiken und Nebenwirkungen raten wir also: Lesen Sie die Packungsbeilage oder fragen Sie Dr. Eugen Roth.

# Eugen Roth im dtv

»Eugen Roth ist ein Mann, der nicht nur ›das Licht der Welt erblickte‹, sondern der aus dieser Tatsache, trotz Widerwärtigkeit und ›manch trüb verbrachtem Jahr‹, auch ein rundes, heiteres, weises Ganzes machte.«
*Der Tag, Berlin*

### Ernst und heiter
dtv 10

Ein Querschnitt durch das Schaffen eines Autors, der durch seine heiteren Versbände, aber auch durch seine ernsten Gedichte und Erzählungen seit Jahrzehnten eine große Lesergemeinde erfreut.

### Genau besehen
Verse und Anekdoten · dtv 749

Verse über alltägliche Situationen und die Unvollkommenheit der Welt und der Menschen, Geschichten und Lebensweisheiten in Limericks und Schüttelreimen.

### So ist das Leben
Verse und Prosa · dtv 908

»Solange ein Mensch Lust und Muße findet, sich so zu beklagen, so lange kann noch nicht alles verloren sein.« (Joachim Kaiser)

### Je nachdem
Heitere Verse und Gedichte
dtv 1730

Eugen Roth ist nicht nur ein scharfzüngiger Menschenkenner, er hat auch die einzigartige Fähigkeit, den Regungen der Seele nachzuspüren und sie im Spiegel der Natur zu empfinden.

### Das Eugen Roth Buch
dtv 1592

Eine umfassende Sammlung von heiteren Versen und ernsten Gedichten, von Anekdoten und Erzählungen.